2017 年
国内外油气行业发展报告

刘朝全　姜学峰　主编

石油工业出版社

内 容 提 要

本书是中国石油集团经济技术研究院数十位专家和研究骨干在全面跟踪国内外油气行业发展，剖析重大事件和热点问题的基础上，形成的对世界和中国油气行业发展的认识和趋势分析，包括国内外能源与油气政策、油气市场、油气行业现状和趋势，以及石油公司的经营与发展。

本书可为行业、政府、企业以及研究机构等了解行业状况、把握行业发展趋势提供参考。

图书在版编目（CIP）数据

2017年国内外油气行业发展报告 / 刘朝全，姜学峰主编. —北京：石油工业出版社，2018.1

ISBN 978-7-5183-2461-3

Ⅰ. ①2… Ⅱ. ①刘… ②姜… Ⅲ. ①石油工业－工业发展－研究报告－世界－2017②天然气工业－工业发展－研究报告－世界－2017 Ⅳ. ①F416.22

中国版本图书馆CIP数据核字（2018）第011000号

出版发行：石油工业出版社

（北京安定门外安华里2区1号　100011）

网　址：www.petropub.com

编辑部：（010）64523738　图书营销中心：（010）64523633

经　销：全国新华书店

印　刷：北京中石油彩色印刷有限责任公司

2018年1月第1版　2018年1月第1次印刷

787×1092毫米　开本：1/16　印张：11.75

字数：285千字

定价：500.00元

（如出现印装质量问题，我社图书营销中心负责调换）

《2017年国内外油气行业发展报告》

编　委　会

前　言

2018年，我们的《国内外油气行业发展报告》走到了第十个年头。

自2008年以来，中国石油集团经济技术研究院每年组织数十位专家和研究骨干跟踪分析国内外油气行业发展，剖析重大事件和热点问题，形成对油气行业发展态势的认识和判断，以此编写出版《国内外油气行业发展报告》，为国家、行业、企业以及研究机构等了解行业状况、把握发展趋势提供参考。

《2017年国内外油气行业发展报告》在编写宗旨上更加注重“原创”、“中国”和“油气”特色。在表现形式上，力求通过数据图表更加形象直观地展示我们对一年来国内外油气行业发展的认识，以精炼的文字简明扼要地展现行业的年度特点和趋势。在篇幅构架方面，强调与经济技术研究院其他信息产品的配套，删除了专题分析篇和中期展望篇，在各章节中增加了重点关注的内容。《2017年国内外油气行业发展报告》包括6篇12章。综合篇为总报告，浓缩提炼形成了对国内外油气行业发展特点和趋势的总体判断；宏观环境篇包括2章，主要分析国内外能源行业及油气政策的特点和趋势；油气市场篇包括4章，主要分析国内外原油、成品油和天然气市场及价格的特点和趋势；油气生产篇分为2章，主要分析国内外油气勘探开发、炼油化工、工程技术等专业领域的特点和趋势；国际合作篇分为2章，主要分析中国企业在海外的油气合作、五大合作区的投资环境，以及全球油气并购市场的特点与趋势；石油公司篇包括2章，分析国内外石油公司的经营状况和发展动向。

本书主编刘朝全和姜学峰组织设计了全书框架，并与副主编们共同组织编写和审定工作。李建青、钱兴坤、刘克雨、朱和、周勇、卢思忠等领导和专家指导并审核了全书内容，在此一并表示感谢。

经济技术研究院非常重视数据的分析和加工，强调数据的原创性。本书数据除特别说明外，均是编者的分析结果或来自经济技术研究院的研究报告。受编者水平所限，书中难免存在不尽如人意之处，真诚地希望能够听到您的意见和建议。

编　者

2017年12月

目　录

—— 综合篇 ——

—— 宏观环境篇 ——

—— 油气市场篇 ——

—— 油气生产篇 ——

—— 国际合作篇 ——

—— 石油公司篇 ——

重点关注索引

2017年国内外油气行业发展与2018年展望

核心判断：2017年，油气价格企稳回升，油气行业全面回暖。

● 2017年，国际油价均价升至55美元/桶。石油公司逐步适应低油价，经营实现盈利。预计2018年均价升至60~65美元/桶，行业景气程度继续提升。

● 2017年，全球石油市场供需趋于平衡，但供需平衡仍脆弱，原油库存趋于下降，但仍明显高于5年均值，资源国减产和美国增产博弈依然是影响平衡的最大变数。

● 2017年，全球天然气市场走出疲软，气价触底反弹。预计2018年市场景气程度继续提高，三地价格有升有降；LNG市场继续向买方倾斜。

● 2017年，全球油气并购明显回暖，国际大石油公司参与程度提高，储量交易价格同比上升42%，但仍处于较低水平，油气交易仍处于窗口期。

● 2017年，中国石油表观消费量增速回升，对外依存度达67%。预计2018年，石油表观消费量将首次突破6亿吨，对外依存度将逼近70%。

● 2017年，中国天然气消费超预期增长，出现阶段性、区域性供气不足和LNG零售价格飙升。2018年，中国天然气需求仍将保持快速增长。

● 2017年，中国炼油能力重回增长，达7.7亿吨/年。2018年，将首次突破8亿吨/年，炼油能力过剩问题更趋严重。

● 2017年，中国石油产量继续下降，为1.92亿吨。预计2018年，在国际油价上升、上游投资增长、石油公司经营机制改革等有利因素驱动下，国内原油产量有望出现恢复性增长。

● 2017年，国内三大石油公司经营业绩明显回升，主要生产指标稳步增长。2018年，三大公司体制机制改革将继续推进专业化重组上市、矿区服务改革，并可能在经营机制改革方面有进一步的大动作。

一、全球油气行业发展与展望

1. 世界能源转型在挑战中推进

2017年，全球经济整体向好，能源消费稳中有增，一次能源消费量130亿吨油当量，同比增长1.3%。化石能源消费继续增长，2017年为110.8亿吨油当量，同比增长1.2%；非化石能源消费19.2亿吨油当量，同比增长2.1%，增速明显快于化石能源。能源消费结构进一步向清洁化、低碳化加速转变，2017年煤炭消费比重下降0.31个百分点，天然气和非水可再生能源消费比重分别上升0.14和0.16个百分点。尽管受到美国退出《巴黎气候协定》等负面因素的影响，世界能源转型的大趋势难以改变。

各国纷纷推出电力脱煤计划和燃油车禁售时间表，为新能源发展腾出空间。截至2017

年6月，全球已有20个国家或地区宣布在2030年前替代煤电的时间表。美国虽然退出《巴黎气候协定》和《清洁电力计划》，但加利福尼亚、马萨诸塞等六个州仍明确提出2020年前后淘汰煤电；中国、印度等发展中国家大大削减新建煤电的投资。随着技术进步和储能容量的不断增加，部分国家可再生能源在发电领域已具备无补贴条件下的市场竞争能力。近年来，荷兰、挪威、德国、法国等多国陆续推出全面禁售燃油车的时间表，中国也提出研究禁售时间表问题。禁售政策向社会释放出强烈的预期，将大大鼓励电动车生产，促进汽车行业的转型，也给炼油行业的转型发展提出了新的课题。

2. 世界石油市场趋于平衡，国际油价企稳回升

世界石油市场供需基本面总体好转，国际油价同比上涨。2017年，国际油价呈“V”形走势，布伦特和WTI原油期货均价分别为54.7美元/桶和50.9美元/桶，同比分别上涨21.3%和17.0%。受全球经济增速提升的推动，世界石油需求增长加快，同比增加160万桶/日，至9730万桶/日。欧佩克减产政策实现预期目标，世界石油供应同比增长仅为60万桶/日，石油市场基本面由2016年的供应过剩70万桶/日转为供小于求30万桶/日，为4年来首次。市场朝着再平衡方向演进，全球石油库存虽趋于下降，但仍显著高于5年平均水平，平衡仍较脆弱。

美国原油出口大幅增长，目标市场不断扩大。受主要产油国减产及布伦特-WTI原油价差扩大等因素的影响，美国原油出口量较2016年提高近65%，达4900万吨，出口目标国多达31个。亚太地区成为美国原油出口增长最快的目标市场，中国成为美国第二大原油出口目标国。美国原油出口仍有较大增长空间，对全球石油市场再平衡将产生重要影响，令油价承压。

2018年，预计市场供需基本面将继续好转，国际油价运行中枢上移。世界石油市场供需格局主要取决于沙特阿拉伯和俄罗斯牵头的联合减产政策实施效果和美国页岩油增产情况。据测算，2018年世界石油市场对欧佩克原油产量的需求为3260万桶/日，高于上年3240万桶/日的平均产量。预计2018年布伦特原油年均价为60～65美元/桶，波动范围为50～75美元/桶。

3. 全球天然气消费增速回升，价格触底反弹

2017年，全球天然气消费3.62万亿立方米，增速2.2%。亚太地区消费大幅增长，抵消了北美消费5年来首次负增长的影响。全球天然气产量3.7万亿立方米，增速2.7%。其中，亚太地区增幅最大，同比增长7.8%。受国际油价回升的影响，全球天然气价格触底并大幅上涨，美国HH、英国NBP、东北亚LNG进口均价分别为2.96、5.8、7.7美元/百万英热单位，同比上涨18.2%、24.7%和15.6%。受LNG现货需求增加影响，东北亚LNG现货价格6.89美元/百万英热单位，同比上涨22.7%。

2017年，全球天然气贸易量1.15万亿立方米，比上年增长5.6%，明显快于天然气消费增速。其中，全球LNG贸易量2.87亿吨，比上年增加12.5%，明显快于管道气2.4%的增速。美国出口增加、目的地增多；欧洲产量减少，进口管道气和LNG增长。受中韩等国需求大

幅上升拉动，亚洲 LNG 进口量大幅攀升。LNG 市场向买方倾斜，定价与油价挂钩系数降低；贸易合同灵活性增强，合同限制性条款减少，目的地条款逐步被淘汰，中短期合同占比增加，合同量缩小。

2018 年，全球天然气需求有望稳步增至 3.67 万亿立方米，比 2017 年增长 1.7%。天然气产量将达到 3.78 万亿立方米，同比增长 2%。其中，美国天然气需求的进一步放缓将导致北美地区需求持续疲软；欧洲煤价高企、核电减产和退役将提振区内气电需求；亚太地区天然气需求在中国、韩国、巴基斯坦等国的强劲带动下，将保持高速增长。预计 2018 年，北美天然气受出口增加影响，气价有望反弹；欧洲市场多气源竞争加剧，气价小幅下跌；亚洲天然气需求带动 LNG 进口均价上升，东北亚 LNG 现货价格受供应过剩影响呈下行走势。美国 HH、英国 NBP、东北亚 LNG 进口均价和东北亚 LNG 现货均价分别为 3.1、5.6、8.3 和 6.4 美元/百万英热单位，同比分别上升 3%、下跌 2%、上升 8%和下跌 3%。

2018 年，全球 LNG 液化产能将增至 3.8 亿吨/年，同比增长 9%。其中，计划投产的 LNG 液化项目共 7 个，新增液化能力 2400 万吨/年；受需求增长和油价回升驱动，更多的项目将加速做出最终投资决定，LNG 液化产能投资停滞期结束。预期未来较长一段时期，LNG 供应能力将持续增长，贸易活跃度有望继续提升。

4. 全球油气上游走出低谷，油气勘探开发投资增加

2017 年，世界石油剩余探明可采储量保持稳定；天然气储量略有增长，增量主要来自西非的塞内加尔，拉美的圭亚那、哥伦比亚和墨西哥等国。世界石油和天然气产量估计分别为 43.6 亿吨和 3.7 万亿立方米，石油产量与上年基本持平，天然气产量同比增长 2.7%，增长主要来自亚太和俄罗斯中亚地区。全球勘探开发投资达 3820 亿美元，较 2016 年增长 8%。其中，北美地区同比增加 38%，俄罗斯中亚和非洲地区则略有下降。预计全球油气勘探开发投资上升的趋势将延续到 2020 年。

2017 年，随着全球油气勘探开发投资增加，工程技术服务市场规模扩大到 2335 亿美元，同比增长 5%。受石油公司投资倾向的影响，各板块收入增减不一。石油公司投资重点是保持和增加油气产量，对风险勘探和新产能建设比较慎重，导致这个领域的服务收入同比分别下降 6%和 11%。油田生产服务板块涨幅明显，高达 29%，测录试服务增长近 15%，钻井与完井服务增长 5%。预计 2018 年，随着油价逐步回暖，工程技术服务各个板块的收入均可能出现增长。

受国际油价的影响，自 2014 年以来，全球多个大型深水项目延期，获得最终投资决定的待开发项目设计总产能从 2013 年的 130 万桶/日降到 2016 年的不足 15 万桶/日。2017 年，随着深水项目盈亏平衡点降低和油价回升，获准待开发项目的数量出现反弹，设计总产能有望增至 60 万桶/日以上，预计 2018 年和 2019 年的获批待开发油气项目进一步增加。

5. 世界炼油能力继续增长，开工率和炼油毛利双升

2017 年，世界炼油能力净增 2900 万吨/年，主要来自中国、印度、美国等，总能力增至

49 亿吨/年。世界炼油仍维持亚太、北美、西欧三足鼎立格局，亚太炼油地位继续提升，占比达 35%，已超过北美、西欧之和。

全球炼厂原油加工量首次突破 8000 万桶/日，达 8058 万桶/日，创历史新高。突发灾害性事件和局部地区炼能吃紧导致世界主要地区炼厂平均开工率有不同程度提高，炼油毛利大幅增长。世界炼厂平均开工率为 85%，OECD 国家高达 90%，中国炼厂开工率虽有所回升，但只有 73.7%。西欧、新加坡和美国墨西哥湾地区炼油毛利分别达 6.18、5.78 和 9.76 美元/桶，同比分别增长 44%、22%和 49%。

预计，2018 年世界总炼能将达到 49.5 亿吨/年，净增能力 4500 万吨/年，增量的 80%来自中国。从目前在建和拟建的炼厂分析，2020 年前中国炼能增长将占全球炼能净增长的一半以上。

6. 油气资产的收购兼并仍处于重要窗口期

油气上游并购市场明显回暖。经历了前两年的低谷期，2017 年全球油气并购市场共完成交易 360 起，交易额近 1700 亿美元，较上年分别增长 21%和 13%。储量交易价格仍处于低位，2017 年 2P 储量交易价格 5.28 美元/桶，较 2016 年上升 42%，但仅为高油价时期的 60%。2017 年，国际大石油公司和金融机构在资本市场上参与度提高。国际大石油公司全年完成交易数量 31 起，交易额达到 350 亿美元；金融资本在页岩油气资产交易中买多卖少，继续扮演多头角色。

交易方式出现新的变化。非现金支付应用增多，交易协议中增加风险防控条款，降低交易风险，消除了交易者对未来不确定性的疑虑。例如，壳牌出售北海资产设定了油价波动区间，如波动超出区间，买卖双方承担相应退还与补偿责任。

资源国政策走向利好资产运作。低油价下，多数资源国开始市场转型，坚持全产业链对外开放，适时调整油气合作条款。伊朗计划推出新版石油合同，吸引更多外国投资；沙特落实“2030 愿景”，计划 2018 年推出沙特阿美 IPO；俄罗斯战略东移，允许油气资产对外出售；美国实施能源新政，吸引投资，扩大贸易。

7. 国际大石油公司经营业绩显著回升，着力打造核心业务优势

2017 年是进入低油价的第四年，国际大石油公司持续降本增效成果显著，近 4 年国际大石油公司操作成本平均下降超过 30%。在降本的同时，调整投资，聚焦短中期风险较低、盈利能力强的项目，保持公司业务的盈利性，普遍实现了在国际油价 50 美元/桶条件下的盈利，达到了新的平衡。

2017 年前 9 个月，埃克森美孚、壳牌等 5 家国际大石油公司油气产量同比增长 3.6%；经营业绩显著回升，自由现金流由负转正。运营效率不断提升，5 家公司上游全部实现盈利；下游开工率和桶油加工利润明显上升，利润同比增长 16%。对未来预期普遍谨慎看好，国际大石油公司资本支出降幅比上年同期收窄 15 个百分点。

国际大石油公司进一步强化核心优势，上游更加集中在深水、天然气和非常规领域，中

下游业务更加集中在“两区”，即需求高增长区和原料优势区。近10年，国际大石油公司收购天然气资产达2000亿美元，占收购总额的80%。2010年以来，天然气产量增长持续高于原油，国际大石油公司正从“油气”公司向“气油”公司转变。

国际大石油公司坚持发展油气主营业务不动摇，同时有选择地发展新能源业务。其做法是，普遍关注、重点投资、把握节奏、提前布局。国际大石油公司在风电、光伏、燃料电池、智能电网、储能等领域均有不同程度的介入。现阶段普遍以小型示范性项目为主，在投资计划中新能源业务所占比重仅为3%，大多是研发与示范性工程投资。

二、国内油气行业发展与展望

1. 中国能源消费增速回升，清洁化转型态势明显

2017年，按照“五位一体”总体战略布局，中国经济稳中向好态势明显，能源消费增速回升。中国能源消费总量为45.1亿吨标准煤，增速为3.5%。其中，煤炭消费39.7亿吨，增速为2.3%；石油表观消费量5.9亿吨，增长5.9%；天然气消费量2352亿立方米，增长17%；非化石能源发电量1.64万亿千瓦时，增长6%。清洁能源消费增速明显快于煤炭和石油。

中国能源结构持续向清洁化演进。尽管煤炭消费增速由负转正，但消费占比为60.7%，同比下降1.2个百分点；石油占比18.2%，与上年基本持平。天然气占比7.0%，同比增加0.8个百分点；非化石能源占比14.1%，同比增加0.6个百分点。中国单位产值能耗0.61吨标准煤/万元，同比下降3.8%，但降速有所放缓。

中国煤炭行业总体仍处于下行通道。2017年煤炭淘汰落后产能1.5亿吨，但在经济向好、发电量持续增长、煤炭价格走高等因素的带动下，煤矿开工率增加，估计煤炭产量37.7亿吨，增长2.7%；煤炭进口量2.0亿吨，增长8%。

中国用电量稳定增长。2017年用电量达6.3万亿千瓦时，增速6%，同比增加1个百分点。第三产业和居民用电量保持增长势头，增速分别为10.8%、7.6%。第二产业用电量增速为5.7%，同比下降1.4个百分点。发电结构持续向清洁低碳化发展，尽管火电发电量仍占70%以上，但火电装机占比61.6%，同比下降2.2%。火电利用小时数增加52小时，结束近4年的下滑态势。光伏、风电、核电生产保持快速增长，增速分别为32%、25.3%、18.4%。其中，分布式光伏新增装机2050万千瓦，同比增长近4倍，占光伏新增装机的36%。

2. 石油表观消费增速回升，成品油消费保持中低速增长

2017年，石油表观消费量为5.9亿吨，增速为5.9%，较上年提高3个百分点，达到2011年以来的最高点。全年石油净进口量为3.96亿吨，同比增长10.8%，增速比上年高1.2个百分点。2017年，中国超过美国，首次成为世界最大的原油进口国，石油对外依存度升至67.4%。

2017年，随着工业、交通、房地产等领域回暖，拉动成品油消费重归增长区间，全年成品油表观消费量3.25亿吨，较上年增长3.4%，回升3.9个百分点。但增速呈现出21世纪以来少见的汽降柴升特点。受乘用车销量大幅减速、新能源汽车发展、共享出行冲击等因素影

响，汽油表观消费量1.23亿吨，增速仅为2.8%，较前5年的平均增速下降6.4个百分点，降至2006年以来的最低点。受工业生产、公路货物运输、柴油重卡销量的增速回升等因素影响，柴油表观消费量1.69亿吨，同比增长2.4%，增速较上年回升7.4个百分点，达到2012年以来的最高水平。煤油表观消费量3345万吨，延续了两位数的增速，同比增长10.5%。2017年，成品油产量继续增长，达3.61亿吨，同比增加3.5%。但由于国家收紧出口配额，成品油净出口结束了5年年均50%的高增长，增速呈断崖式回落，降至5.1%。

2018年，预计中国石油表观需求将首次突破6亿吨，达6.15亿吨，同比增长4.6%，对外依存度将逼近70%。受经济结构转型、房地产市场调整、环保力度加大、替代能源发展等因素影响，成品油需求增速将有所放缓。预计2018年成品油需求量3.31亿吨，同比增长1.9%。其中，汽油需求量1.26亿吨，同比增长2.6%；柴油需求量1.68亿吨，同比下降0.2%；煤油需求量3660万吨，同比增长9.4%。汽油和煤油增速分别回落0.2和1.1个百分点，柴油增速由正转负，需求量由增转减。国内炼油能力将净增3600万吨/年，即使开工率较低，成品油产量也将继续扩大，估计国内成品油过剩将达到4500万吨以上，出口压力继续加大。

3. 天然气消费超预期增长，供应紧张引发行业发展思考

2017年，在宏观经济和政策因素拉动下，中国天然气消费量2352亿立方米，同比增长17.0%，较上年增加10.6个百分点，在一次能源消费中的占比达7.0%。各行业用气量均大幅增长，工业、发电、城市燃气和化工用气分别增长20.2%、22.9%、14.2%和9.2%，占比分别为30.9%、19.9%、37.6%和11.6%。估计全年天然气供应量2402亿立方米，同比增长15.0%。其中，天然气进口量大幅增长24.4%，对外依存度升至39.4%。天然气进口均价有所回升。1—11月，LNG到岸均价1.83元/立方米，同比上涨14.6%。进口管道气到岸均价为1.35元/立方米，同比上涨2.8%。

2017年的“气荒”问题引发各界热议。2017年，环保部公布《京津冀及周边地区2017年大气污染防治工作方案》，明确提出在北京、天津2个直辖市以及河北、河南、山西、山东4个省26个市实施禁煤任务。在执行过程中，由于部分省市煤改气规模进度超出计划、中亚管道气上游气源减供，以及天津港LNG接收站未能按期竣工投用等原因，出现了阶段性、区域性供气不足和LNG零售价格飙升等一系列问题。此次“气荒”虽主要是由需求侧引起，但也暴露出供应侧的诸多问题。一是天然气发展必须上中下游配套推进，基础设施同步建设，短期内单一环节的突进很可能导致系统性瘫痪；二是要充分考虑国外进口气保供的不确定性，做好应对减供预案，留有余地；三是必须有足够的调峰能力，目前中国储气库工作气量仅为天然气消费量的3.4%，远低于发达国家10%~15%的水平，无法满足冬季调峰需求。为了打好“蓝天保卫战”，天然气行业在大发展的同时，必须解决好上述问题。

2018年，中国天然气需求仍将保持快速增长，预计天然气消费2587亿立方米，同比增长10.0%。城市燃气延续快速增长态势，发电用气稳定增长，工业持续推进煤改气，化工用气小幅增长。预计城市燃气需求995亿立方米，发电用气需求508亿立方米，工业用

气需求 805 亿立方米，化工用气需求 279 亿立方米。预计 2018 年国内天然气产量 1606 亿立方米，同比增长 8.8%；天然气进口量 1050 亿立方米，同比增长 13.4%，对外依存度将突破 40%。

4. 油气勘探开发稳定发展，上游投资恢复性增长

2017 年，石油公司转变勘探策略，更集中于成熟区勘探，加快储量动用，聚焦投入保重点，取得了玛湖油区连片、顺北等一批重要发现；风险勘探、甩开勘探和天然气综合勘探也获得了一批新发现。

2017 年，国内油气产量油降气增。原油产量继续下降，估计全年下降 3%，产量为 1.92 亿吨，较 2016 年 7.1%的降幅明显收窄。原油产量同比下降近 600 万吨，主要由于大庆油田、胜利油田、渤海海域和南海东部的减产。天然气产量重回两位数增长，估计全年增长 10%，产量为 1490 亿立方米，主要来自四川盆地、塔里木盆地和南海东部海域。此外，非常规气也成为上产重点，页岩气产量超过 90 亿立方米，煤层气产量维持 45 亿立方米水平。2017 年，三大石油公司上游计划投资均呈恢复性增长，中石油、中石化和中海油增幅分别为 10%、32% 和 33%，国内油气勘探开发行业开始回暖。

2018 年，国内油气勘探开发形势将进一步向好，上游投资仍将延续增长态势，新增石油探明地质储量和天然气新增探明地质储量仍有望保持近 10 亿吨和 5000 亿立方米以上的较高水平。原油产量有望止跌回升；天然气增产潜力依然较大，若需求继续大力拉动，仍可保持两位数的增速。

南海天然气水合物试采成功，是一次历史性突破，使我国成为全球第一个实现在海域天然气水合物试开采中获得连续稳定产气的国家。此次试采获取了大量科学试验数据，为后续研究积累了翔实可靠的数据资料。

5. 炼油能力重获较快增长，过剩形势严峻

2017 年，炼油能力在经过前两年停滞后，净增能力 1760 万吨/年，其中新增能力 4000 万吨/年，淘汰能力 2240 万吨/年，炼油总能力增至 7.7 亿吨/年。2017 年，国内炼油行业各项指标总体保持增势，原油加工量 5.68 亿吨，同比增长 5.0%；炼厂平均开工率回升 1.9 个百分点，达 73.7%，但远低于世界平均水平（85%）；吨油利润 340.3 元，同比提高 41.6 元。2017 年地炼抓住“两权”继续下放机遇，采取各种措施提升竞争实力，规模实力迅速壮大，炼油能力达到 1.62 亿吨/年，汽柴油产量份额连续 5 年增长，2017 年升至 21.5%。

2018 年，中国炼油能力增长将进一步加快，净增能力翻番，达 3600 万吨/年，占当年世界炼能增量的 80%，总炼能将首次突破 8 亿吨/年，达到 8.1 亿吨/年，迈上新台阶。预计全国原油加工量为 5.98 亿吨，同比增长 5.2%；成品油产量 3.78 亿吨，同比增长 4.8%。随着民营企业恒力石化 2000 万吨级炼化一体化项目建成投产，地方炼厂产能占比将升至 23%，地炼汽柴油市场份额将继续升至 23.6%。

炼油能力过剩问题已议论多年，在行业内形成共识，是供应侧结构性改革的重要内容之一。过去3年，国内淘汰落后能力，延缓了炼油能力的增长速度，但2017年炼能重拾增势。据统计，截至目前，国内在建或拟建的千万吨级以上炼化项目超过10个，未来随着多个大型炼化项目陆续建成投运，炼油能力过剩问题更加突出，在出口不畅、竞争压力加大的情况下，很可能出现“过剩更多、盈利堪忧”的局面，不利于国内炼油行业的健康发展。

6. 深化油气行业改革，出台重大举措

2017年5月，《关于深化石油天然气体制改革的若干意见》出台。政府主管部门积极落实意见精神，围绕放宽准入、完善机制、加强监管，出台一系列重大举措。

一是加快推进矿产资源权益金制度改革。国务院出台《矿产资源权益金制度改革方案》，财政部、国土资源部、国家税务总局陆续出台系列配套政策，推进矿业权竞争出让；矿业权占有费采取低费率起步、累进制调整，提高矿权占有成本，促进加快矿权流转；推动资源税法制化，调整优惠政策，倒逼技术进步；建立矿山治理恢复基金，将资金使用权交还企业。同时，注重调整中央和地方政府在矿业权益的分配关系。

二是继续推进价格改革和市场平台建设。国家发改委出台《关于全面深化价格机制改革的意见》，并加快推进天然气管输监管和天然气价格改革，取得阶段性成果；开展天然气长输管道企业成本监审，成本核减比例16%，管输费下降15%；强化配气价格监管，明确规定收益率不超过7%；非居民用气基准门站价下调100元/千立方米，直接降低企业用气成本70亿元。支持建立油气交易多平台竞争格局，鼓励交易中心间的良性竞争。

三是完善石油进口管理办法，不断规范拥有石油进口使用权企业的行为，对获得进口使用权承诺未兑现企业开出罚单。同时，暂停原油加工企业使用进口原油的申请审批。不断提高非国营贸易进口允许量，同时采取分批下达、追加调整、严格考核的方式，对实际原油进口量较低的企业相应调减或中止允许量。

7. 国际合作取得重大进展，原油权益产量突破1.5亿吨

2017年，中国石油企业海外存续项目实现稳健经营，权益油气产量维持稳定，达1.9亿吨，较2016年增长8.9%，其中原油权益产量1.5亿吨，天然气权益产量450亿立方米。

“一带一路”油气合作取得突破性进展。上游领域，中国企业获得伊朗、阿联酋和哈萨克斯坦的勘探开发项目，以及俄罗斯上乔公司的股份，亚马尔LNG项目一期顺利投产。管道领域，中缅原油管道全面建成投产，中俄原油管道二线工程全线贯通。中美油气合作取得重大突破，特朗普访华期间，中美两国企业签署了5个油气合作协议或意向，合作规模达2000亿美元，单个项目和总投资规模均创历史最大，还首次参与了美国LNG项目的建设。

中国石油企业走出去进入新阶段。2017年，三大石油公司继续转变重规模、求扩张的发展方式，突出降本提质增效，突出战略发展。现有项目注重稳健发展和改革创新，新项目注

重战略资产的获得。中国石油斥资18亿美元收购阿布扎比陆上石油公司8%权益，签署伊朗南帕斯11期天然气开发合同；三大石油公司分别与国际石油公司组成财团，成功中标巴西盐下项目。民营企业和地方国企加速扩大海外投资，权益产量快速增长，占比已经达到10%；积极参与海外并购，如果华信能源收购俄油股权的交易交割完成，全年收购金额达到112亿美元，是2016年的2.5倍。海外投资主体的多元格局基本形成。

油气大项目合作带动产业走出去。2017年12月8日，亚马尔LNG项目一期正式投产。亚马尔项目是目前北极地区最大的天然气勘探开发、液化、运输、销售一体化项目。中国石油和丝路基金共同参与开发，分别占股20%和9.9%。亚马尔项目充分体现了大型油气项目在促进“一带一路”战略实施，带动国内相关产业创新、升级、走出去的巨大杠杆作用。中方出资55亿美元，带动了154亿美元的出口，共有45家中国厂商为项目提供百余种产品，中国公司承揽了项目全部模块建造的85%以及6艘运输船的建造，并获得15艘LNG运输船中14艘船的运营权等。

8. 三大石油公司经营总体向好，机制体制改革持续推进

2017年，国内三大石油公司经营业绩明显回升向好，主要生产指标稳步增长。1—9月，中石油、中石化、中海油石油产量分别为8934万、3102万和4025万吨，天然气产量分别为719亿、191亿和99亿立方米，气增油减特点明显；中石油、中石化的原油加工量、成品油产销量保持平稳增长，乙烯产量增加。经营业绩指标逐步向好。三大公司销售收入和净利润大幅增长。1—9月，中石油、中石化和中海油销售收入同比分别增长26.71%、27.93%和29.50%，三大公司资产负债率均有不同程度下降。中石油、中石化的净利润分别达174亿元和394亿元，中石化下游盈利明显好于中石油，但上游仍未走出亏损。

2017年，三大石油公司全面务实推进改革。一是深化管理体制改革，中石油集团层面改革的框架基本搭建，全面完成集团层面和下属企业的公司制改制工作；中石化实施《2017年改革管理工作要点》，全面完成公司制改制工作；中海油以深化体制机制改革为重点，预计到2020年完成向国有资本投资公司转型。二是推进专业化重组，中石油实现了管道公司和天然气销售公司分立，重组成立中油工程和中油资本公司并分别借壳上市，混合所有制改革迈出实质性步伐，工程技术业务改革重组落地，出台海外油气业务体制机制改革方案。三是优化管控模式和运行管理机制，中石油、中石化加快矿权内部流转；中石油向吉林油田等6家油田企业下放经营自主权；中石化加强人事制度和管理制度改革，采取各种具体措施，着力全系统的瘦身健体。四是矿区服务市场化、社会化改革继续推进，中石油完成百余家下属宾馆酒店清理处置，加快矿区“三供一业”分离移交；中石化全面实施“四供一业”分离方案，计划2018年基本完成。

第一章　国内外能源行业发展状况

2017 年随着全球经济复苏，能源消费也全面回暖，其热度辐射又反过来助推全球经济持续复苏且暖意更浓，能源转型稳步推进，化石能源消费增速回升，地区差异明显。中国供给侧结构性改革效果明显，经济稳中向好，能源消费增速回升，可再生能源发展迅速，能源行业在结构调整、优化、变革中再度经历着蜕变与洗礼。

第一节　世界能源行业发展状况

2017 年面对欧洲恐袭频发，英国脱欧持续发酵，北美大国反全球化逆流涌动，新兴经济体不乏一时落伍者等不利因素，全球经济韧劲持续发力，努力挣脱各种羁绊，支撑出整体向好局面。在此大背景下，能源行业攀附而行，能源消费稳中有增，消费转型稳步推进，消费结构继续向清洁化和低碳化方向发展。随着成本持续下降和政府对新建项目补贴的削减，可再生能源投资缓慢增长，光伏和风电继续保持投资领先。全球发电绿色化显现，非水可再生能源贡献突出。

一、全球能源消费全面回暖，清洁化程度有所提高

2017 年随着全球经济复苏，能源消费也全面回暖，估计全年一次能源消费 130.3 亿吨油当量，比 2016 年增长 1.3%（图 1-1-1）。能源消费结构进一步向清洁化、低碳化加速转变，煤炭消费比重估计下降 0.3 个百分点，天然气和非水可再生能源消费比重分别上升 0.1 个百分点和 0.2 个百分点（图 1-1-2）。

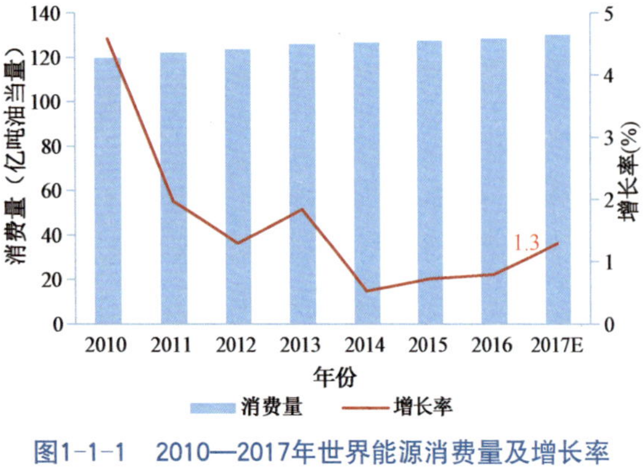

图1-1-1　2010—2017年世界能源消费量及增长率

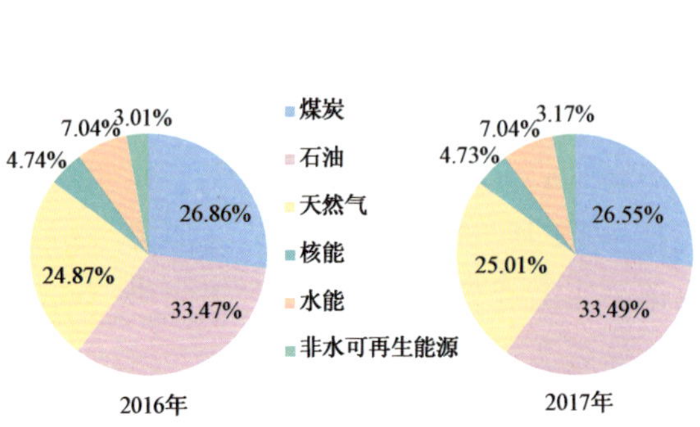

图1-1-2　2016年和2017年世界能源消费结构

1. 各区域能源消费增长程度不同，非水可再生能源消费比例提升明显

2017 年全球各地区能源消费增速均高于 2016 年，其中发展中国家和欠发达国家集中的中东地区、非洲和亚太地区的能源消费增速估计高于全球增速，分别增长 2.9%、2.4%和 1.5%。能源消费结构继续向清洁化发展，各地区非水可再生能源的消费比例比 2016 年均有不同程度上升，其中北美和亚太地区上升较为明显（表 1-1-1）。

表1-1-1　2016年和2017年全球不同区域一次能源消费结构　　单位：%

能源种类 \ 地区	北美地区		中南美地区		欧洲及欧亚大陆		中东地区		非洲		亚太地区	
年份	2016年	2017年	2016年	2017年	2016年	2017年	2016年	2017年	2016年	2017年	2016年	2017年
煤炭	14.0	13.8	3.5	3.5	16.5	16.4	0.8	0.8	23.0	22.8	47.5	46.8
石油	36.8	36.7	45.6	45.3	29.5	29.3	46.7	46.2	43.8	44.0	29.1	29.4
天然气	31.2	31.1	22.1	22.1	33.0	33.1	51.7	52.3	26.0	26.2	12.5	12.7
核能	8.6	8.5	0.8	0.8	9.2	9.2	0.1	0.1	0.7	0.7	1.9	2.0
水能	6.0	6.1	24.5	24.6	7.0	7.0	0.6	0.6	5.8	5.7	6.7	6.6
非水可再生能源	3.5	3.8	3.5	3.6	4.8	4.9	0.1	0.1	0.7	0.7	2.4	2.6

2. 全球化石能源消费增速回升，地区差异明显

2017 年估计全球化石能源消费 110.8 亿吨油当量，比 2016 年增长 1.2%，相对过去几年增速放缓态势，出现明显回升（图 1-1-3）。其中，非洲和中东依然是全球化石能源消费增长最快的区域，估计 2017 年分别增长 2.6%和 3.0%；北美地区、中南美地区和亚太地区结束下降态势，实现增长，估计 2017 年分别增长 0.8%、0.5%和 1.3%。

二、全球发电量增长提速，非水可再生能源贡献突出

2017 年全球发电量估计达到 24.9 万亿千瓦时，比 2016 年增长 2.2%，为近 4 年来增速最快的一年（图 1-1-4）。其中，非水可再生能源发电量达到 1.83 万亿千瓦时，占全球发电量的 7.3%，比 2016 年增长 6.7%，增速上升 0.3 个百分点。

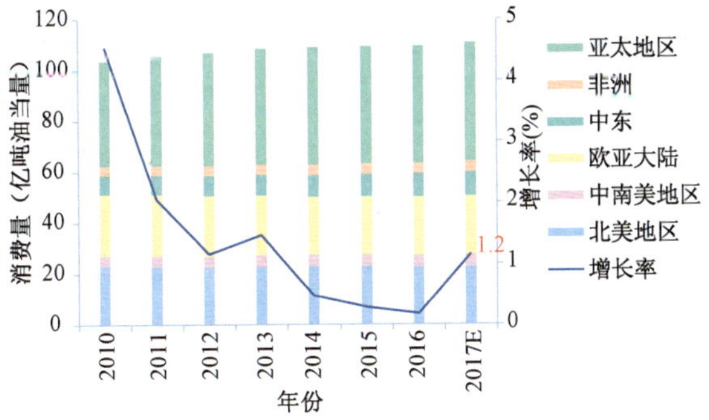

图1-1-3　2010—2017年全球化石能源消费量及增长率

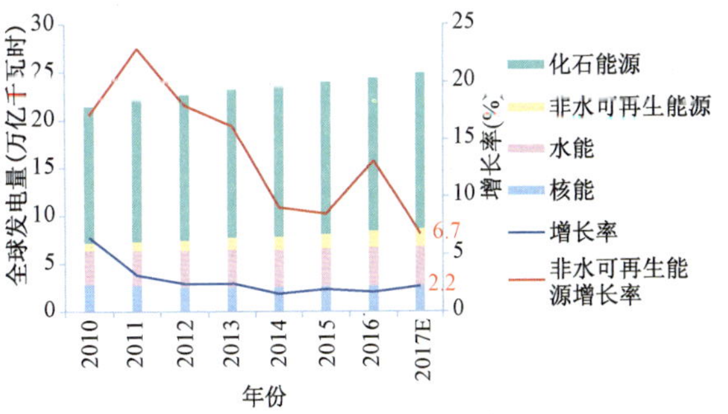

图1-1-4　2010—2017年全球发电量及增长率

1. 不同地区发电结构呈现低碳化、清洁化态势

2017年，北美地区和中南美地区发电量实现正增长，估计分别比上年增长0.2%和1.2%；中东、非洲和亚太地区的发电量增速较快，估计分别增长3.0%、4.0%和3.7%。不同地区的发电结构向低碳清洁化发展。2017年，北美、中南美洲、欧洲和亚太地区化石能源发电占比出现不同下降，北美和亚太地区下降较为显著，分别降1.1个百分点和0.7个百分点，非水可再生能源发电比例分别提高0.7个百分点和0.3个百分点（表1-1-2）。

表1-1-2　2016年和2017年全球不同地区发电结构变化　　单位：%

地区/年份/能源种类	北美地区		中南美地区		欧洲及欧亚大陆		中东地区		非洲		亚太地区	
	2016年	2017年	2016年	2017年	2016年	2017年	2016年	2017年	2016年	2017年	2016年	2017年
核能	20.2	20.2	1.8	1.8	21.9	21.8	0.4	0.4	1.7	1.6	4.0	4.1
水能	14.1	14.4	57.0	57.1	16.6	16.6	2.2	2.1	14.7	14.1	5.1	5.4
非水可再生能源	8.4	9.1	8.3	8.4	11.5	11.7	0.2	0.2	1.7	1.7	5.1	5.4
化石能源	57.4	56.3	32.9	32.7	49.9	49.9	97.2	97.3	82.0	82.6	85.9	85.2

2. 可再生能源发电投资恢复增长

全球可再生能源投资在经历2014年18.7%的高速增长后，增速变缓，2016年投资更是大幅下降22.6%（图1-1-5）。2017年全球可再生能源投资重拾升势，估计投资额达2470亿美元，比2016年增长2.2%。随着技术逐步成熟和成本大规模下降，政府对可再生能源新建项目补贴在逐步削减。2017年，全球可再生能源投资主要集中在光伏和风电，二者占比达到93%以上。

2017年，随着中国、欧洲和美国等传统可再生能源投资热点区域投资增速放缓，经济欠发达地区和国家的可再生能源投资增速显著，亚洲（中国和印度除外）成为投资增长最快的区域，估计增长29.9%，美洲（美国和巴西除外）、中东和非洲依次实现18.0%和12.4%增长（图1-1-6）。

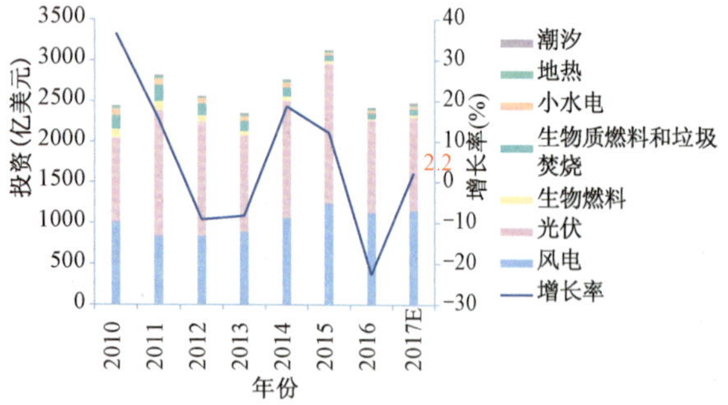

图1-1-5　2010—2017年全球可再生能源投资及增长率

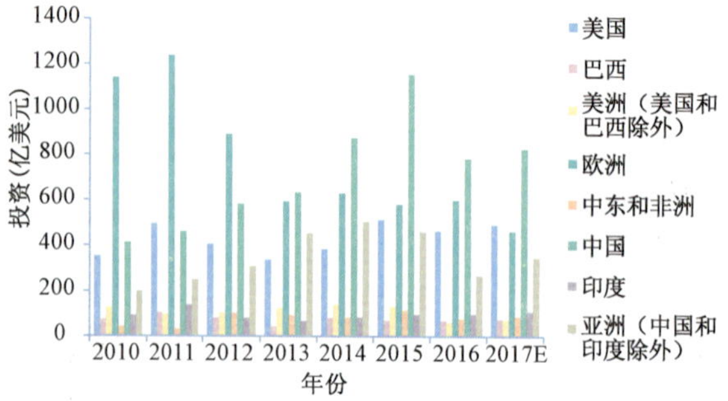

图1-1-6　2010—2017年全球不同地区可再生能源投资

数据来源：UNEP、 Bloomberg New Energy Finance、经研院

（本节撰写人：闫　勇　审定人：陈建荣）

第二节　中国能源行业发展状况

2017 年，在习近平新时代中国特色社会主义思想指引下，在“五位一体”总体战略布局统揽下，中国经济向高质量发展转型。能源行业在深度变革中由大走强，提质增效成效显现，能源消费增速回升。煤炭消费增速由负转正，但进入下滑通道的大趋势不变；电力消费保持快速增长，发电结构持续改善，第三产业保持最快用电增速；可再生能源发展迅速。能源行业整体运行平稳。

一、能源消费增速回升，能源结构持续优化

1. 一次能源消费增速回升

2017 年，中国经济稳中向好的态势更加明显，发展质量逐步改善，能源消费增速回升。估计 2017 年中国能源消费总量为 45.1 亿吨标准煤（合 31.5 亿吨油当量），增速为 3.5%。其中，煤炭消费 39.7 亿吨，较 2016 年增长 2.3%；石油表观消费 5.9 亿吨，增长 5.9%；天然气消费 2352 亿立方米，增长 17.0%；非化石能源发电量 1.64 亿万千瓦时，增长 6.1%(图 1-2-1)。

2. 能源结构持续向清洁化演进

2017 年，中国煤炭消费占比 60.7%，较 2016 年下降 1.2 个百分点；石油占比 18%，较 2016 年基本持平；天然气占比 7.0%，较 2016 年增加 0.6 个百分点；非化石能源占比 14.2%，较 2016 年增加 0.9 个百分点（表 1-2-1）。

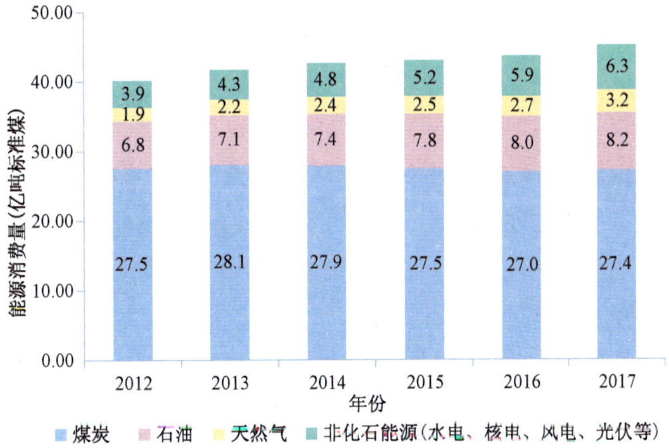

图1-2-1　2012—2017年中国能源消费量

3. 单位产值能耗继续下降

2017 年，中国单位产值能耗为 0.61 吨标准煤/万元，较 2016 年减少 3.8%，降速放缓 0.5 个百分点，主要缘于经济形势向好带动工业增速回升，以及 2015 年和 2016 年降速较快、基数较小等因素（图 1-2-2）。

表1-2-1　中国一次能源消费总量及能源结构

年份	能源消费总量(亿吨标准煤)	能源结构（%）			
		煤炭[①]	石油	天然气	非化石能源
2012	40.2	68.5	17.0	4.8	9.7
2013	41.7	67.4	17.1	5.3	10.2
2014	42.6	65.6	17.4	5.7	11.3
2015	43.0	64.0	18.1	5.9	12.0
2016	43.6	62.0	18.3	6.2	13.5
2017（估计）	45.1	60.7	18.2	7.0	14.1

① 未考虑煤炭热值的变化。

数据来源：国家统计局，经研院。

4. 能源加工转换效率提高，能源消费弹性系数略有回升

2017年，估计中国平均能源加工转换效率升至74.3%，较上年增加0.28个百分点。其中，发电效率为44.8%，较上年增加0.3个百分点；炼焦和炼油效率分别为93%和97%，与2016年基本持平。

2017年，估计中国能源消费弹性系数为0.25，经济回暖带动能源消费增速回升（图1-2-3）。

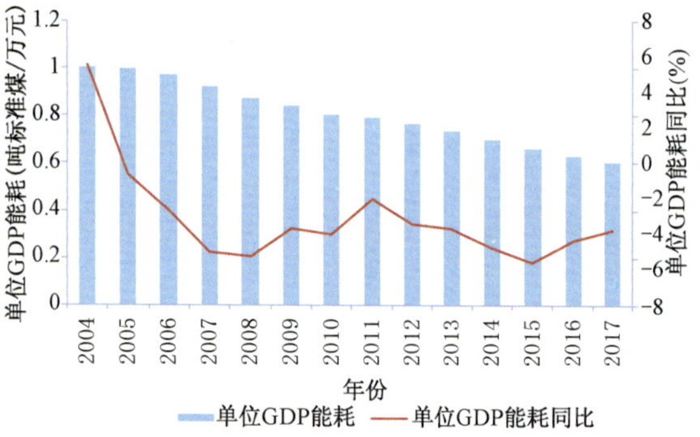

图1-2-2　2004—2017年中国单位GDP能耗及同比

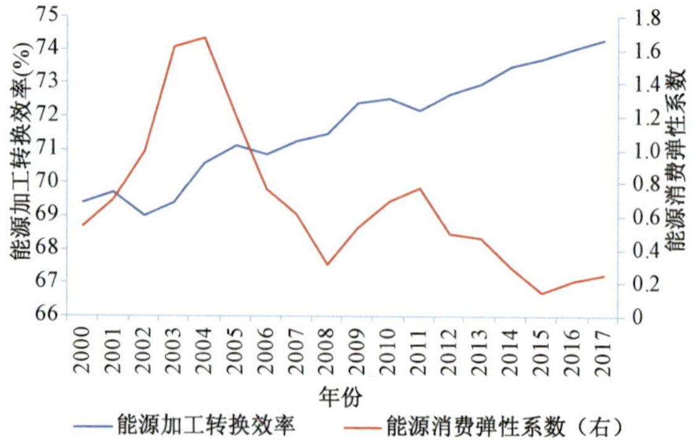

图1-2-3　2000—2017年能源加工转换效率与能源消费弹性系数

数据来源：国家统计局，经研院

二、煤炭行业去产能收效显著，价格处于相对高位

1. 煤炭消费增加，去产能效果显著

2017年，在工业增速回升、发电量持续增长而水电来水量小等因素的影响下，中国煤炭消费增速由负转正，但总体仍处于下行通道。

2015—2016年，在去产能的带动下，煤炭产量有所下降；2017年尽管淘汰落后产能1.5亿吨，但在经济向好、发电量持续增长等因素的带动下，现有煤矿开工率增加，估计煤炭产

量为 37.7 亿吨，增加约 2.7%。2017 年煤炭进口量估计为 2.0 亿吨，增加约 8%（图 1-2-4）。

2. 煤炭价格处于相对高位

2017 年，在煤炭需求增加、持续去产能效果逐步显现的双重作用下，中国煤炭价格处于较高水平，保持在 565～700 元/吨的区间（图 1-2-5）。

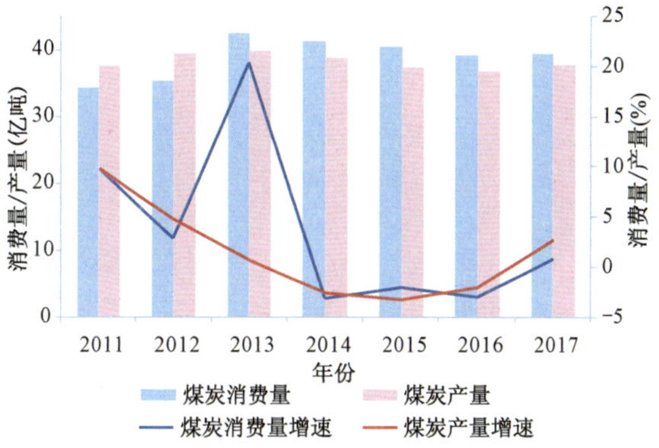

图1-2-4　2011—2017年中国煤炭产销

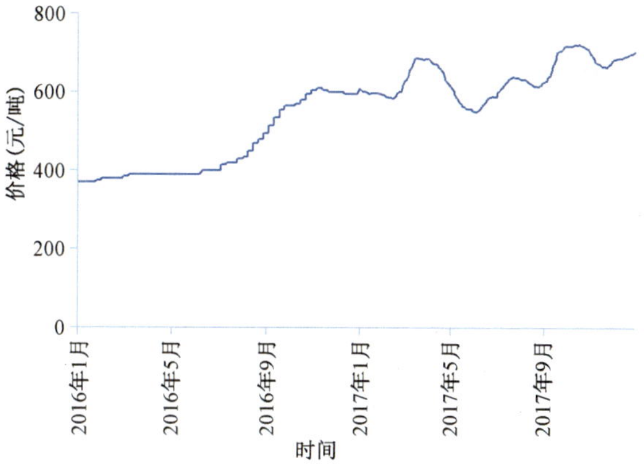

图1-2-5　2015—2017年秦皇岛5500大卡动力煤价格

数据来源：国家统计局，wind 咨询，经研院

> **重点关注**
>
> **煤炭行业供给侧改革任重道远**
>
> 2015—2017 年，我国煤炭行业累计淘汰落后产能约 5 亿吨，市场供需与行业盈利状况明显好转，供给侧改革成果初现，短期行业调控应由控产量向保供应转移，国家发改委建议电厂煤炭长协合约占比 75%。
>
> 煤炭行业的全面转型是长期和艰巨的挑战，全国煤炭产能过剩的态势并没有根本改变，预计未来 3 年仍有超过 3 亿吨的去产能任务待完成，行业实现扭亏但尚未完全脱困，解决行业高负债、人员冗余等问题仍待时日。当前煤炭行业已步入供需格局深刻调整阶段，生产重心向晋陕蒙宁地区集中（约占总产量近 7 成），不排除部分区域、时段仍会出现供给紧张，同时可再生能源的快速发展和成本下降使煤炭市场的不确定性增加，煤炭行业应加强控制供给力度，同时推进上下游跨行业重组，稳定市场预期和价格。

三、用电量稳定增长，发电结构进一步优化

1. 全国用电量继续增加

2017 年，估计全国用电量为 6.3 万亿千瓦时，较上年增长 6%，增速较 2016 年增加 1 个百分点。第一、第二、第三产业及城乡居民用电占比分别为 1.8%、70.5%、14.0%和 13.7%，第三产业用电比重持续增加，第二产业比重略降（图 1-2-6、图 1-2-7）。

2. 高耗能用电量继续下滑，第三产业用电量快速增长

第二产业用电量增速为5.7%，增速较上年下降1.4个百分点，其中高耗能行业（化工、水泥、钢铁、有色金属）用电量下降0.15%；第三产业用电量增速为10.8%，增速与上年基本持平。随着生活水平的提升，城乡居民用电量保持近年的增长势头，估计2017年较上年增加7.6%（图1-2-7）。

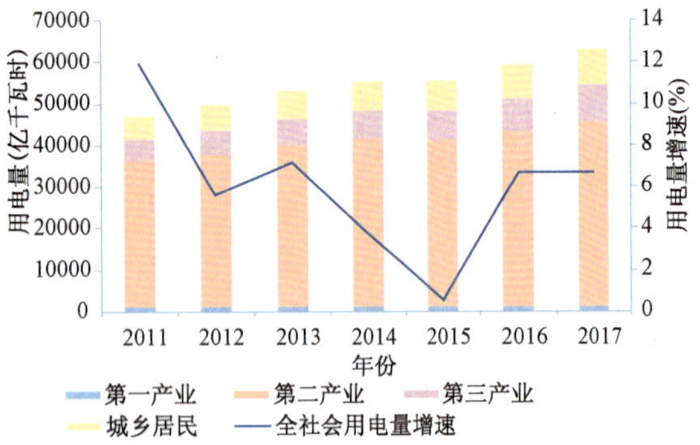

图1-2-6　2011—2017年中国用电量及增速

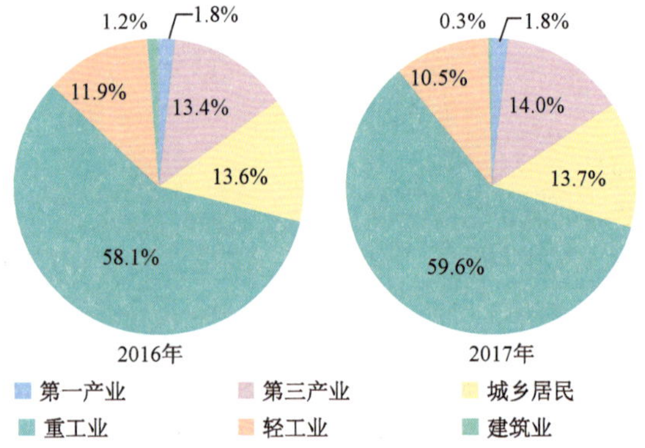

图1-2-7　2016年与2017年用电结构

数据来源：国家统计局，经研院

3. 发电量稳定增长，非化石能源发电增速较快

2017年，全国发电量估计为6.26万亿千瓦时，增速为6.4%。其中，火电（以燃煤发电为主）发电量仍占70%以上，增速为5.4%；水电增速为2.2%；另外，核电增速为18.4%，风电增速为25.3%，光伏增速为32%，均持续近年快速增长态势。受用电需求增长和水电来水量偏少的影响，火电利用小时增加52小时，结束了近4年的下滑态势（图1-2-8）。

4. 分布式光伏装机增长迅猛，带动发电结构持续改善

2017年，中国新增发电设备装机容量1.5亿千瓦，增速为20%。其中，风电新增装机1300万千瓦，占比8.6%；光伏新增装机5700万千瓦，占比38%，包括分布式光伏2050万千瓦，同比增长近4倍。2017年，火电在全国发电设备装机中占比61.6%，较2016年减少2.2个百分点，发电结构持续向清洁化、低碳化发展（图1-2-9、表1-2-2）。

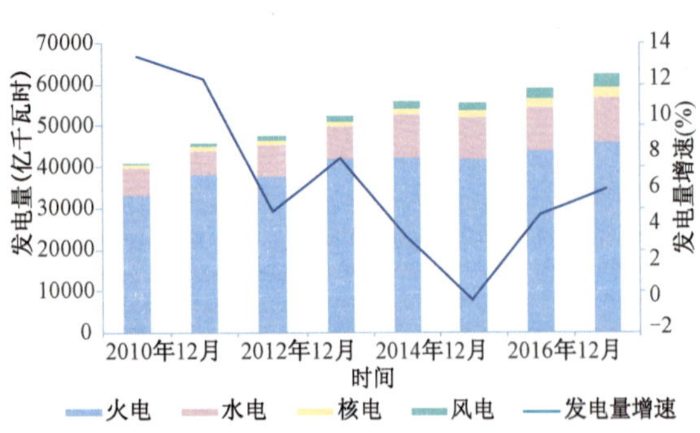

图1-2-8　2010—2017年中国发电量及增速

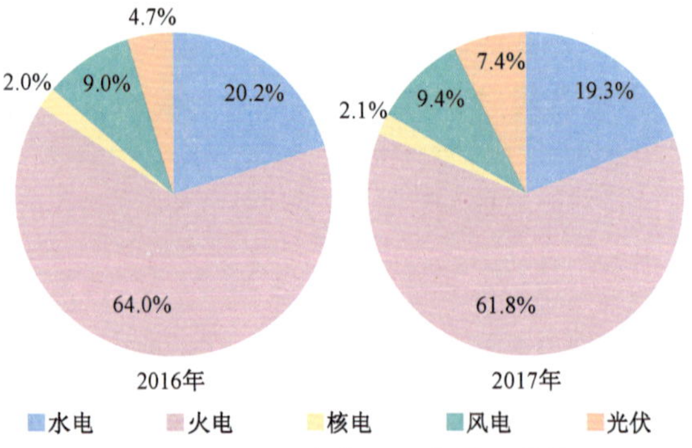

图1-2-9　2016年与2017年装机结构

数据来源：国家统计局，经研院

表1-2-2 2011—2017年各发电品种新增设备容量

年份	新增设备容量（万千瓦）				
	水电	火电	核电	风电	光伏
2011	1283	6241	175	1528	196
2012	1676	5236	66	1296	107
2013	2993	3650	221	1406	1130
2014	2180	4791	547	2101	825
2015	1608	6400	724	2961	1282
2016	1174	4836	720	1873	3459
2017（E）	1097	4131	290	1300	5700

数据来源：国家统计局、经研院。

重点关注

政策利好分布式能源与储能技术发展

分布式能源系统打破了中心化、集中式的能源供应模式，对可再生能源的发展和电力市场化改革有重大意义。针对分布式能源存在市场化程度低、公共服务滞后、管理体系不健全等问题，国家发改委、国家能源局发布《关于开展分布式发电市场化交易试点的通知》，理顺了各种分布式能源系统发电上网的定价机制，可改善相关企业资金流状况，打破可再生能源发展的消纳瓶颈，促进分布式光伏、冷热电三联供分布式天然气系统和微网的快速发展，助推分布式屋顶光伏作为扶贫技术大范围推广。这一试点可看作中国电力市场破局的开始。

储能是促进能源新业态发展的关键，抽水储能是最为成熟的储能技术。国家电网近期开建6座抽水储能电站，自2012年以来已开建21项，在建装机3015万千瓦；已投产5座抽水储能电站，总装机610万千瓦。电化学储能是最具潜力的储能技术，可较好地解决风光电消纳问题，促进分布式能源和能源互联网的发展。国家发改委、财政部、科学技术部、工业和信息化部、国家能源局等五部委联合发布《关于促进储能技术与产业发展的指导意见》，提出储能由研发示范向商业过渡，再向规模发展的发展道路。发展储能技术有助于制定更有针对性的差别电价政策，优化电力资源配置，提高电力系统的总体发电效率，推动电动车的发展。

（本节撰写人：刘　畅　审定人：陈建荣）

第二章　国内外油气政策分析

2017 年，油气资源国通过达成并延长限产协议稳定油气市场，各国推出能源政策推动能源格局向低碳转变。中国加快油气体制改革，有序放开油气勘查开采体制；继续推进价格改革，开展天然气长输管道企业成本监审，强化配气价格监管；完善石油进口管理办法。

第一节　世界主要国家油气及相关能源政策

2017 年，全球能源格局继续进行革命性调整，欧佩克第一次牵手非欧佩克国家，达成限产协议，稳定油气市场。主要消费国推出燃油车禁售时间表，并以财税政策支持新能源汽车发展。

一、资源国石油限产

1. 欧佩克石油减产总体执行效果较好

自 2017 年以来，欧佩克减产执行效果较好。截至 2017 年 11 月，欧佩克平均减产执行率达到 100%以上。此次石油减产的执行力度超过多数咨询、评论机构的判断，市场反应良好，油气市场逐渐再平衡并趋于稳定，油价企稳回升（图 2-1-1）。

欧佩克成员国中，不同国国家执行率相差较大。其中，赤道几内亚、安哥拉、卡塔尔、沙特阿拉伯、委内瑞拉四国执行坚决，态度积极，前 11 个月平均减产执行率超过 100%；伊拉克、加蓬等国减产力度有所欠缺，平均执行率均低于 60%（图 2-1-2）。

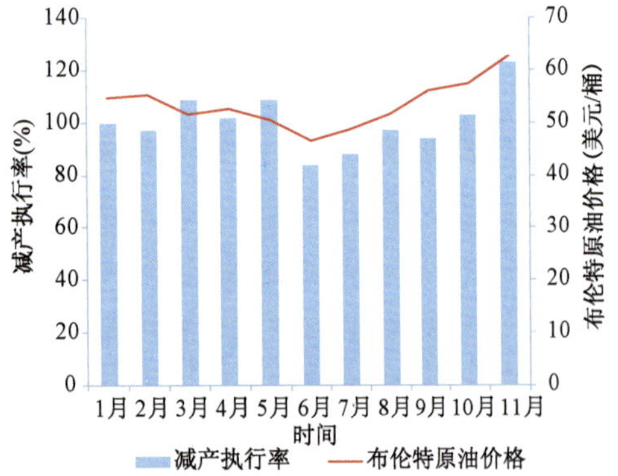

图2-1-1　欧佩克12国2017年1—11月减产执行率及布伦特原油价格

（欧佩克 12 国是指阿尔及利亚、安哥拉、厄瓜多尔、加蓬、伊朗、伊拉克、科威特、卡塔尔、沙特阿拉伯、阿联酋、委内瑞拉、赤道几内亚）

数据来源：欧佩克月报和 wind 资讯

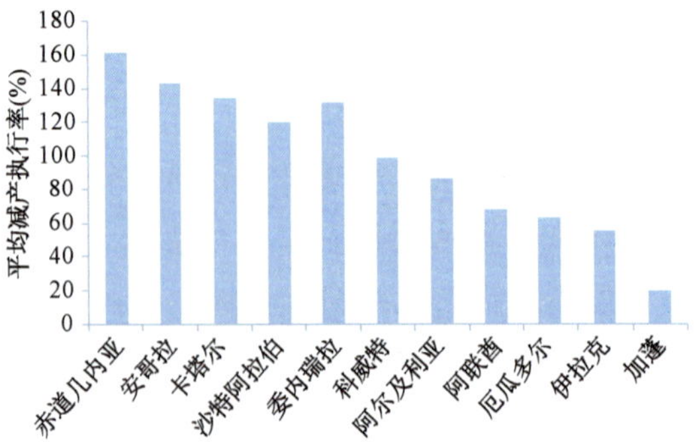

图2-1-2　欧佩克部分成员国2017年1—11月平均减产执行率

数据来源：欧佩克月报

2. 非欧佩克国家执行率有所不同

非欧佩克 10 国 2017 年初减产积极性不高，8 月份开始减产效果见好。2017 年 8 月、9 月、10 月和 11 月减产执行率分别为 126%、142%、111%和 96%（图 2-1-3）。其中，俄罗斯执行减产力度较好，哈萨克斯坦因各种原因执行减产效果欠佳。

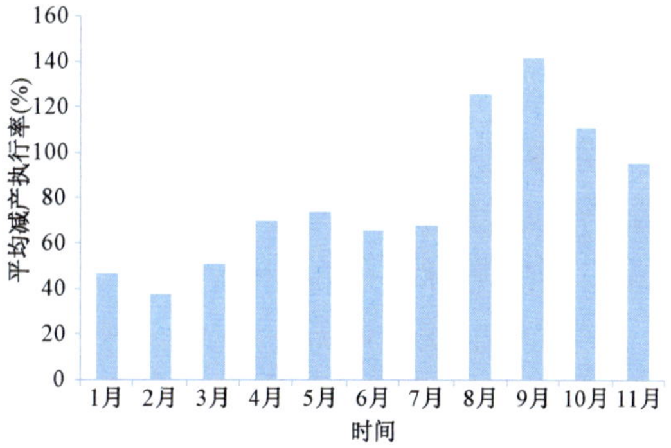

图2-1-3　主要非欧佩克产油国2017年1—11月平均减产执行率

数据来源：IEA 月报

3. 减产协议如期延长 9 个月

随着油价的回升，减产联盟内部对于是否继续执行减产协议产生了分歧。但是，各国基于自身的利益考虑，该联盟的减产政策在 2018 年将继续延续，以保持油价在合理水平。2017 年 11 月 30 日，欧佩克与非欧佩克产油国一致同意按 180 万桶/日将石油减产协议延长至 2018 年底，仍由沙特阿拉伯和俄罗斯监督执行。2018 年 6 月，各国将根据基本面情况评估并调整减产协议。此外，利比亚和尼日利亚将从 2018 年 1 月 1 日开始加入欧佩克减产协议。

二、各国能源政策

2017 年，全球能源发展总体延续了由高碳向低碳发展的趋势，发电领域重点在于脱煤和支持新能源发电的政策。交通运输领域主要体现在多国对电动车提供优惠政策，并提出燃油车禁售时间表。

1. 发电领域相关政策

各国陆续推出脱煤政策，清洁能源替代煤电势不可挡。保护环境，是各国努力的大目标。自 2010 年以来，全球已经淘汰或停止建设将近 370 座、总资产接近 5000 亿美元的大型燃煤电厂。根据 ENDCOAL 机构统计数据，截至 2017 年上半年，全球已有 20 个国家或地区宣布了在 2030 年前替代煤电的时间表。虽然美国推出新的能源政策，退出《巴黎气候协议》和《清洁电力计划》，取消煤炭、石油等化石能源发展的限制，鼓励发展燃煤电厂，旨在重振煤炭工业，确实产生了一定的效果。美国能源信息署（EIA）近期报告称，2017 年美国煤炭产销或将齐增，电力部门的煤炭消费量将增长 1%，逆袭天然气。但是美国的环境保护法案增加了煤炭的使用成本，加上美国大众的环保意识普遍增强，美国 2017 年淘汰煤电的速度并没有减缓，特朗普政府难以改变能源清洁化的趋势。其中，包括加利福尼亚州、马萨诸塞州等在内的 6 个州都明确提出了淘汰煤电的时间表，大约在 2020 年。欧洲各国脱煤的时间大约在 2030 年。

中国、印度等发展中国家受到环境压力，也紧跟国际脱煤步伐，大大削减了新建煤电的投资，努力实现清洁能源目标。在 2014—2017 年，北京市陆续关闭了 4 座燃煤电厂，截至 2017 年 6 月，已经实现了 100%淘汰煤电。

技术进步为各国推动清洁能源市场化提供了可能。近年来，包括光伏、太阳能光热、生物质发电、陆上风电等在内的清洁能源成本不断降低。2015 年，光伏和太阳能成本分别比 2010 年下降了 55.8%、26.0%。随着技术进步和储能容量的不断增加，清洁能源的整体竞争力将进一步增强。目前，意大利 ENEL 绿色电力公司竞标的墨西哥光伏项目成本低至 0.0177 美元/（千瓦·时）（表 2-1-1）。彭博新能源展望报告指出，欧盟现在新建的可再生能源装机发电成本已经低于煤电。

表2-1-1　2016年全球清洁能源最低价

能源种类	国家	规模（兆瓦）	成本[美元/（千瓦·时）]
光伏	意大利	2300	0.0177
陆上风电	墨西哥	1038	0.0358
海上风电	丹麦	950	0.0604
生物质发电	巴西	198	0.0664
水电	秘鲁	80	0.0438
地热	意大利	19.8	0.0864

数据来源：国际可再生能源署。

可再生能源市场化发展是未来趋势。可再生能源在部分发达国家已经具有了无补贴下与传统能源进行市场竞争的条件，因此各国政府削减补贴，陆续退出优惠政策。英国可再生能源义务证书（Renewable Energy Certificate）对地面光伏项目的激励政策在 2017 年 3 月 31 日到期，不再续期；新西兰在没有政府补贴的情况下积极发展地热能可再生能源；德国取消补贴，建设全球首座零补贴海上风电站。发展中国家对可再生能源发展也持积极态度，但由于技术成熟度和市场竞争环境的差异，仍然需要依靠政府的优惠政策。未来随着技术成熟度的提高，发展中国家也将退出或减少补贴，使可再生能源发电逐渐走向市场化。

2. 交通运输领域相关政策

电动车成本下降，竞争力提升，但仍需补贴政策。目前，电动车的成本仍远高于燃油车，加之由于充电桩等基础设施的配备尚未齐全，电动车在经济性和便捷性方面不足以和燃油车竞争，因此各国采取补贴政策。随着电动车技术的不断突破，USB 银行预计到 2025 年，欧洲电动车成本（购置、充电、维修）将与燃油车相当（图 2-1-4）。

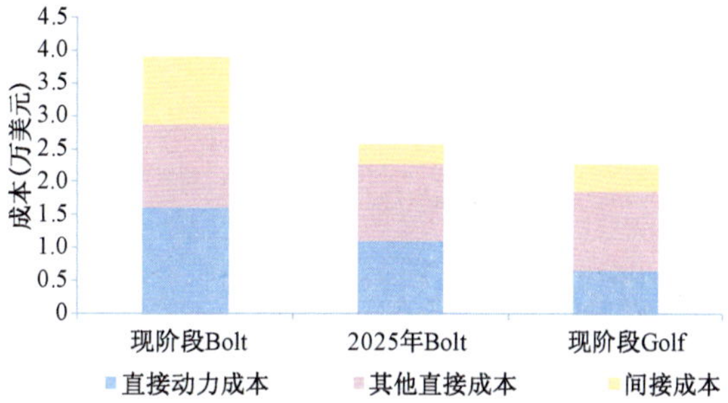

图2-1-4　电动车Bolt与燃油车Golf成本比较图

资料来源：USB 银行

由于新能源汽车仍然不具备经济性，行业发展仍需补贴支持。包括美国、挪威、德国、英国、法国等在内的世界主要国家，都对新能源汽车提供了财政补贴、税收减免以及其他方面的优惠措施（表 2-1-2），降低新能源汽车的市场价格，提高其市场竞争力。

表2-1-2　主要国家新能源车辆补贴情况

国家	主要补贴政策	其他优惠政策
美国	联邦税收减免： 2500+417×（*K*-5）美元，*K*为带电量	各州税收减免以及优惠政策
挪威	免除增值税（购车总价的25%），50%的公车使用税减免； 免除道路税	市政停车场免费； 可以使用公交车道
德国	纯电动车4000欧元/车； 混合动力车3000欧元/车	免5年机动车税；共享车牌免一份保险费；可以走部分公交车道
法国	6000欧元/车（CO_2排放量<20克/千米）； 1000欧元/车（21克/千米<CO_2排放量<60克/千米）； 置换车龄11年以上的柴油车，纯电动车额外补贴4000欧元，混合动力车额外补贴2500欧元	减免道路税； 减免公司用车税
英国	补贴汽车售价的35%（上限为4500欧元/车）（CO_2排放量为50克/千米，电动车模式下续航里程>70英里）； 补贴汽车售价的35%（上限为2500欧元/车）（CO_2排放量为50克/千米，10英里<电动车模式下续航里程<70英里）	减免公司车用税； 伦敦地区免收拥堵费； 免费停车
日本	补贴金=（车价-基准额）×补助率； 基准额=（调整额+基础额）；调整额：纯电动车50万日元，混合动力车40万日元，其他绿色能源车20万日元；基础额=新能源车车价-同类别同等级燃油车基础车型车价	
瑞典	插电式混合动力车20000克朗(约合2123欧元)(CO_2排放量<50克/千米)； 纯电动车40000克朗（约合4246欧元）	
比利时	在佛兰德斯购买电动车：5000欧元	
西班牙	电动乘用车5500欧元；电动卡车8000欧元；电动巴士20000欧元	
葡萄牙	纯电动车2250欧元；插电式混合动力车1125欧元	

资料来源：国泰君安证券研究，各政府网站。

多国将逐步禁售燃油车。随着科技不断进步和能源转型的推动，近两年电动车技术呈爆发式增长，汽车电动化正在快速发展，许多国家纷纷发布禁售传统燃油车的时间表，抢先布局新能源，给电动车发展创造空间和时间（表 2-1-3）。

表2-1-3　各国禁售燃油车政策

国家	政策	备注
荷兰	荷兰劳工党提出2025年禁售燃油车的提案，目前国会已经通过	尚待内阁执行
挪威	4个主要政党一致通过2025年禁售燃油车的提案	尚待政策出台
德国	参议院多票通过2030年禁售燃油车的提案	尚不具备法律效力
法国	能源部长提出法国2040年禁售燃油车的计划	
英国	英国政府发布了清洁空气政策，并宣布将在2040年起全面禁售燃油车	

中国推动新能源汽车发展的相关政策。中国对新能源汽车提供价格补贴和减免购置税等优惠措施，促进产业发展。但高强度补贴加重了中国财政负担，出现诸多问题。2017 年 9 月 27 日，国家多部委联合发布了《乘用车企业平均燃料消耗量与新能源汽车积分并行管理办法》，将于 2018 年 4 月 1 日起实施。积分政策将新能源汽车行业的主导权交回市场，是未来政府补贴新能源汽车的新举措。同时，国家推出新能源电动车专属车牌，享受不限行、停车优惠等多种利好政策，鼓励公众接受新能源电动车。

此外，中国也密切关注全球燃油车禁售动态，目前国家工信部已启动禁售燃油车时间的研究。

重点关注

禁售燃油车政策设计与实施

2017 年禁售燃油车政策引人注目，多国都陆续推出了禁售时间表。中国开始研究禁售时间表也引起了行业的广泛关注。目前，电动车正处于导入期和关键技术爆发式发展的前期。高价车的续航里程可达 600 千米，续航能力已媲美燃油车。基础设施呈现爆炸式增长，全球充电桩接口总量从 2010 年的 2 万个增长到 2016 年的 189 万个，2017 年将进一步增长到 245 万个。预计 2030 年新能源车与燃油车可同台竞争。禁售政策的出台鼓励电动车企业，倒逼燃油车企业，极大地促进了汽车的转型与替代，并向社会释放出强烈的预期。

电动车代替燃油车是大势所趋，但禁售燃油车影响因素众多，操作复杂，会带来能源结构的重构、产业链的颠覆、资产与就业岗位的转移。须顺势而为，审慎地搞好政策顶层设计。燃油车最终被电动车替代的决定性力量是技术进步和市场竞争。政府通过行政力量加快这一进程的最佳选择是支持电动车技术进步，推动基础设施建设，使电动车在经济性和便捷性上具有无补贴竞争力。此外，还应当从全生命周期来综合评估电动车的环保性。根据中国石油集团经济技术研究院的研究报告，全生命周期中，电动车的PM和SO_x排放量均高于燃油车。由于在行驶阶段新能源汽车的排放量较低，因此大城市推广电动车将有利于局部环境的改善，但对全国能源结构优化而言并非最优选择，只有解决了电力清洁化，电动车才有实质环保意义。

在技术与市场条件尚不具备的条件下，以剥夺消费者选择权方式，靠行政力量禁售违背市场规律，甚至成为政治派别博弈的工具，这样的方法是不可取的。应充分考虑到电动车对燃油车的替代是一个过程，需要和电力系统协同发展，不能一蹴而就。2016年，全球汽车总销量为9385.6万辆，电动车产量仅有87万辆；中国汽车总销量为2800.8万辆，电动车产量仅有37.4万辆。电动车要形成足够的生产能力，预计要到2025—2030年。对电动车形成的冲击，石油生产商和汽车生产商必须给予足够的重视，提早应对。

3. 部分国家陆续推出碳排放征税政策

随着全球对环保关注度的不断提高，大部分国家在碳税领域做出了明确的规定。但税收差别很大，从波兰的1美元到瑞典的130美元不等。可以看到，包括5个非经合组织国家在内共有 23 个国家的碳税水平都维持每吨碳排放征收 0～9 美元这个较低水平，占总数的54.8%。而经合组织国家征收碳税的水平相对较高（图 2-1-5）。目前，各国碳税仍在执行，不过力度不似以前坚决。虽然特朗普使美国环保政策倒退，但碳税政策总体还在向前发展。

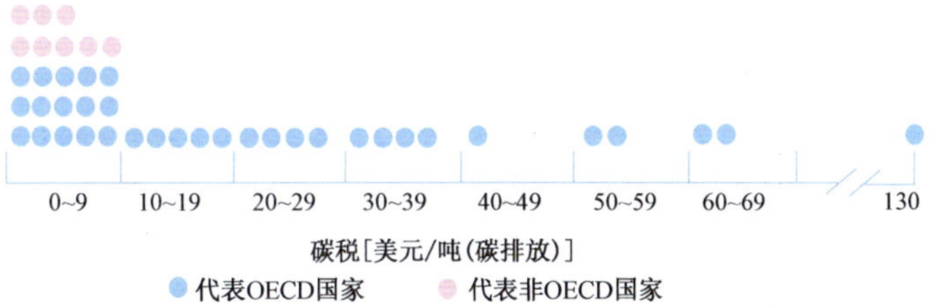

图2-1-5　各国碳税分布图

数据来源：PIIE 报告

（本节撰写人：康　煜　审定人：陈建荣）

第二节　国内油气政策分析

2017 年 5 月，政府主管部门积极落实《关于深化石油天然气体制改革的若干意见》，围绕放宽准入、完善机制、加强监管出台一系列重大举措，促进油气行业持续健康发展。

一、有序放开油气勘查开采体制

2017 年 4 月，国务院出台《矿产资源权益金制度改革方案》，加快建立新型矿产资源权益金制度建设。涉及矿业权出让、矿业权占有、矿产资源开采以及矿山环境治理恢复 4 个环节，调整各方利益，维护和实现国家矿产资源权益（图 2-2-1）。

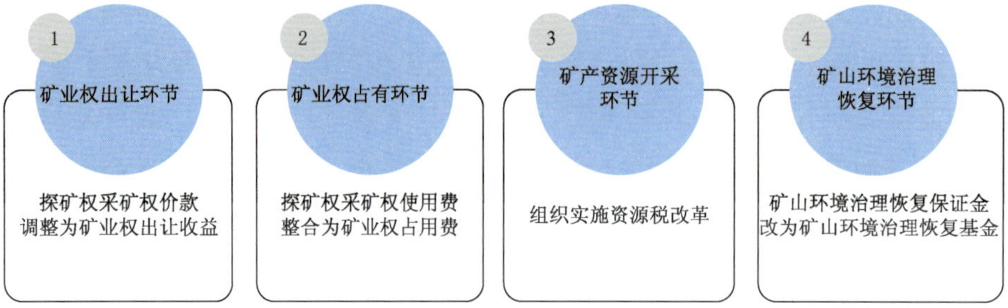

图2-2-1　矿产资源权益金制度改革主要内容

1. 推进矿业权竞争出让

财政部、国土资源部出台《矿业权出让制度改革方案》和《矿业权出让收益征收管理暂行办法》，明确规定，除特殊情形外，矿业权一律以招标拍卖挂牌方式出让，由市场决定矿业权出让收益（图 2-2-2）。中央和地方共享出让收益（图 2-2-3）。矿业权出让收益原则上通过出让金额的形式一次性或分期征收；对资源开采量较大、矿山服务年限较长、市场风险较高的矿业权，探索通过以出让收益率的形式按年度征收。

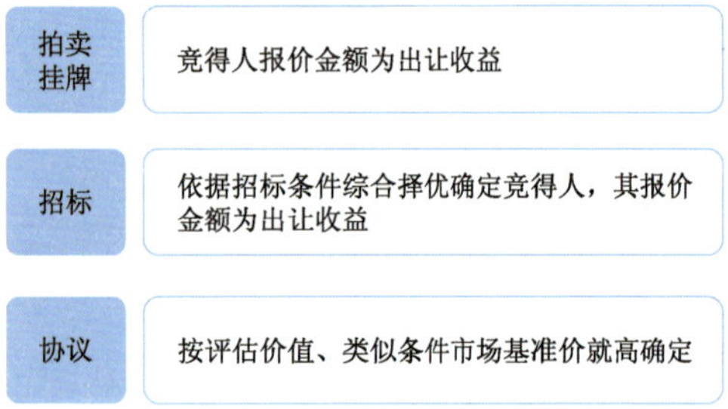

图2-2-2　不同出让方式下矿业权出让收益的确定

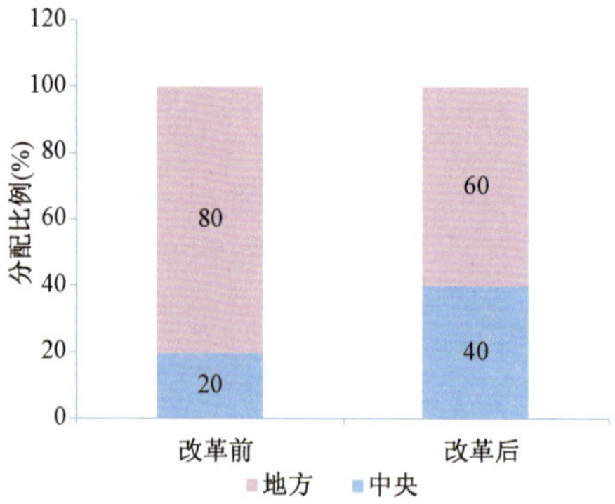

图2-2-3　矿业权出让收益
中央与地方分配比例

2. 改革矿业权使用费，鼓励投资者参与和矿业权流转

调整近 20 年未变的矿业权征收方式和征收标准，将探矿权采矿权使用费整合为矿业权占用费。调整原则为：低费率起步，降低早期参与矿产资源开发的负担，鼓励更多矿业权人参与合理勘查开发；累进制调整，费率随勘查年度增加，提高持证成本（表 2-2-1）。矿业权占用费的征收标准综合考虑矿产品价格变动和经济发展需要动态调整。目前，国家正在研究制定《矿业权占用费征收管理暂行办法》。

3. 资源税立法规范油气开采税收优惠

2017 年 11 月，财政部、国家税务总局公布《资源税法（征求意见稿）》，落实税收法定原则，将现行资源税暂行条例上升为法律。《资源税法（征求意见稿）》维持油气资源税税率6%不变；取消稠油、高凝油和高含硫天然气等减征优惠；增加开采原油环节用于加热的油气免征资源税；统一税率，中外合作开采油气由改革前缴纳1%的矿区使用费改为统一缴纳6%的资源税（表2-2-2）。

表2-2-1 矿业权占用费改革主要变化

	改革前	改革后
名称	探矿权采矿权使用费	矿业权占用费
征收方式	按照占地面积、单位面积按年定额征收	累进制调整
中央与地方分配比例	4:6	2:8

表2-2-2 《资源税法（征求意见稿）》主要变化

内容	改革前	改革后
优惠政策	油田范围内运输稠油过程中用于加热的原油、天然气免税； 深水油气田减征30%； 稠油、高凝油和高含硫天然气减征40%； 三次采油减征30%； 低丰度油气田暂减征20%	开采原油以及油田范围内运输原油过程中用于加热的原油、天然气免税； 深水油气田开采油气减征30%； 衰竭期矿山开采的矿产品减征30%； 低丰度油气田、低品位矿、尾矿、废石中采选的矿产品减征20%
中外合作开采缴纳资源税	2011年11月1日前已订立对外合作开采海洋和陆上油气合同的，缴纳1%矿区使用费，不缴纳资源税	缴纳6%的资源税； 不再缴纳矿区使用费

4. 建立矿山地质环境治理恢复基金

2017年11月，财政部、国土资源部、环境保护部联合发布《关于取消矿山地质环境治理恢复保证金 建立矿山地质环境治理恢复基金的指导意见》。原来实行的保证金制度需国土资源部、财政部等相关部门审批后方可动用，程序复杂。建立基金制度后，企业可根据矿山地质环境保护确定的经费预算等自主使用，更为便利。

总体看，矿产资源权益金制度改革的方向是推进矿业权竞争出让，提高占有成本，加快矿权流转，促进矿权开发，调整优惠政策，倒逼技术进步，政府将矿山治理恢复的资金使用权交还企业。同时，注重调整中央和地方政府矿业权益的分配关系。

二、继续推进价格改革

2017年11月，国家发改委出台《关于全面深化价格机制改革的意见》，以供给侧结构性改革为主线，对成品油、天然气等价格形成机制均提出明确目标（表2-2-3）。

中国成品油价格形成机制几经改革完善，市场化程度显著提高。天然气价格按照“管住中间、放开两头”的总体思路，2017年在天然气管输领域推出天然气长输管道成本监审等多项重要改革举措，取得阶段性成果；在天然气销售领域，降低非居民用气天然气基准门站价格，减轻实体经济负担。

表2-2-3 《关于全面深化价格机制改革的意见》主要目标

领域	主要目标
成品油	坚持市场化方向，进一步完善成品油价格形成机制
天然气	深化非居民用天然气价格市场化改革，适时放开气源价格和销售价格，完善居民用气价格机制，加快上海、重庆天然气交易中心建设
天然气管输	建立健全以“准许成本+合理收益”为核心、约束与激励相结合的网络型自然垄断环节定价制度；对天然气管输等重点领域，实施严格监管，全面开展成本监审

1. 开展天然气长输管道企业成本监审，成本核减 16%，管输费下降 15%

2017 年上半年，国家发改委对 13 家天然气管输企业进行成本监审。13 家企业合计上报 2016 年管输成本 288 亿元，剔除与天然气管输业务不相关、不合理的资产和成本费用，核定成本总额 242 亿元，核减比例 16%（图 2-2-4）。在成本监审基础上，2017 年 8 月核定了长输管道运输价格，核定后的管道运输平均价格下降 15%左右，大大减轻了下游用气企业负担。

2. 强化配气价格监管，构建全产业链价格监管体系，明确准许收益率不超过 7%

目前，不同城市天然气终端价格差异显著，部分城市价格水平明显偏高。城市配气费是终端气价的重要组成部分。以广州、杭州和南京为例，自 2017 年 9 月 1 日起，三个城市终端非居民用气价格分别为 4.25 元/米³、3.27 元/米³ 和 2.98 元/米³（图 2-2-5），其中城市配气费在终端气价中的占比分别为 45.4%、36.1%和 30.9%。

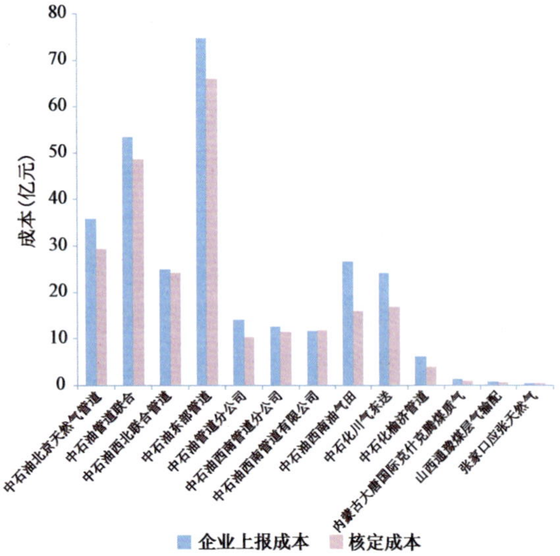

图2-2-4 13家天然气管输企业成本监审情况

数据来源：国家发改委

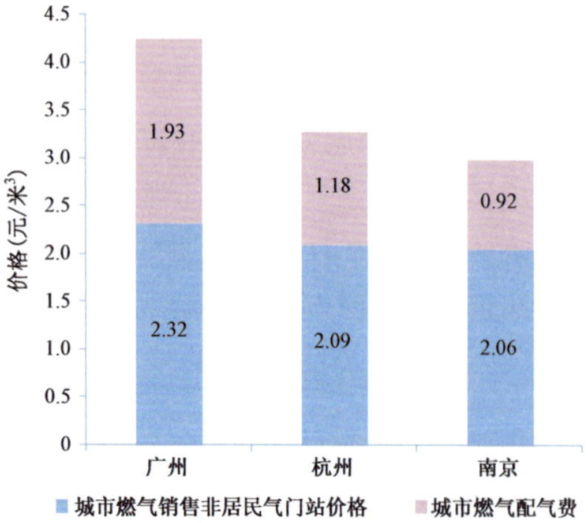

图2-2-5 广州、杭州、南京终端非居民用气价格构成比较

数据来源：各城市发改委或物价局

为加强城镇燃气配送环节价格监管，国家发改委于 2017 年 6 月印发《关于加强配气价格监管的指导意见》（以下简称《意见》）。《意见》明确，建立成本约束机制及配气价格制定方法，供销差率不超过 5%，3 年内降至不超过 4%；管网折旧年限不低于 30 年。《意见》同时明确，准许收益率不超过 7%，充分体现了燃气行业属于公用事业的特点。《意见》明确提出建立激励机制，鼓励各地科学确定杠杆成本，低于杠杆成本的，可由燃气企业和用户利益共享。《意见》出台后，国家对下游城市燃气配送环节也建立起价格监管制度，意在剔除城市配气管网不合理溢价，降低用气成本，促进天然气市场健康发展。但受各方既得利益格局影响，城市配气价格改革难度远超长输管道。

3. 降低非居民用天然气基准门站价格

2017 年 8 月，在下调管输价格以及将天然气增值税税率由 13%下调至 11%的基础上，国家发改委将非居民用天然气基准门站价格下调 100 元/10^3米^3（图 2-2-6）。基准门站价调整后，天然气生产经营企业供应各地的门站价原则上同步等额降低，每年直接降低企业用气成本约 70 亿元，切实减轻用气企业负担。

图2-2-6 2012—2017年广东省非居民用天然气最高门站价

数据来源：国家和广东省发改委

4. 加快油气交易平台建设

2017 年 1 月，重庆交易中心揭牌成立；4 月，新疆维吾尔自治区发改委复函同意克拉玛依市开展新疆油气交易中心前期工作。上述事件标志着政府支持多交易中心格局，逐步淡化交易平台行政化色彩，不断扩大交易规模，提高服务质量，鼓励交易中心间的良性竞争，推进天然气价格的市场形成机制。

三、完善石油进口管理办法

1. 对承诺未兑现企业开出罚单

自 2015 年中国允许符合条件的企业使用进口原油起，已有 34 家地炼获得进口原油使用权。在进口原油使用权申请过程中，获批企业曾承诺建设 LNG 调峰储气设施，但并未如期建成。为加强管理，整顿秩序，国家发改委于2017年10月对未兑现申请进口使用权时承诺的企业开出了第一张罚单，暂将宝塔石化进口原油使用量下调400万吨/年。另外三家未完成承诺的东明石化、中化弘润和汇丰石化也存在被处罚的可能（表2-2-4）。

表2-2-4　未兑现承诺的民营企业及其处罚结果

地炼	承诺	处罚结果
宝塔石化	2亿立方米LNG储气设施	进口原油使用量由616万吨/年下调至216万吨/年
东明石化	5600万立方米LNG储气设施	尚未处罚
中化弘润	5000万立方米LNG储气设施	尚未处罚
汇丰石化	1亿立方米LNG储气设施	尚未处罚

数据来源：国家发改委。

2. 阶段性停止审批进口原油使用权

由于部分民营企业存在未拆除落后装置、私下转卖进口配额等失信或违法违规行为，国家发改委于2017年4月发布《关于有关原油加工企业申报使用进口原油问题的通知》，明确自当年5月5日起停止接收有关原油加工企业使用进口原油的申报材料。

3. 增加原油非国营贸易进口允许量

自原油非国营贸易进口权开放以来，进口允许量呈逐年增长态势，2018年计划将允许量增至14242万吨（图2-2-7）。在增加允许量的同时，注重提高使用效率，在2017年首次采用了分批下达、追加调整、严格考核的分配新原则。第一批为1—10月进口允许量，根据2016年1—10月进口允许量的实际执行情况下达；第二批为11—12月进口允许量，需再行申请（图2-2-8）。对于实际进口原油使用率较低的企业，相应获得的允许量也较低；连续两年无进口的不再安排允许量。

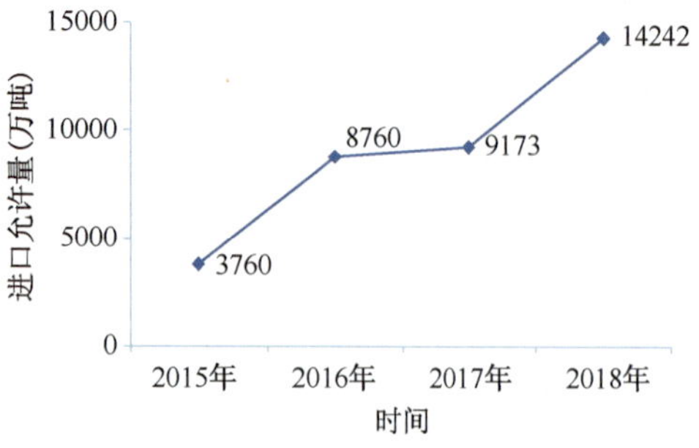

图2-2-7　2015—2018年原油非国营贸易进口允许量

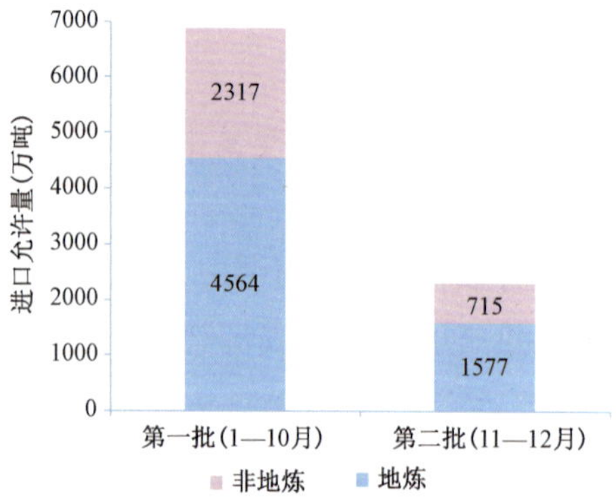

图2-2-8　2017年非国营原油贸易进口允量分批下达情况

数据来源：国家商务部

重点关注

对“煤改气”引发问题的思考

京津冀及周边地区大气污染严重。位于区域内的“2+26”个城市2016年PM2.5平均浓度比全国338个地级以上城市平均浓度高65%，是中国大气污染防治的主战场。2017年，环保部公布《京津冀及周边地区2017年大气污染防治工作方案》，明确提出在北京、天津2个直辖市以及河北、河南、山西、山东4个省26个市实施禁煤任务。方案要求：北京、天津、廊坊、保定市于2017年10月底前全部完成，其他城市于10月底前完成5万～10万户“煤改气”或“煤改电”阶段性任务。

“煤改气”“煤改电”是加快能源结构调整、改善大气环境、利国利民的好事。但因执行中的偏差和意外情况发生，出现了阶段性供气不足和LNG价格飙升等一系列问题，影响到民生，致使12月4日环保部紧急通知，“凡属没有完工的项目或地方，继续沿用过去的燃煤取暖方式或其他替代方式”。

超出增供能力的需求增加和意外的减供因素是造成阶段性供气不足的重要原因。尽管天然气供应商采取了削库存、降管压、增进口、提产量等保供措施，仍无法满足需求。天然气行业具有上中下游一体化的特点，供应能力短期内难以大幅提升。尤其是2017年入冬以来，以中亚管道气为主的上游气源减供，中国港口接收能力限制了大量增加进口LNG，而“煤改气”用户增加超出预期，如河北原计划“煤改气”用户增加180万户，实际增加超过210万户，天然气需求从65亿立方米增至80亿立方米以上。短期内天然气消费量大幅增加和供应紧张导致的供不应求，加之从国际现货市场增加采购LNG价格远高于长期合同价，直接推动天然气价格急剧攀升，LNG价格屡创新高。近两个月以来，LNG均价从3000元/吨以上，飙升至7000元/吨以上。

在经济发达、人口密集、环保压力大的地区设立禁煤区在国际上已有先例，京津冀地区推行“煤改气”“煤改电”政策必须坚持，但需遵循天然气行业的客观规律，上中下游配套推进，基础设施（包括储气调峰设施）同步建设。短期内，单一环节的突进很可能导致系统性瘫痪，对环境治理长远目标的实现有害无益。当前，中国储气库工作气量占全国天然气消费量的比重低，储气设施严重滞后；管道等基础设施建设存在短板，尤其是大部分乡镇缺乏管道气。大气环境治理是一个长期任务，必须遵循经济规律，建立在政府补贴基础上难以持续。比如，天津“煤改气”户内取暖设施购置安装和户外燃气配套设施建设最高补贴9000元/户，58万户共需补贴52亿元；运行期每户气价补贴最高1200元，共计约7亿元/年。即使按照补贴相对较低的开封市测算，设备购置费用补贴2000元/户，运行期补贴900元/户，对于财力紧张的城市也是很大的负担，需充分考虑城市间的差别，宜气则气，不可一刀切。再次，京津冀及周边地区增气减煤仍将推进，天然气供应商必须协调步调，统筹安排，有序推进，有效提高供应能力（包括库存调峰能力），保证大气污染防治工程的顺利实施。同时，还应充分考虑国外进口气保供的不确定性，做好应对减供预案，留有余地。

以清洁能源代替煤炭充分体现了政府改善民生、建立美丽中国的决心，关键是要避免偏差，做好预案，把好事做好。

（本节撰写人：江 河 审定人：陈建荣）

第三章　国际石油市场分析

2017 年，世界石油市场供需基本面有所好转，市场朝着再平衡方向发展，国际油价同比上涨；世界油品供需宽松程度收窄，各地区主要成品油供需情况各异，全球主要地区成品油库存同比下降，价格上涨。2018 年，世界石油市场将进一步走向再平衡，国际油价进一步上涨，运行中枢上移；世界油品供需总体仍将宽松，成品油贸易规模将进一步扩张，亚太地区成品油出口市场竞争更趋激烈。

第一节　国际石油市场回顾与展望

2017 年，世界石油需求增速提高，尽管美国和减产豁免国利比亚、尼日利亚原油产量大幅提升，但欧佩克和以俄罗斯为首的非欧佩克产油国减产执行情况较好，世界石油市场供需基本面总体好转，国际油价同比上涨，市场朝着再平衡方向发展。但全球石油库存仍显著高于 5 年平均，市场平衡仍较脆弱。

一、2017 年国际石油市场回顾

1. 国际油价呈“V”形走势，年均价较上年提高

2017 年，布伦特原油期货年均价为 54.74 美元/桶，同比上升 9.61 美元/桶，涨幅达 21.3%；全年油价最高 67.02 美元/桶（12 月 26 日），最低 44.82 美元/桶（6 月 21 日）。WTI 原油期货年均价为 50.85 美元/桶，同比上升 7.39 美元/桶，涨幅达 17.0%；全年油价最高 60.42 美元/桶（12 月 29 日），最低 42.53 美元/桶（6 月 21 日）（图 3-1-1）。

2. 布伦特-WTI 原油价差明显扩大、轻重质-高低硫原油价差显著收窄

2017 年，布伦特原油与 WTI 原油期货价差平均为 3.88 美元/桶，同比扩大 2.16 美元/桶。二者价差最高 7.05 美元/桶（12 月 26 日），最低 1.58 美元/桶（2 月 28 日）。美国原油产量不断增长、飓风袭击墨西哥湾地区导致大批炼厂关停，令 WTI 油价承压较大。同时，全球市场基本面改善及地缘政治风险频发等对更能反映全球市场供需情况的布伦特油价支撑作用更强，也对二者价差维持较宽水平形成重要支撑（图 3-1-1）。

2017 年，布伦特原油与迪拜原油现货价差平均为 1.14 美元/桶，较 2016 年收窄 1.32 美元/桶，为 2010 年以来最低。轻重质-高低硫原油价差收窄的主要原因是产油国减产导致全球尤其是中东地区中重质含硫原油供应大幅减少，同时美国页岩油及利比亚、尼日利亚两国轻质低硫原油产量不断增长（图 3-1-2）。

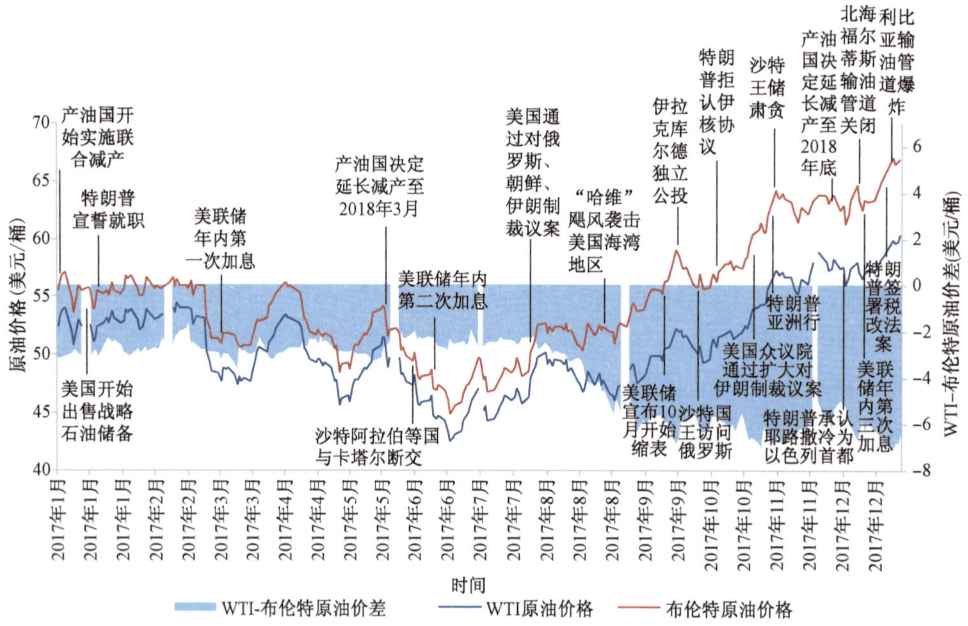

图3-1-1 2017年国际油价走势

数据来源：路透社

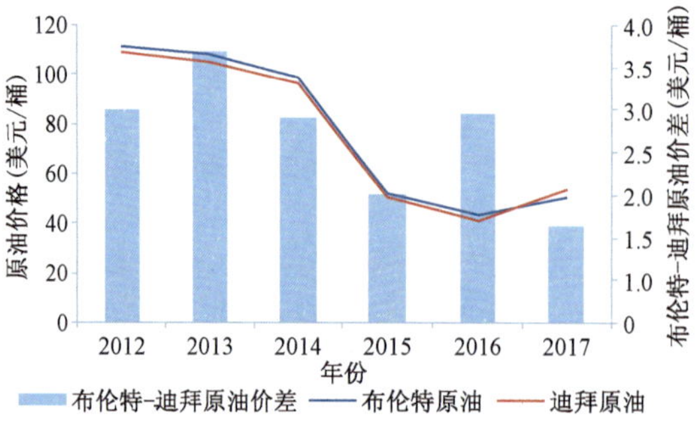

图3-1-2 2012—2017年布伦特-迪拜原油现货价差

数据来源：普氏统计

3. 世界石油需求增速提高，非经合组织国家仍是需求增长主力

2017 年，全球经济增速较上年有所提高，世界石油需求增长随之加快，同比增加 160 万桶/日，至 9730 万桶/日，增量较 2016 年提高 30 万桶/日。2017 年，经合组织国家石油需求为 4655 万桶/日，同比增长 35 万桶/日，增量低于 2016 年的 40 万桶/日；非经合组织国家石油需求为 5075 万桶/日，同比增长 125 万桶/日，增量高于 2016 年的 90 万桶/日。其中，中国石油需求继续增长，同比提高 65 万桶/日，至 1176 万桶/日，增量较 2016 年提高 34 万桶/日；印度石油需求增速则放缓，同比仅提高 10 万桶/日，增量较 2016 年减少 20 万桶/日（图 3-1-3、图 3-1-4）。

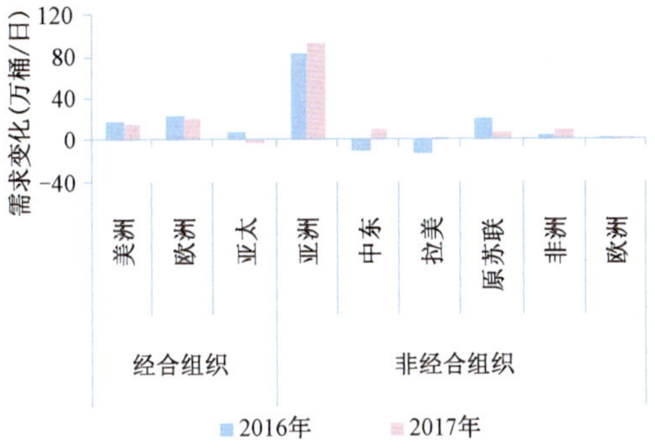

图3-1-3 2016—2017年世界主要地区石油需求增长

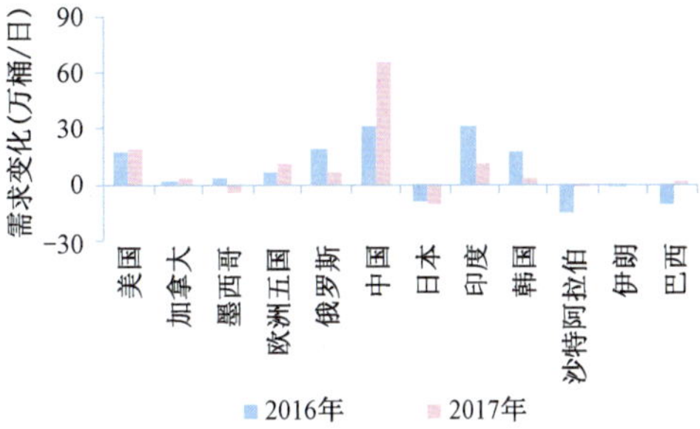

图3-1-4 2016—2017年世界主要国家石油需求增长（欧洲五国为法国、德国、意大利、西班牙、英国）

数据来源：IEA、经研院

4. 非欧佩克石油产量止跌回升带动世界石油供应进一步增长

2017 年，世界石油供应量为 9700 万桶/日，同比增长 60 万桶/日，增量较 2016 年的 50 万桶/日有所提高。其中，欧佩克石油供应由增转减，同比减少 10 万桶/日；非欧佩克石油供应则由降转升，同比提高 70 万桶/日。

2017 年欧佩克平均减产执行率达 100.6%，减产 118 万桶/日，创历史最好表现，但各国减产量各异。由于减产参考的 2016 年 10 月基准产量较高，2017 年欧佩克减产 12 国原油产量相比 2016 年平均仅减少 77 万桶/日，远低于减产幅度。与此同时，减产豁免国利比亚、尼日利亚原油产量同比分别增长 43 万桶/日和 11 万桶/日，部分抵消了减产成效，从而使 2017 年欧佩克原油总产量降幅远不及减产幅度（表 3-1-1）。

表3-1-1 欧佩克国家石油产量及减产执行情况

国 家	减产基准（万桶/日）	减产目标（万桶/日）	平均减产幅度（万桶/日）	平均减产执行率（%）	产量（万桶/日）		2017年与2016年产量差（万桶/日）
					2016年	2017年	
阿尔及利亚	108.9	5.0	-4.3	86.7	109.0	104.3	-4.7
安哥拉	175.1	7.8	-11.2	143.2	172.5	163.4	-9.1
厄瓜多尔	54.8	2.6	-1.7	64.3	54.5	53.1	-1.4
加蓬	20.2	0.9	-0.2	20.2	22.1	20.0	-2.1
伊朗	370.7	-9.0	10.3	—	351.5	381.1	29.6
伊拉克	456.1	21.0	-11.7	55.8	439.2	444.0	4.8
科威特	283.8	13.1	-13.0	99.2	285.3	270.8	-14.5
卡塔尔	64.8	3.0	-4.0	134.8	65.6	60.7	-4.9
沙特阿拉伯	1054.4	48.6	-58.5	120.3	1040.6	996.2	-44.4
阿联酋	301.3	13.9	-9.6	68.8	297.9	291.5	-6.4

续表

国 家	减产基准（万桶/日）	减产目标（万桶/日）	平均减产幅度（%）	平均减产执行率（%）	产量（万桶/日）		2017年与2016年产量差（万桶/日）
					2016年	2017年	
委内瑞拉	206.7	9.5	-12.5	132.1	215.4	193.3	-22.1
赤道几内亚	16.0	1.2	-1.9	161.4	16.0	14.0	-2.0
欧佩克12国	3112.8	117.6	-118.3	100.6	3069.6	2992.3	-77.3
利比亚	52.8				39.0	81.7	42.7
尼日利亚	162.8				155.6	166.4	10.8
欧佩克原油产量	3328.4				3264.3	3240.5	-23.8
欧佩克天然气液产量					615.0	630.0	15.0
欧佩克石油产量					3879.3	3870.5	-8.8

数据来源：欧佩克、经研院。

非欧佩克减产国减产执行情况同样较好，平均执行率为 83%，其中减产份额最大的俄罗斯执行率达 81%。非欧佩克石油产量增长主要来自未参加减产协议的美国，同时，因油价下跌前投资的长周期项目不断投产，加拿大、巴西、哈萨克斯坦石油产量继续增长，墨西哥、中国石油产量则继续下滑（图 3-1-5）。

5. 经合组织和美国商业石油库存回落，但仍高于 5 年平均水平

2017 年，经合组织国家商业石油库存有所下降，但仍处于较高水平。从绝对量看，2017 年底经合组织国家商业石油库存降至 29.42 亿桶，相比 2016 年高点减少 1.5 亿桶，但相比过去 5 年平均水平仍高出 1.8 亿桶（6.6%）；美国商业石油库存降至 12.86 亿桶，相比 2016 年高点减少 1.35 亿桶，相比过去 5 年平均水平高出 7200 万桶（6.2%）（图 3-1-6）。

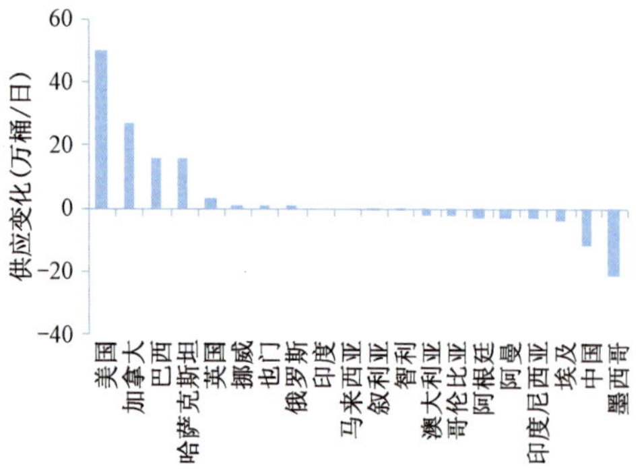

图3-1-5　2017年非欧佩克主要国家石油供应同比变化
（非欧佩克石油供应包括原油、凝析油、天然气液、非常规石油、炼厂生产获得及生物燃料）

数据来源：EIA、经研院

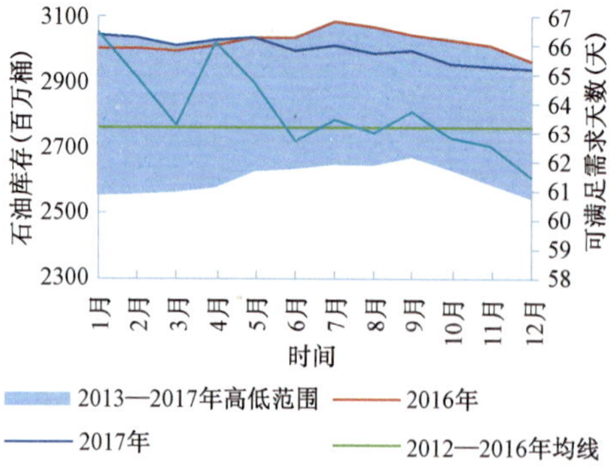

图3-1-6　2017年经合组织国家商业石油库存

数据来源：IEA、经研院

二、2017 年国际石油市场基本特点

1. 全球石油市场朝着再平衡方向发展，全年供略小于求

2017 年，世界石油需求同比增长 160 万桶/日，石油供应同比增长 60 万桶/日（其中，非欧佩克石油供应增长 70 万桶/日，欧佩克石油供应减少 10 万桶/日），世界石油市场基本面由 2016 年的供应过剩 70 万桶/日转为供小于求 30 万桶/日，为 4 年来首次（图 3-1-7）。随着市场基本面改善，全球石油库存有所回落，但仍高于 5 年平均水平，同时供应方仍有较大增长潜力，石油市场平衡仍较脆弱。

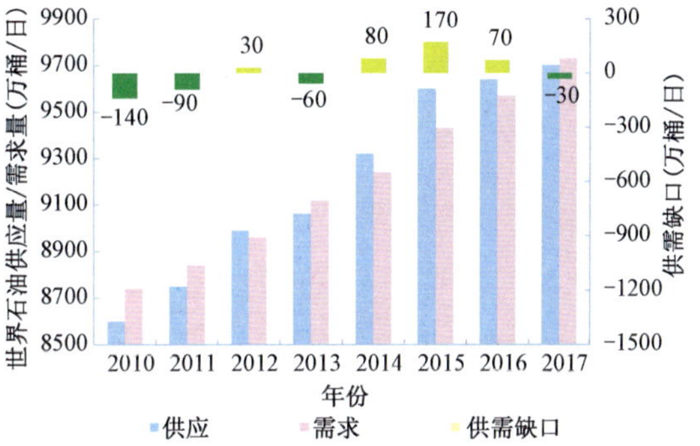

图3-1-7 2010—2017年世界石油供需基本面情况

数据来源：IEA、经研院

2. 欧佩克减产表现超预期，履约率创历史新高

2017 年，欧佩克减产协议履约率高达 100.6%，创历史最高水平，远超市场此前预期。作为欧佩克的重要成员国，沙特阿拉伯超额减产 20%，减产幅度达 59 万桶/日，占欧佩克减产总量的 49%，成为该组织减产执行较好的主要原因。尽管产油国原油产量减少，但受益于油价上涨，2017 年大多数欧佩克成员国石油收入实现增长。减产提价符合产油国经济利益，是减产协议能较好执行的本质原因。

3. 美国原油产量增长压制油价回升

美国原油产量增长对冲产油国减产努力，是 2017 年石油市场基本面改善及油价回升的重要阻碍。2017 年，美国原油产量同比提高 38 万桶/日，高于欧佩克原油 24 万桶/日的减少量。2017 年上半年，美国石油钻机数、原油产量快速增长，对油价形成较强压制。下半年，页岩油公司钻井成本回升、融资难度加大、投资者诉求转变等因素导致钻机数有所回落，美国原油产量增速略有放缓，对油价的压制作用随之有所减轻（图 3-1-8）。

4. 美联储货币政策收紧，对油价的影响延续弱势

2017 年，美联储货币政策进一步收紧，全年加息三次，但由于特朗普上台后的政治经济不确定性打压美元，1—9 月美元指数总体震荡下行。四季度开始，美国经济数据表现较好、

美联储开始缩表、特朗普税改法案通过等因素对美元构成支撑（图 3-1-9）。总体看，2017 年大部分时间内美元与 WTI 油价均呈正相关走势，对油价的影响延续弱势。值得一提的是，美元作为国际石油贸易计价和结算货币的主导地位正受到冲击，目前包括俄罗斯、伊朗在内的产油国都接受了人民币结算方式，委内瑞拉也表示要弃用美元，将在国际支付中使用人民币、卢布等一揽子货币。

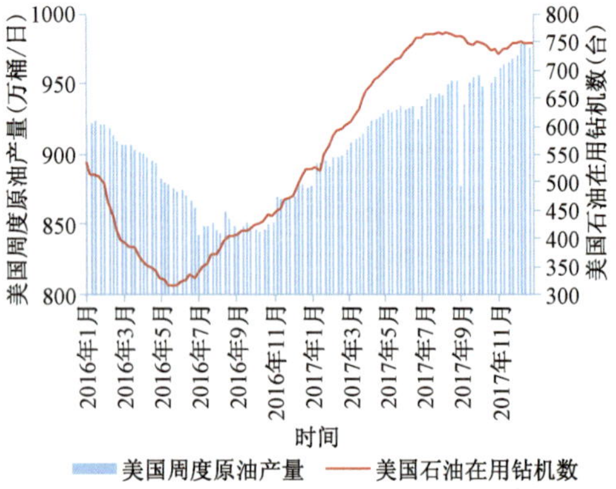

图3-1-8　2016—2017年美国周度原油产量与石油钻机数

数据来源：EIA、贝克休斯公司

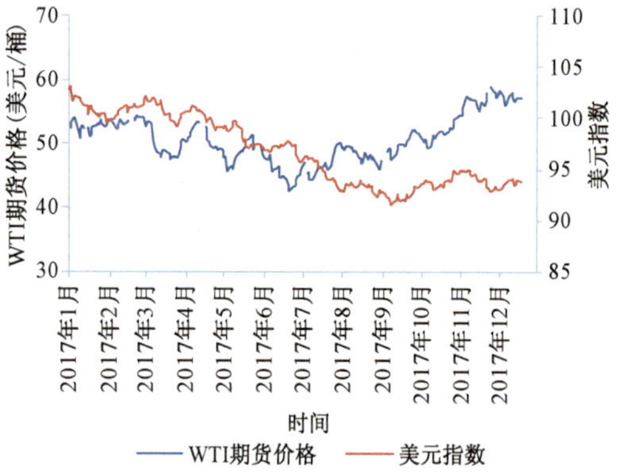

图3-1-9　2017年WTI原油期货价格与美元指数

数据来源：路透社

5. 地缘政治风险对油价的影响再度抬头

2017 年，全球地缘政治事件频发，沙特等国与卡塔尔断交、伊拉克库尔德独立公投、美国伊朗紧张关系升级、沙特政局变动等因素均对国际油价短期走势产生了不同程度的影响。总体上看，在造成明显石油供应中断之前，地缘政治因素只是加大了油价的短期波动幅度，基本面仍是油价走势的主导（图 3-1-1）。

三、2018 年国际石油市场展望

2018 年，欧佩克减产与美国增产将继续角力，并决定国际油价整体水平。与此同时，世界石油需求尤其是中国经济和石油需求前景、特朗普执政下的美国经济和美元走势，以及中东地缘政治局势等均将对国际油价走势产生重要影响。

1. 2018 年影响国际油价的主要因素分析

全球经济增速提高，石油需求温和增长。2018 年，全球经济将增长 3.7%，较 2017 年提高 0.1 个百分点。能源利用效率提高、替代能源发展、国际油价回升等因素将限制石油需求增长，预计 2018 年世界石油需求同比将增加 140 万桶/日，至 9870 万桶/日，增幅低于 2017 年。以中国和印度为首的新兴经济体仍是需求增长的主要力量。预计 2018 年非经合组织国家石油需求同比增长 135 万桶/日，增量高于 2017 年，中国和印度石油需求同比均将提高 30 万桶/日左右。

产油国将继续维持限产策略，促进市场再平衡。2017 年 11 月底，欧佩克和以俄罗斯为首的非欧佩克产油国决定将联合减产协议延长至 2018 年年底，同时将利比亚和尼日利亚纳入减产协议。减产提价符合产油国利益，2018 年产油国将继续维持“限产保价”的市场策略，促进石油市场再平衡。预计产油国将继续通过延长减产期限、加大减产力度或渐进退出减产等措施引导市场预期，使油价接近其预期，保证石油收入。不过，随着油价水平回升及减产时限延长，部分产油国能否继续较好执行减产还有待观察。值得注意的是，欧佩克产量政策的主导者沙特正面临权力更迭，2018 年沙特经济外交政策及沙特阿美 IPO 等因素对油价的影响或将加大。沙特王储旨在通过国内经济转型削减对石油出口的依赖，若他决心强势推进经济改革，并在 2018 年年底前进行沙特阿美的 IPO，则沙特仍需将油价维持在较高水平。

非欧佩克石油产量进一步提高，制约市场基本面改善程度。2018 年，非欧佩克产油国石油产量增减各异，但受美国页岩油以及加拿大、巴西和哈萨克斯坦等国长周期项目进一步增产带动，2018 年非欧佩克石油供应将连续第二年增长，同比提高 130 万桶/日，至 5960 万桶/日，增量高于 2017 年的 70 万桶/日。

美国原油产量增长仍是油价回升的重要阻碍。2017 年下半年，尽管国际油价不断反弹，但美国石油钻机数却一度下降，主要原因在于美国页岩油企业的融资成本与难度加大，债权人对投资回报的要求提高，使企业资本支出下降。此外，随着油价反弹，钻井成本的回升也限制了钻井活动增长。不过，美国页岩油生产灵活性较强，随着石油市场形势和公司策略的变化能很快进行相应调节。预计 2018 年美国原油产量将进一步增长，同比提高 50 万～80 万桶/日，增量高于 2017 年，但增速可能有所放缓。

重点关注

美国原油出口量大幅提升，对全球石油市场影响不断扩大

国内原油产量飙升、主要产油国减产及布伦特-WTI 原油价差扩大促进美国原油出口增长。2017 年，美国原油出口量大幅提高，截至 12 月 29 日年均周度出口量达 98 万桶/日，较 2016 年提高 65%。2017 年 10 月底，美国周度原油出口量最高达到创纪录的 213 万桶/日。同时，美国原油出口的目标市场也在不断扩大，2017 年出口目标国家达 31 个，基本覆盖了亚太和欧洲等地主要消费国家。

亚太地区成为美国原油出口重要目标市场。2015 年出口解禁前，美国少量原油出口基本全部流向加拿大。出口解禁后，越来越多的国家开始进口美国原油，亚太地区成为美国原油出口增长最快的目标市场，中国、日本、韩国、印度等国均大幅增加对美国原油的进口。2017 年 1—9 月，亚太地区平均进口美国原油 35 万桶/日，较上年提高 24 万桶/日，占美国原油出口总量的比重达 36%；欧洲平均进口美国原油 21 万桶/日，较上年提高 10 万桶/日，占美国原油出口总量的比重达 22%。同时，美国对拉丁美洲的出口也有所增加。分国家来看，加拿大仍是美国原油出口的首要目的地，但出口量有所下降；中国成为美国第二大原油进口国。

2017年美国前十大原油出口国中，亚洲国家占据五席。美国原油出口量不断提高，进一步加速了全球原油贸易东移的步伐。

中美加强能源领域合作，中国对美原油进口仍有较大增长空间。2017年11月美国总统特朗普访华期间，中美签订金额高达2535亿美元的经贸合作大单，其中能源领域的合作项目占重要比重。进口美国原油有利于缩小中美贸易顺差、减少双边贸易摩擦，促进中国进口来源的多元化。尽管目前中国已成为美国第二大原油进口国，但当前从美进口量仅占中国原油进口总量的2%。如果炼厂需求匹配，同时经济上具有吸引力，未来中国对美国原油的进口仍有较大增长空间。

美国原油出口量大增对全球石油市场产生重要影响。美国放开原油出口为全球买家提供了更多选择，而随着出口份额的不断提升，该国在国际石油市场上的影响力和话语权将进一步增强。此外，尽管美国原油出口增加有助于缓解该国国内市场的供应压力，但将在一定程度上影响全球市场的再平衡步伐，一定程度上令油价承压。目前来看，美国原油产量仍有较大增长空间，出口增长潜力仍较大，未来美国对全球石油市场的影响有望进一步增强。

世界石油市场进一步寻求再平衡。2018年世界石油需求增量（140万桶/日）与非欧佩克国家石油供应增量（130万桶/日）基本相当，市场供需格局主要取决于沙特和俄罗斯牵头的联合减产政策实施效果。据测算，2018年世界石油市场对欧佩克原油产量的需求将为3260万桶/日左右，高于该组织2017年3240万桶/日的平均产量（图3-1-10）。

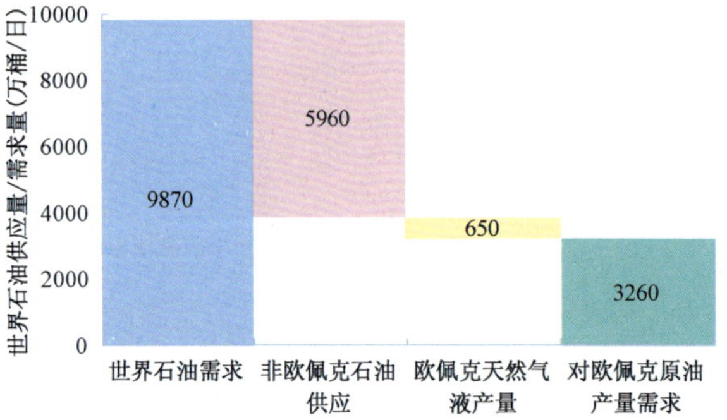

图3-1-10 2018年世界石油市场供需基本面

数据来源：经研院

石油库存降至5年平均仍有难度。如果2018年利比亚、尼日利亚原油产量分别保持在2017年最高水平100万桶/日和180万桶/日，同时欧佩克其他产油国减产执行率达100%，则欧佩克原油产量将为3275万桶/日，略高于市场对其需求。值得注意的是，当前中东局势动荡加剧，同时尽管利比亚、尼日利亚局势暂稳，但产量下行风险仍较大，委内瑞拉产量也面临进一步下行压力，因此只要欧佩克主要产油大国能继续带头执行好减产，则2018年石油市场仍将处于供需大致平衡的局面，并有望继续出现一定供应缺口，从而带动石油库存进一步回落。不过，当前全球石油库存水平相比5年平均仍高出近2亿桶，因此2018年全球石油库存回归5年平均水平仍有一定难度。

美国加息和税改支撑美元走强，对油价构成一定影响。美国正处在货币政策收缩阶段，美联储不仅逐步加息，还开启了缩减债券资产规模的计划。预计美联储缩表进程将历时3年以上，缩表力度将渐进加大，对美元流动性的影响也将逐渐加大，在短中期对油价形成利空影响，而世界其他国家货币政策宽松空间有限，甚至也有紧缩计划，美元大幅升值受限，对油价的压制作用有限。值得注意的是，2018年美国税改落地之后，有望进一步促进美元回流，刺激美国经济，也将对美元构成一定支撑。此外，非经济学家出身的鲍威尔接任美联储主席后，美联储货币政策预计不会有太大变化，或可能会放松金融监管。

地缘政治因素仍将对油价走势产生重要影响。当前全球地缘政治因素复杂、事件多发，对油价波动有较重要的影响。2018年美伊关系、朝核问题以及特朗普宣布承认耶路撒冷为以色列首都后巴以问题和中东局势都有较大不确定性。此外，沙特与伊朗关系及其国内形势，伊拉克库尔德局势，利比亚、尼日利亚和委内瑞拉等主要产油国局势，欧佩克内部团结等均将对国际石油市场及油价走势产生重要影响，从而对阶段性油价构成重要支撑。

2. 2018年国际油价走势预测

国际油价运行中枢上移，布伦特原油期货年均价为60～65美元/桶。通过对影响国际油价的诸多因素进行定性分析和定量测算，基准情景下，预计2018年布伦特原油年均价为60～65美元/桶，波动范围为50～75美元/桶。如果世界经济超预期复苏、美国原油生产由盛转衰、伊朗石油出口重新遭遇制裁、资源国动荡加剧引发供应中断频发，则全年油价水平可能进一步提升；如果欧佩克等主要产油国减产执行率变差、美国原油生产维持强势、全球经济复苏转缓，则全年油价水平将面临较大下行压力（表3-1-2）。

表3-1-2　2018年国际油价预测情景分析

项目		基准情景	高情景	低情景
需求	世界石油需求	全球经济增速有所提高，石油需求温和增长，同比增长140万桶/日	全球经济加速复苏，石油需求大幅增长	世界经济复苏遇阻，经济增速大幅下降，石油需求增长受限
	中国石油需求	中国经济走势稳中向好，石油需求继续增长	中国经济加快回升，经济增速加快，石油需求增长加快	中国经济下行风险加大，经济增速放缓，石油需求增长明显放缓
供应	非欧佩克产量	非欧佩克石油供应较大幅度提高，同比增长130万桶/日	非欧佩克石油供应增速明显放缓	非欧佩克石油供应增幅远超预期，美国原油产量继续大幅增长
	欧佩克产量	欧佩克石油供应相比2016年水平基本相当	欧佩克进一步加大减产幅度，石油供应同比大幅减少	欧佩克减产执行情况前紧后松，总体变差，石油供应明显增长

续表

项目		基准情景	高情景	低情景
供需平衡	世界石油市场供需平衡	世界石油市场供需基本平衡	世界石油市场明显供不应求	世界石油市场回归明显供应过剩
其他	美元	美元维持温和升值	美元升值受限，并有所回落	美元强劲升值
	地缘政治	中东北非局势动荡，全球范围内地缘政治风险存在，但总体可控，供应中断量较小	中东资源国动荡加剧导致供应中断频发，美国再度对伊朗石油出口实施制裁，造成明显影响	中东北非地区地缘政治风险渐退，动荡局势得到缓和
	投机	投机者行为增加油价波动，但不会产生趋势性影响	世界石油市场供需基本面大幅改善，投机者看多情绪增加，入市投资炒作明显增加，利多油价	世界石油市场供需基本面再度恶化，投机者悲观情绪浓厚，利空油价
布伦特原油年均价（美元/桶）		60～65	66～70	55～59

布伦特原油与WTI原油价差将保持在较高水平。2018年，美国原油产量仍将进一步增长，美国市场供应，尤其是轻质油供应压力较大，仍将令WTI油价承压。不过，2018年美国石油基础设施将进一步完善，管输能力增加等因素将在一定程度上缓解WTI油价压力。但需看到，尽管2017年以来美国原油出口量大幅提升助其在一定程度上缓解轻质油过剩压力，但只有在WTI原油相对于世界其他主要原油的价差保持在一定水平时，出口才具竞争力。综合判断，基准情景预计2018年布伦特-WTI原油价差仍将保持在较高水平，均值为3～5美元/桶。

（本节撰写人：霍丽君　王　婧　陈　蕊　审定人：戴家权）

第二节　国际油品市场回顾与展望

2017年，世界油品供需总体宽松，但宽松幅度有所收窄。各地区主要油品的供需情况各异。全球主要地区汽柴油库存较2016年有所下降，成品油价格高于上年。2018年全球油品供需总体仍将保持宽松，全球成品油贸易规模将进一步扩张。美国、中东成品油出口继续增加，拉丁美洲和非洲仍是全球主要的成品油净进口地区。亚太地区汽煤柴油过剩将持续，成品油出口市场竞争将更加激烈。

一、全球油品供需情况

1. 世界油品市场供需总体宽松，富余程度有所减小

2017年世界油品供需宽松程度较上年有所缩小，估计全年油品需求总量为8468万桶/日，较上年增长114万桶/日；供应总量8502万桶/日，较上年增长95万桶/日，富余34万桶/日，

较上年减少 50 万桶/日。主要油品供需情况各异：石脑油、汽油供不应求，柴油、航空煤油、残渣燃料油供过于求。分地区看，俄罗斯中亚地区、中东和北美总体过剩，拉丁美洲和非洲供需缺口较大，亚太地区石脑油和燃料油、欧洲汽油仍存在一定缺口（图 3-2-1）。

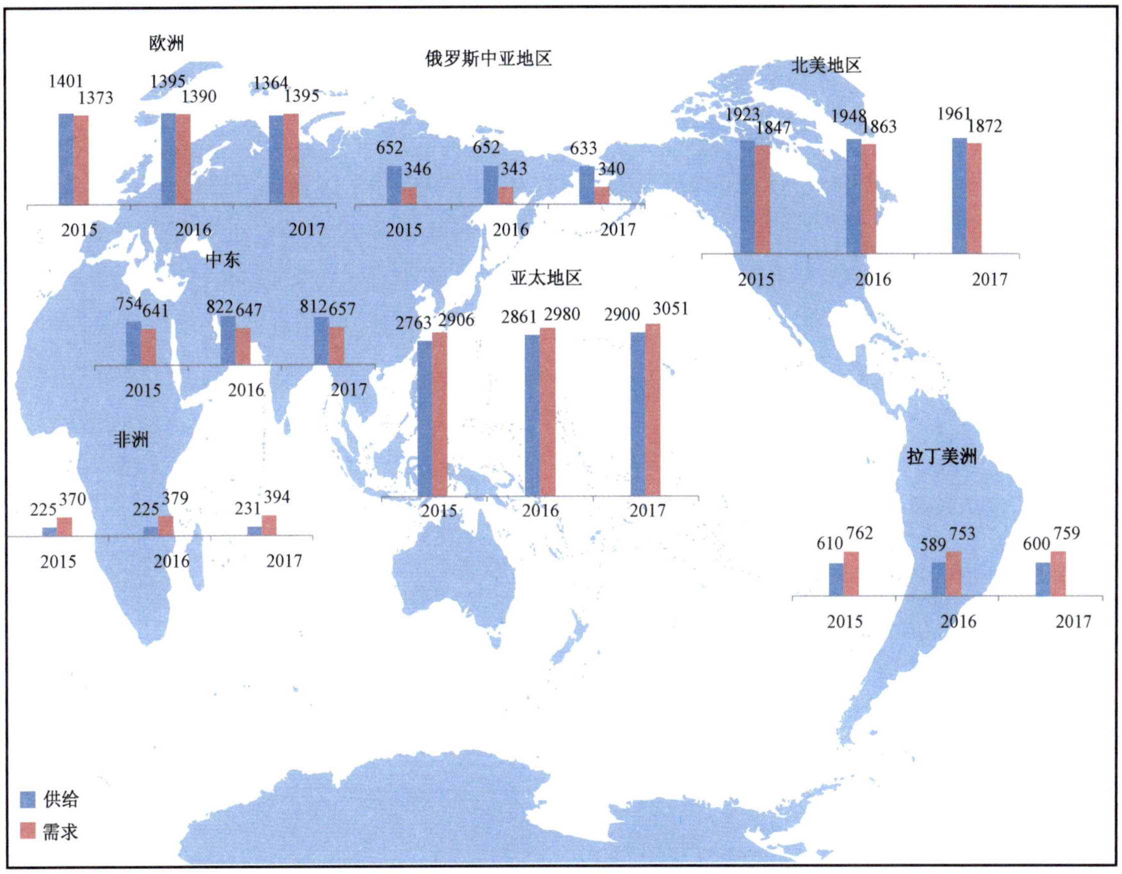

图3-2-1　世界油品供需平衡（单位：万桶/日）

数据来源：经研院、IHS

2. 全球汽油、石脑油供不应求，航煤、柴油、燃料油供过于求

汽油供需缺口扩大。2017 年全球汽油需求量（含乙醇汽油）估计为 2553 万桶/日，同比增长 1.7%；全球汽油供给量 2453 万桶/日，同比增长 0.5%，供需缺口 100 万桶/日。除欧洲及俄罗斯中亚地区外，全球汽油消费总体仍保持较快增长，与此同时受美国飓风等自然灾害因素影响，汽油供应较上年有所减少，导致汽油供需缺口总体较上年增加近 24 万桶/日。预计未来随着新兴经济体经济的增长带动，全球汽油消费增速仍将保持增长。

柴油过剩局面有所缓解。2017 年全球柴油需求量为 2772 万桶/日，同比仅增长 1.1%，全球柴油供给量估计为 2834 万桶/日，同比增长 0.9%，供过于求 62 万桶/日。欧美经济的不断复苏、亚太新兴国家经济持续增长带动全球柴油消费增加，加上近两年炼厂因应对市场需求下降而减少柴油产出，使全球持续两年维持相对历史高位的柴油库存首次出现下降。随着国际海事组织硫含量排放新规实施期限的日益临近，全球船用柴油需求或将迎来新一轮的小高峰。

航煤需求增长高于供给，但仍供过于求。2017 年，全球航空煤油（含部分煤油和灯油）需求量估计为 728 万桶/日，同比增长 2.3%；全球航空煤油供给量估计为 783 万桶/日，同比增长 1.8%，供过于求 55 万桶/日。欧洲仍是全球最主要的航煤净进口地区，中东占其进口航煤量的三成。

石脑油供应仍存缺口。2017 年，全球石脑油消费量估计为 699 万桶/日，同比增 1.4%；全球石脑油产量估计为 680 万桶/日，同比增长 0.9%，供需缺口 19 万桶/日。近年来，随着亚太地区化工需求的增长，该地区已成为全球最主要的石脑油消费地区，消费量占全球比重高达 70%。与此同时，LPG 及美国进口的乙烷等替代品逐步增加，使石脑油市场面临更激烈的竞争。预计未来随着亚太地区新建及扩建乙烯装置逐步建成投产，LPG 及进口烷烃将成为影响石脑油需求变化的重要因素。

需求减少导致燃料油过剩明显。2017 年，全球残渣燃料油需求持续回落，消费量估计为 723 万桶/日，同比下降 3.5%；全球残渣燃料油产量估计为 828 万桶/日，同比下降 2.0%，供过于求超 100 万桶/日。全球主要地区除亚太地区外，其他地区均呈供应过剩态势。国际海事组织硫含量排放限定新规、各国燃料结构转型等因素均导致残渣燃料油需求逐步减少，其中北美消费量降幅高达 15.3%。预计随着国际海事组织燃料排放标准的逐步提升，未来残渣燃料油需求将持续减少（表 3-2-1）。

表3-2-1　2017年世界主要油品供需平衡　　单位：万桶/日

地区	汽油		柴油		煤油		石脑油		残渣燃料油	
	供给	消费	供给	消费	供给	消费	供给	消费	供给	消费
北美	967	987	582	442	180	170	28	33	51	34
欧洲	297	204	541	671	112	142	102	107	135	114
亚太地区	711	699	972	902	308	265	358	490	184	275
俄罗斯中亚地区	127	112	231	104	31	25	52	12	125	28
非洲	45	114	64	167	22	32	30	11	48	41
拉丁美洲	153	257	194	273	36	41	21	27	113	86
中东地区	153	179	249	213	95	53	89	17	172	145
全球合计	2453	2553	2834	2772	783	728	680	699	828	723

数据来源：经研院、IHS。

3. 亚太地区汽柴煤油过剩，石脑油、燃料油仍存缺口

2017 年亚太地区油品需求总量为 3051 万桶/日，同比增长 2.4%；油品供应总量为 2900 万桶/日，同比增长 1.4%，供需缺口达 151 万桶/日。其中，汽油、柴油和航空煤油全面过剩，

石脑油、燃料油仍分别有 133 万桶/日和 91 万桶/日的供需缺口。随着亚太地区新兴经济体经济的增长逐步带动居民生活水平提高，交通运输需求增加将持续推动亚太地区油品消费增长。与此同时，过剩的炼油能力也将导致短期内汽煤柴油保持过剩，石脑油、燃料油缺口逐步减小（图 3-2-2、图 3-2-3）。

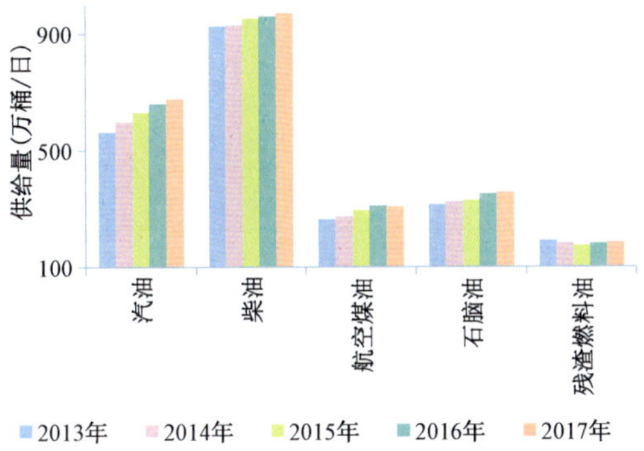

图3-2-2 2017年亚太地区主要油品供应情况

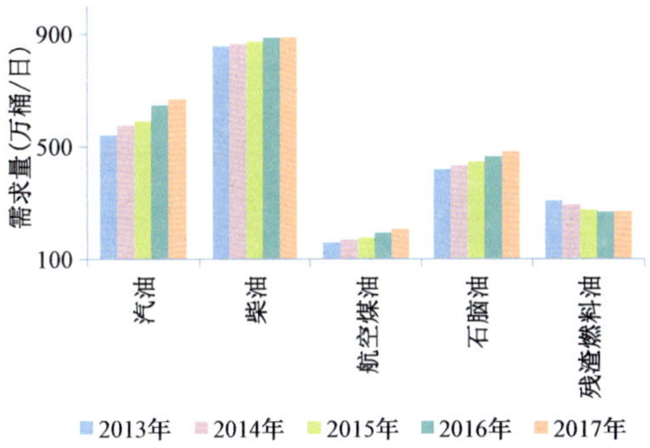

图3-2-3 2017年亚太地区主要油品需求情况

数据来源：经研院、IHS

汽油：2017 年，亚太地区汽油需求量估计为 699 万桶/日，同比增长 4.3%；供给量估计为 711 万桶/日，同比增长 2.6%，富余量达 12 万桶/日。近年来，亚太地区在经济持续增长的带动下，各主要经济体汽油消费保持较快增长，印尼、马来西亚及澳大利亚等国是区内最主要的汽油净进口国。与此同时，主要出口国印度、新加坡、中国及韩国的汽油净出口量居高不下。预计未来两至三年内，因区内炼油能力增速总体放缓、经济增长带动需求持续增加，亚太地区汽油供需或将出现短期趋紧局面。

柴油：2017 年，亚太地区柴油需求量估计为 902 万桶/日，同比增长 1.2%；供给量估计为 972 万桶/日，同比增长 0.7%，供过于求 70 万桶/日，过剩程度较上年 90 万桶/日有所收窄。印度、韩国、中国及新加坡是最主要的柴油净出口国。随着印度及区内其他新兴经济体经济不断发展，将带动柴油消费继续增长。预计未来亚太地区柴油供需过剩局面将继续缓解。

航煤：2017 年，亚太地区航煤需求量为 265 万桶/日，同比增长 1.8%；供给量为 308 万桶/日，同比下降 0.5%，总体供过于求 43 万桶/日。韩国、中国及印度是区内最主要的净出口国，尽管处于相对低位的油价刺激各国居民航空出行需求增加，区内航煤需求保持良好的增长态势，但随油价走高需求增速可能将有所下滑，预计亚太地区净出口量将继续增长。

石脑油：2017 年，亚太地区石脑油需求量为 490 万桶/日，同比增长 1.4%；供给量为 358 万桶/日，同比增长 1.7%，供应缺口 133 万桶/日。近年来，亚太地区乙烯产能扩张，石脑油需求大幅增加，与此同时，韩国、日本等国出口型炼厂升级改造，加上中国炼油能力的快速增长，带动区内石脑油供应持续上升，未来亚太地区石脑油供需缺口或将减少。

燃料油：2017 年，亚太地区残渣燃料油需求量估计为 275 万桶/日，同比增长 1.6%；供给量估计为 184 万桶/日，同比增长 0.8%，供应缺口持续减少至 91 万桶/日。尽管随着经济复苏，航运贸易有所增加，带动亚太地区燃料油需求较上年有所增长，但受国际海事组织燃油硫含量排放限值规定的影响，高、低硫燃料油需求将呈分化走势（表 3-2-2）。

表3-2-2　2017年亚太地区主要国家及地区油品供需平衡（供给-需求）　单位：万桶/日

国家和地区	汽油	柴油	航煤	石脑油	燃料油	合计
中国	25	32	21	-15	-3	60
中国台湾	10	16	2	-25	-1	2
日本	2	13	2	-43	13	-13
韩国	23	46	31	-50	-6	45
新加坡	26	27	4	-15	-75	-33
印度	36	51	15	15	4	121
泰国	1	5	3	-2	5	12
印度尼西亚	-34	-17	-2	-3	3	-52
马来西亚	-18	2	0	4	2	-10
巴基斯坦	-13	-8	0	3	-11	-29
菲律宾	-9	-13	-5	-2	-2	-31
越南	-9	-11	-3	0	-4	-27
澳大利亚	-12	-31	-9	0	-1	-54
亚太其他地区	-16	-42	-16	0	-17	-92
过剩/缺口总量	12	70	43	-133	-91	-100

数据来源：经研院、费氏。

二、世界主要地区汽柴油库存情况

1. 美国汽柴油库存因飓风灾害，出现 3 年来的首次下降

2017 年 1—10 月，美国汽油和馏分油平均库存较 2016 年分别减少 237 万桶和 576 万桶，同比分别下降 1.0%和 3.7%，这是近 3 年来首次出现同比减少的情况。库存下降的主要原因是美国接连遭受飓风灾害，墨西哥湾大量炼厂关停而导致汽柴油供应出现短缺，使成品油库存得到有效消耗。

2. 欧洲汽柴油库存同比有所下降

2017 年 1—10 月，欧洲汽油和柴油平均库存较上年分别减少 168 万桶和 308 万桶，同比分别下降 1.4%和 0.7%。汽油库存下降主要是由于美国受飓风影响导致汽油供不应求，带动欧洲富余的汽油大量流向美国及中南美地区。柴油库存因欧洲经济持续复苏，法国、德国等主要国家的柴油消费均表现良好而有所下降。

3. 新加坡汽油库存同比明显下降

2017 年 1—10 月，新加坡汽油和柴油平均库存较上年分别减少 126 万桶和 11 万桶，同比分别下降 9.0%和 0.9%。汽油受区内消费增长及出口套利活动影响，加上炼厂转为更多的生产中质馏分油，进入 9 月以来库存降幅明显。中质馏分油库存水平总体波动较大，但进入 9 月之后区内消费持续增加带动库存水平下降，跌破近 5 年的平均水平。

三、世界主要地区成品油价格

2017 年受国际原油全年均价回升的影响，世界主要地区汽柴煤油价格总体高于上年同期水平，除纽约港主要汽柴煤油价格波动幅度较大外，其余地区价格波动相对平稳（表 3-2-3）。2017 年成品油零售价在原油价格的带动下较上年有所上涨。

表3-2-3　2017年1—10月主要成品油和原油市场平均价格

品种	成品油						原油			
	美国纽约港		欧洲鹿特丹		亚洲新加坡		WTI		Brent	
	价格（美元/桶）	同比（%）	价格（美元/桶）	同比（%）	价格（美元/桶）	同比（%）	价格（美元/桶）	同比（%）	价格（美元/桶）	同比（%）
汽油	73.14	11.27	65.53	10.29	66.47	11.55	49.58	7.21	52.44	8.46
柴油	61.86	11.30	64.28	12.52	63.93	13.26				
航空煤油	65.76	12.65	64.41	12.40	63.31	11.82				

数据来源：路透社。

1. 三大市场汽柴油现货价与国际油价走势基本一致，总体高于上年

美国：2017 年 1—10 月，纽约港汽柴油价格总体上涨，汽油价格波动幅度相对较大。汽油价格自 3 月起开始上下大幅波动，8 月末至 9 月初因两次飓风灾害的影响达到年内高点后有所回落。柴油和航空煤油价格总体保持平稳态势。

欧洲：2017 年 1—10 月，鹿特丹汽柴油价格总体上涨，主要成品油间价差进一步缩小，除汽油因美国飓风导致的供应紧张出现短暂大幅上扬外，其余时间三大油品价格走势基本一致，总体与布伦特原油基本保持每桶 5～15 美元的价差。

新加坡：2017 年 1—10 月，汽柴油价格总体有所上涨。值得注意的是，三大油品之间的价差较往年大幅收窄，价格走势也基本保持一致。受区内良好的需求支撑，汽油价格持续高于柴油和航空煤油，保持相对较高水平。

2. 世界部分国家和地区汽柴油零售价格

世界部分国家和地区汽柴油零售价格总体有所上涨，但总体不及原油价格增幅。受国际原油价格上涨影响，世界主要国家和地区汽柴油不含税零售价格较上年增长 0.4～1 元/升不等，含税零售价格较上年增长 0.5～1.5 元/升不等，平均同比增幅约为 13%，而原油价格同比增幅为 15%（表 3-2-4）。

表3-2-4　2017年1—10月部分国家和地区汽柴油平均零售价

国家和地区	规格品号		不含税		含税	
			汽油（元/升）	柴油（元/升）	汽油（元/升）	柴油（元/升）
中国（北京）	92#V	0#V	3.71	3.75	6.32	5.95
韩国	92#	超柴	3.55	3.71	8.81	7.56
日本	91#	柴油	4.03	4.30	8.05	6.76
新加坡	95#	超柴	7.17	6.39	9.83	6.84
美国	普通	柴油	3.52	3.62	4.50	4.64
英国	95#	柴油	3.42	3.51	10.18	10.29
中国台湾	92#	超柴	3.56	3.69	5.35	4.81
中国香港	汽油	柴油	7.28	7.41	12.52	8.36
平均价格	汽油	柴油	4.53	5.38	7.36	6.90

数据来源：各国和地区成品油零售价格官网。

税负水平不同是导致各国家和地区零售价格水平不一的主要原因。2017 年中国汽油价格中税收占比约 41%，低于英国（66%）、韩国（60%）和日本（50%），高于美国（22%）和新加坡（27%）；中国柴油价格中税收占比约 37%，与日本持平，高于美国（22%）和新加坡（7%），低于英国（66%）和韩国（51%）。目前，世界零售汽柴油价格最便宜的三个国家分别是委内瑞拉、沙特和土库曼斯坦，最贵的三个国家和地区分别是挪威、冰岛和中国香港，中国成品油零售价格总体处于世界中等水平。

四、世界主要国家和地区成品油贸易情况

2017 年，世界主要地区成品油贸易规模与跨区流动持续扩大。总体看，俄罗斯中亚地区、北美及中东为主要的油品净出口地区，亚太地区、非洲、拉美及欧洲为主要的油品净进口地区。分油品看，汽油主要流入北美地区、非洲、拉美、中东地区以弥补供应缺口；柴油主要从过剩的北美、亚太及俄罗斯中亚地区流出至欧洲等地；航煤受过剩影响从亚太地区向欧洲及非洲流出。同时，成品油的跨区套利活动不断增加。

1. 美国汽柴煤油出口规模持续扩大

尽管受飓风影响导致下半年美国成品油出口量大幅下降，但估计 2017 年美国汽煤柴油净出口量仍将较 2016 年增长 4.6%，达到 130 万桶/日。目前，美国已成为全球最重要的成品油净出口国，除拉美和欧洲两个主要目标市场外，美国加快拓展其他目标市场。分油品看，汽油出口为 71 万桶/日，较 2016 年增长 1.3%。主要出口至拉美，占其出口总量的 90%。其中，墨西哥因推动允许非国营公司进口成品油的改革，带动汽油进口快速增长，使其占美国汽油出口的比重上升至 54%。柴油出口为 135 万桶/日，较上年增长 8.4%。2017 年上半年美

国柴油出口同比增长 14%，其中大部分出口增长源自中南美，占比达 56%。与此同时，对西欧出口份额则下跌至 19%。墨西哥仍是美国柴油最大的出口目标国，约占其总出口量的 17%，巴西和荷兰紧随其后（图 3-2-4）。

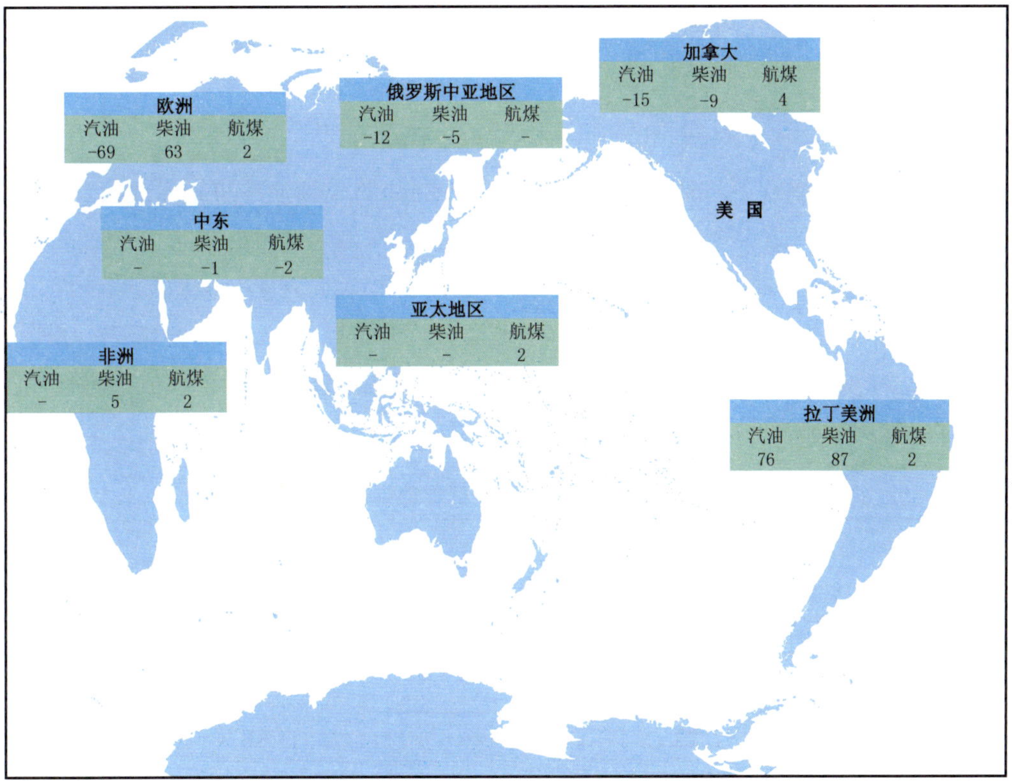

图3-2-4　2017年美国汽煤柴油净出口（出口-进口）（单位：万桶/日）

数据来源：经研院、IHS

2. 欧洲受益于美国飓风，汽油出口大幅增加

自金融危机后持续不温不火的欧洲市场，2017 年因市场意外频发而受益颇多。欧洲经济持续复苏、货物运输增加带动油品消费持续上扬，加上 7—8 月区内多个炼厂因意外关停和美国飓风灾害带动汽油出口大幅增加，导致一度过剩的汽油甚至出现短暂偏紧局面。尽管如此，欧洲汽油仍大量向外输送，非洲作为除美国外欧洲第二大汽油出口目标市场，在 6 月进口达到 56 万桶/日的创纪录水平。与此同时，上半年从欧洲运往亚太地区的汽油量增至 23 万桶/日，同比增长 38%。欧洲柴油贸易则主要在区内各国之间展开，受美国市场意外影响，欧洲不得不增加从中东及印度的进口，估计同比增幅达到 7%。

3. 中东油品过剩加剧，出口规模持续扩大

中东地区持续扩张的炼油能力带动了其成品油自给能力的提升。与此同时，市场供需结构的改变给地区市场带来的压力也日益明显。2017 年，中东地区成品油贸易持续活跃，针对

欧洲市场需求所改造升级的炼厂柴油产量持续增加，估计全年出口同比增长 9%，其中向非洲出口同比增长达 15%。与此同时，作为中东地区主要发电用的燃料油因各国推行天然气替代，需求快速下降。其中，伊朗预计 2017—2018 财年内天然气发电将替代 10 万桶/日燃料油，预计将使该地区过剩燃料油的出口同比增长 11%。随着区内炼厂的改扩建和替代燃料快速发展，中东地区燃料油出口规模还将进一步扩大。

4. 亚太地区汽煤柴油持续过剩，印度、韩国净出口规模扩大

2017 年，亚太地区包括汽煤柴油、燃料油和石脑油的成品油净进口量达 125 万桶/日，同比增长 5.3%。分品种看，燃料油、石脑油仍需进口，汽油、柴油和航煤持续过剩。尽管中国因加强调控等原因出口增幅较上年大幅下滑，但仍是亚太地区第三大汽煤柴油净出口国。估计 2017 年中国汽油、柴油和煤油净出口分别为 25 万桶/日、32 万桶/日和 21 万桶/日，分别较上年增长 12%、6.4%和下降 3.5%。与此同时，印度汽煤柴油净出口规模进一步扩大至 102 万桶/日，韩国紧随其后为 100 万桶/日（表 3-2-5）。

表3-2-5　2017年亚太地区汽煤柴油净出口情况　　单位：万桶／日

国家和地区	汽油	柴油	航煤	合计
中国	25	32	21	78
中国台湾	10	16	2	28
日本	2	13	2	17
韩国	23	46	31	100
新加坡	26	27	4	57
印度	36	51	15	102
泰国	1	5	3	9
印度尼西亚	-34	-17	-2	-53
马来西亚	-18	2	0	-16
巴基斯坦	-13	-8	0	-21
菲律宾	-9	-13	-5	-27
越南	-9	-11	-3	-22
澳大利亚	-12	-31	-9	-53
亚太其他地区	-16	-42	-16	-74
过剩/缺口总量	12	70	43	125

数据来源：经研院、费氏。

印度：在经历 2016 年底废除大额纸币所造成的宏观经济震荡后，印度经济在 2017 年 1 季度后逐步恢复快速增长，SUV 销量持续上涨带动汽油消费在 5 月创造出 66 万桶/日的纪录，汽油出口因此下降 2.1%。印度加快油品升级步伐，于 2017 年 4 月开始实行新的油品质量标

准，随着新政效应的逐步显现，未来印度汽油出口或将出现回落。2017年印度柴油净出口在保持同比6.2%增速的同时，炼油商积极抢占出口市场，开始寻求与周边国家签订成品油出口长约协议，为印度继续维持在亚太地区的柴油出口份额奠定良好基础。

韩国：得益于国内出口型炼厂的升级和扩建，韩国汽煤柴油出口仍保持较快增长，估计2017年净出口量将达到100万桶/日，同比增长3.2%。因传统出口市场如中国、日本等国持续保持油品过剩，韩国在调整出口策略的同时，持续提高炼厂的精炼能力。在国际海事组织公布的硫含量排放标准实施时间表到来之际，韩国现已成为全球除美国外第二个完全不需要进一步投资改建，即可满足生产超低硫航运柴油需求的国家，预计2020年韩国柴油出口将增加至115万桶/日。

越南：因经济增长保持良好态势，汽车消费增加和道路建设带动汽柴油需求上升，2017年越南汽柴煤油净进口量达22万桶/日。2018年初越南宜山炼厂的建成投运将有效缓解国内油品的短缺，并将进一步加剧亚太区内欧III标准成品油市场的竞争。预计随着经济持续增长，该国汽油需求在2020年前将保持年均6%的增速。与此同时，进口需求将由2017年的9万桶/日下降至2020年的1万桶/日。柴油作为占国内油品需求近一半的主要消费油品，仍将保持5%的增速，进口需求预计将保持在8万桶/日。

印尼：作为亚太地区最主要的成品油净进口国，印尼2017年汽油净进口持续上升至34万桶/日，同比增长13.4%。与此同时，尽管2017年柴油净进口达17万桶/日，但由于其国内采掘业和航运需求持续下滑，而印尼国家石油公司又在9月首次获得柴油出口许可，因此随着国内柴油产量的增加，预计未来印尼将逐步减少柴油进口而转为出口国。

马来西亚：持续增长的经济、低廉的汽油价格推动马来西亚国内汽油消费增长，2017年汽油净进口量达18万桶/日，较上年增长6.7%，是亚太区内仅次于印尼的第二大汽油净进口国。预计未来3年内汽油进口仍将保持年均5%的增速。

澳大利亚：受益于澳元兑美元升值的影响，国际油价带动澳大利亚成品油价格上涨的负面影响被削减，2017年澳大利亚成品油消费较上年增长较快，成品油净进口达53万桶/日，较上年增长4%。受到激烈的市场竞争影响，估计2017年从新加坡进口份额占比下降至26%，而过去这一数字高达60%；韩国和日本占比则上升至44%。中国、印度等国也开始逐步在澳大利亚出口市场中占有一席之地。随着澳大利亚国内炼厂的持续关闭，预计其汽柴煤油净进口量将进一步扩大，各国在争夺该国出口市场中的竞争将愈发激烈。

五、2018年世界油品市场展望

油品供需总体仍宽松。预计2018年全球油品需求有望达到8576万桶/日，较2017年增长108万桶/日；全球炼油能力将继续增加，导致油品供应上升，预计供应量为8598万桶/日，较2017年增长97万桶/日。分油品看，汽油、石脑油供不应求，柴油、航空煤油及燃料油供应过剩。

全球油品贸易规模将进一步扩大。美国汽柴煤油出口量将持续上升，对全球市场份额的争夺更加激烈；中东炼油产能增长将继续推动成品油出口增加；拉丁美洲和非洲仍是全球主要的成品油净进口地区；亚太区内汽煤柴油过剩将持续，随着部分国家新建炼厂逐步投产，区内成品油出口市场竞争将更加激烈，印度、韩国、中国和新加坡作为主要的净出口国，向区内外出口的规模将扩大。随着国际海事组织推进船用燃油质量标准提升，全球柴油过剩局面有望在 2020 年得到部分缓解。同时，全球替代能源将快速发展，天然气、电力等能源将在各领域成为成品油的有力竞争者和替代者。

（本节撰写人：马玉姣　审定人：戴家权）

第四章　中国石油市场分析

2017年中国石油消费增速回升，国内原油产量连续两年下降，石油对外依存度进一步上升。国内原油加工量增幅扩大，成品油市场供应较为宽松。由于出口配额调控，成品油净出口增速呈断崖式回落，但总量仍略高于上年。成品油消费增长由负转正，但汽柴煤油的消费增势各异。2018年，中国石油消费继续增长，对外依存度逼近70%，成品油需求增速将有所放缓，原油加工量继续增加，成品油净出口转而较快增长。地炼崛起，其市场份额将继续扩张，国内市场竞争将加剧，市场化进程将加快。

第一节　中国石油和成品油市场回顾

2017年中国石油消费增速总体反弹，汽油消费增速连续3年走低，柴油消费增速由负转正，煤油消费仍快速增长，主要油品净出口增速大幅放缓。地炼市场份额实现五连增，市场竞争加剧。

一、原油产量连降两年，进口量持续攀升

原油产量持续下降，但降幅收窄。在国际油价仍较低迷的大背景下，中国石油上游生产企业兼顾能源安全与经济效益，继2016年首次大幅调减原油产量之后，2017年中国原油产量持续下降，估计全年产量1.92亿吨，同比下降3.1%，较上年的降幅收窄4.3个百分点（图4-1-1）。2017年，中国原油消费持续中速增长，全年原油表观消费量为6.10亿吨，同比增长6.0%，增速较上年扩大0.5个百分点。

原油净进口量继续较快增长，首次突破4亿吨。由于国内原油产量下降、炼油能力较快增长等原因，2017年原油净进口量继续较快增长，全年净进口量为4.2亿吨，同比增长10.7%，增速较2016年下降2.9个百分点。原油对外依存度达到68.6%，较上年提高2.9个百分点（图4-1-2）。

二、石油表观消费增速回升，对外依存度再创新高

石油表观消费增速加大，达到近六年高位。2017年，中国经济企稳向好，获得“两权”的地炼数量增加，国内炼油能力由近两年的停滞转而进入增长轨道，这些均拉动石油消费增长。全年中国石油表观消费量约为5.88亿吨，同比增加0.33亿吨，增速为5.9%，较2016年提高3个百分点，达到2011年以来的最高点。分季度看，二、三季度油价处于全年最低位，大幅提振原油进口，导致石油表观消费快速释放，其增速分别达到7.2%和6.1%（图4-1-3）。

石油净进口增速扩大，对外依存度再创新高。2017 年，由于国内产量下滑，石油消费形势好转，全年石油净进口量约为 3.96 亿吨，同比增长 10.8%，增速比上年高 1.2 个百分点。2017 年，石油对外依存度达到 67.4%，较上年上升 3 个百分点（图 4-1-4）。

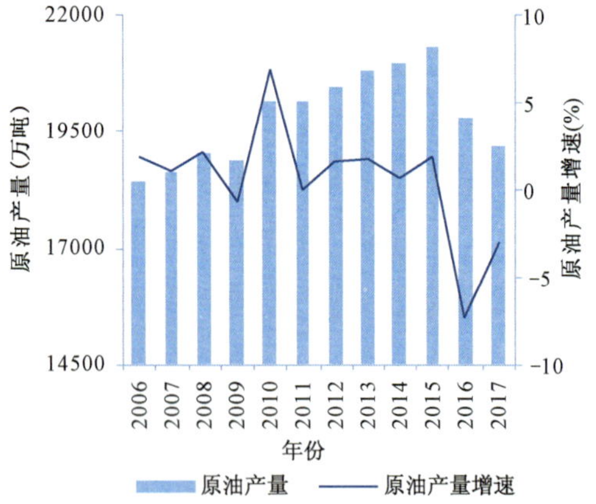

图4-1-1　2006—2017年中国原油产量及增速

图4-1-2　2016—2017年中国原油净进口量及对外依存度

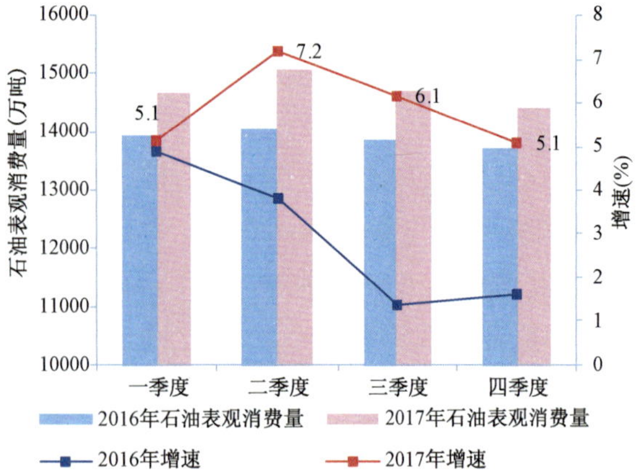

图4-1-3　2017年中国石油分季度表观消费量及增速

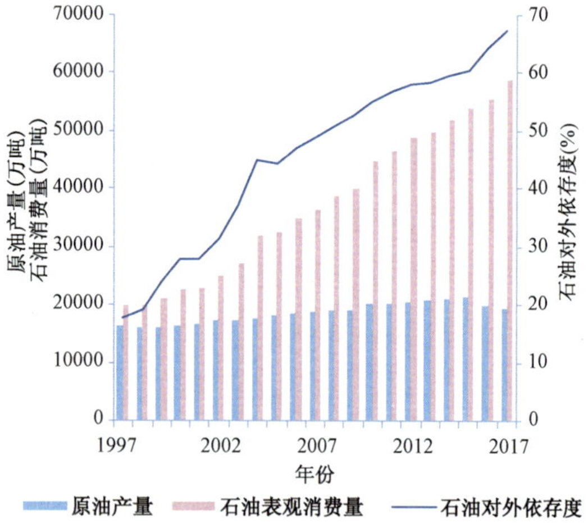

图4-1-4　1997—2017年中国石油对外依存度变化

三、原油加工量、成品油产量继续增加，增速提高

2017 年，云南石化、惠炼（二期）建成投产，获得“两权”的地炼增加进口原油，导致国内原油加工量持续增加，估计全年加工量为 5.68 亿吨，同比增长 5.0%，增速较上年升 1.4 个百分点。估计全年成品油产量为 3.61 亿吨，同比增加 3.5%，增速较上年高 0.4 个百分点（表 4-1-1）。

四、成品油净出口结束五年的高增长，增速大幅回落

2017 年，国家收紧出口配额，全年净出口成品油约为 3581 万吨，增速呈现断崖式回落，降至 6.8%，而过去 5 年成品油净出口平均增速高达 50%左右。其中，汽油净出口 1038 万吨，

较上年增加 89 万吨，增长 9.4%；柴油净出口 1619 万吨，较上年增加 171 万吨，增长 11.8%；煤油净出口 924 万吨，较上年减少 34 万吨，下降 3.5%（图 4-1-5）。

表4-1-1 2015—2017年汽柴煤油产量以及增速

年份	汽油		柴油		煤油		汽柴煤油合计	
	产量(万吨)	增速（%）	产量(万吨)	增速（%）	产量(万吨)	增速（%）	产量(万吨)	增速（%）
2015	12104	9.7	18008	2.1	3659	21.9	33770	6.6
2016	12932	6.8	17918	-0.5	3984	8.9	34834	3.1
2017	13379	3.5	18413	2.8	4269	7.2	36061	3.5

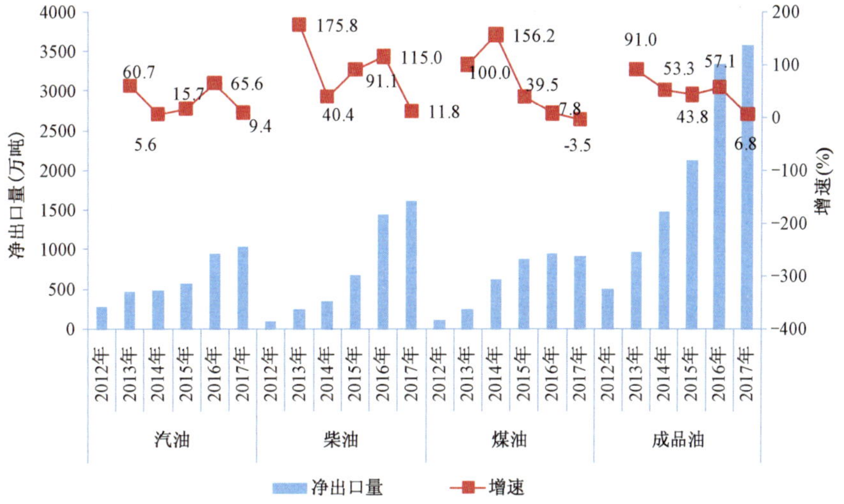

图4-1-5 汽柴煤净出口量以及增速

五、成品油消费重归增长区间，增速汽低柴升

成品油消费增速由负转正，呈中低速增长。2017 年，随着工业、交通、房地产等领域出现短期回暖，拉动成品油消费重归增长区间。全年成品油消费量约为 3.25 亿吨，较 2016 年增长 3.2%，回升 3.7 个百分点（图 4-1-6）。

汽油消费连续两年处于中低速区间。2017 年，由于中国乘用车销量增速显著下降，加之限行限售、新能源汽车、共享出行等冲击，汽油消费保持中低速增长，全年表观消费量为 12341 万吨，增速仅为 3.0%，较前 5 年 9.2%的平均增速下降 6.2 个百分点（图 4-1-7）。

柴油消费超预期回升，增速达 2012 年以来的最高水平。2017 年，我国工业生产回升、煤炭运输回暖、快递物流高速增长，拉动柴油消费重归正增长。全年柴油消费量 16794 万吨，同比增长 2.0%，增速较上年回升 7.0 个百分点（图 4-1-7）。

煤油消费仍快速增长，增速小幅回升。中国民航仍处于大众化、多元化发展的重要时期，快速增长仍是基本特征。2017 年，航空客、货运周转量继续保持高速增长，1—11 月增速分别为 13.3%、9.6%，略高于上年同期水平。全年煤油表观消费量 3345 万吨，同比增长 10.5%，增速较上年回升 1.3 个百分点。值得关注的是，由于国内煤油需求强劲，煤油净出口有所减少（图 4-1-7）。

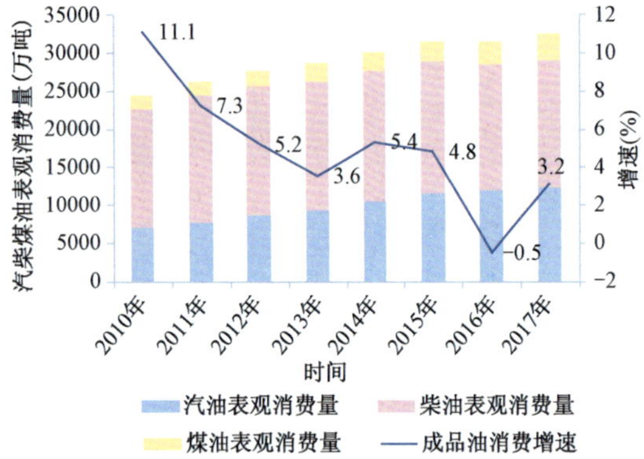

图4-1-6　2010—2017年汽柴煤油表观消费量及增速

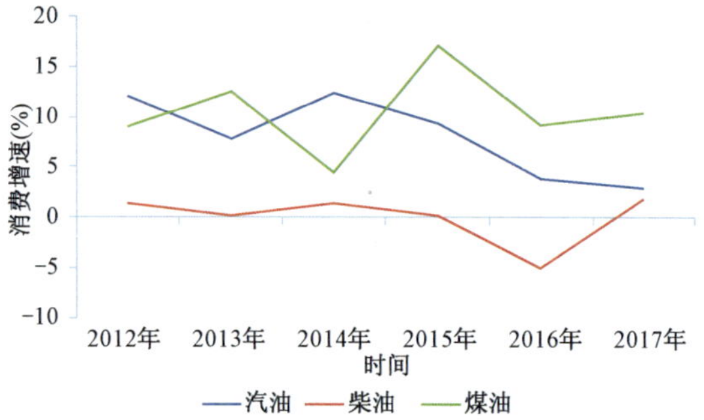

图4-1-7　2012—2017年中国汽柴煤油消费增速

重点关注

交通用能多元化趋势明显，但现时对传统油品替代量不大

2017 年，中国政府密集释放交通燃料相关政策，积极布局清洁、高效、智能的能源体系，促进中国能源结构加速优化，同时对石油市场带来一定影响。这些受到了业内外的广泛关注。

电动车中短期尚无法大规模替代燃油车。近几年，中国电动车在政策鼓励推动下迅速发展，但受到成本较高、续航不足、技术瓶颈、设施欠缺等方面的制约，电动车占汽车总保有量的比重仍很小。2017 年，法国、英国和德国等欧洲主要国家，先后倡议或宣布将在 21 世纪中叶前禁售燃油车并给出了时间表，中国也启动了禁售燃油车的相关研究。从中国的国情和发展形势看，虽然随着技术进步和设施完善，电动车将会对燃油车销量产生越来越大的影响，甚至最终替代，但 2030 年之前可能无法形成大规模替代。石油基燃料在较长时间内仍将是交通运输的主导能源。

共享出行小幅影响汽油需求。2017 年，共享单车、分时租赁、出行服务等多种共享交通模式相继涌现。随后由于政府整顿，共享交通的发展稍有放缓，但仍对汽油消费产生了一定的冲击，预计对当年汽油消费增速放缓的贡献率为 9.2%。随着政府对共享经济的鼓励，以及共享交通领域逐步规范，预计 2020 年共享出行将抑制汽油消费 400 万吨，“十三五”期间汽油消费增速将从原先预判的 4.3%降至 3.5%，对中国汽油需求带来一定的负面影响。

燃料乙醇存在较大供需缺口，乙醇汽油的扩大使用会有一个渐进的过程。9 月 13 日，国家十五部委下发了《关于扩大生物燃料乙醇生产和推广使用车用乙醇汽油的实施方案》，提出到 2020 年，乙醇汽油在全国基本实现全覆盖。据此推算，预计未来 3 年累计减少汽油消费 3343 万吨，2020 年燃料乙醇年利用量将达 1500 万吨左右。但根据目前燃料乙醇产能规划，2020 年前乙醇产能缺口仍有 1000 万吨/年左右，需通过新建扩建逐步满足。另外，工业化生产非粮食为原料的新一代燃料乙醇技术有待突破。考虑到粮食安全问题、乙醇汽油油耗偏高、消费者心理因素等，乙醇汽油的推广应用仍有一些问题需要逐步解决。

六、成品油消费增速柴增汽低，消费柴汽比与上年基本持平

2017 年，由于乘用车市场发展遭遇瓶颈，新能源汽车发展等对汽油市场带来一定冲击，汽油消费仅为中低速增长。而柴油市场受到多个终端消费行业转好的提振，消费增速大幅回升。2017 年消费柴汽比为 1.36，与 2016 年基本持平（图 4-1-8）。

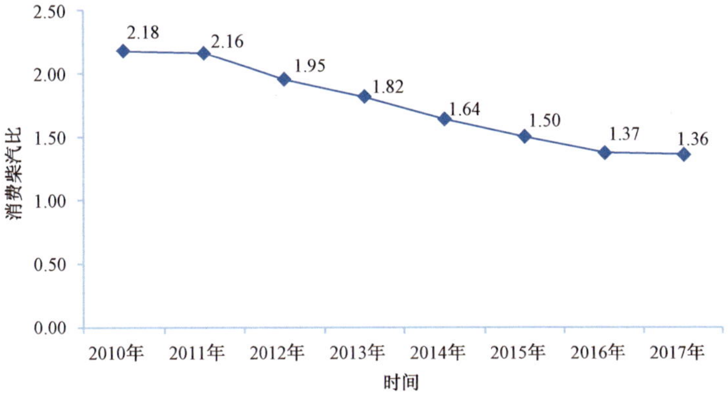

图4-1-8　2010—2017年消费柴汽比变化情况

七、成品油价格调整频繁，价格到位率汽降柴升

国内汽柴油价格因国际油价波动回升而频频调整。 2017 年共经历 25 轮调价周期。其中，因调幅不足 50 元/吨而搁浅共有 8 次，调价窗口正常开启 17 次，11 次上调、6 次下调。年内汽油累计上调 435 元/吨，柴油累计上调 420 元/吨。

汽柴油批发价格到位率先抑后扬，同比汽降柴升。 2017 年，受国际油价回升影响，汽柴油批发价格到位率于 9 月开始回升。据中国石油集团经济技术研究院监测，截至 2017 年 11 月 20 日，主营单位和社会单位 92#汽油批发价格到位率分别为 83%和 77%，较 2016 年分别下降 2.5 个百分点和 1.1 个百分点（图 4-1-9）；主营单位和社会单位 0#柴油批发价格到位率分别为 89.9%和 85.1%，较上年分别回升 1.1 个百分点和 1.3 个百分点（图 4-1-10）。

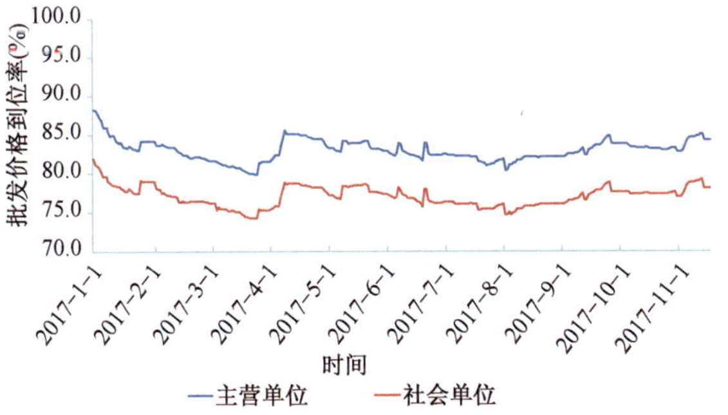

图4-1-9　2017年92#汽油批发价格到位率

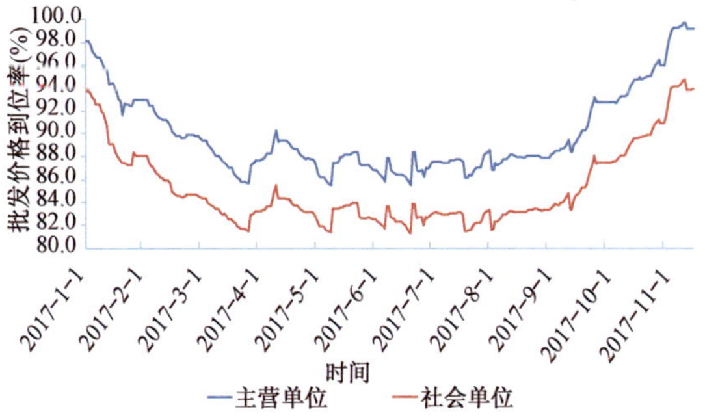

图4-1-10　2017年柴油批发价格到位率

八、地炼市场份额实现五连增，市场竞争加剧

2017 年，新增 10 家企业获得 2036 万吨原油配额，总配额达到 10563 万吨。自地炼突破加工原料瓶颈后，炼油量和产量大幅提高，拉动市场份额急速扩张，并实现五连增。2017 年 1—10 月，地炼原油加工量和汽柴油产量的市场份额均占到全国的 1/5 以上，较上年显著增加（图 4-1-11）。

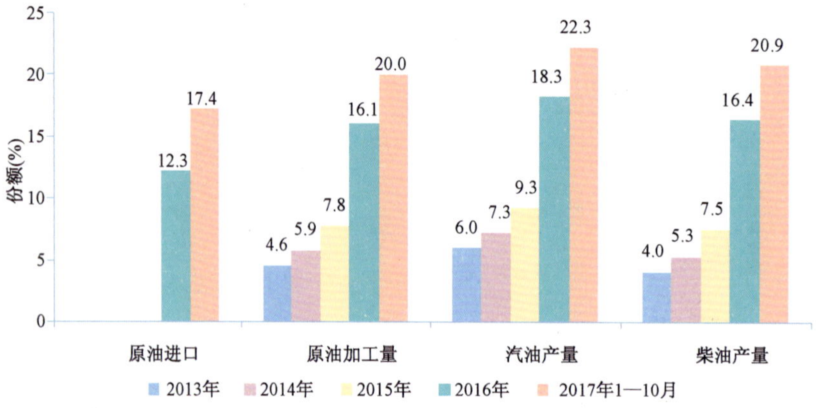

图4-1-11　2013—2017年地炼市场份额

九、油气管网国家规划首次发布，管网建设稳步发展

管网建设即将进入新一轮快车道。2017 年 7 月，国家发布《中长期油气管网规划》，此次是中国首次发布国家级油气管网规划。到 2020 年，原油和成品油管道里程要达到 6.5 万千米，到 2025 年达到 7.7 万千米，意味着未来短短的几年内中国将完成过去几十年的管道建设里程，标志着新的油气管网时代建设即将到来，对中国油气工业未来健康发展具有重要意义。

进口原油输送通道全面贯通，成品油管道布局有序推进。2017 年，建成原油管道 942 千米，建成成品油管道 545 千米。截至 2017 年底，全国已建成原油管道 2.38 万千米，成品油管道 2.60 万千米，石油管道总里程达到 4.98 万千米（表 4-1-2）。随着中缅原油管道投运以及中俄二期原油管道全线贯通并投运，中国进口能源战略通道得以完善，国家能源安全得到保障。同时，成品油骨干管网逐步形成，对国内油品资源配送和降低运输成本起到了重要的保障作用。

表4-1-2　2017年建成和在建的原油成品油管道

油品	项目名称	进展情况	管道长度（千米）	实际输送能力（万吨/年）	隶属单位
原油	漠河—大庆二线	2017年竣工	942	1500	中石油
	当年建成小计		942	1500	

续表

油品	项目名称	进展情况	管道长度（千米）	实际输送能力（万吨/年）	隶属单位
成品油	洋浦—马村	在建（2016年）	115	250	中石化
	甬台温	在建（2017年）	430	600	中石化
	当年建成小计		545	850	
	江津—荣昌	在建	171	300	中石化
	锦州—郑州	在建	1636	1300	中石油
	抚顺—锦州	在建	412	750	中石油
	在建小计		2219	2350	
合计	当年建成合计		1486	2350	
	在建合计		2219	2350	

重点关注

汽柴油消费增速出现反转——汽降柴升

2017 年，中国成品油消费恢复增长，但增速呈现出少见的汽降柴升。汽油消费增速降至 2006 年以来的最低点，而柴油消费量以及增速却都明显回升。

1. 汽油消费增速回落，事出有因

乘用车销量增速显著下降是导致汽油消费减速主要原因。汽油消费主要受乘用车市场的规模和结构影响。2017 年，乘用车市场形势急剧转弱，1—10 月中国乘用车（只含汽油车）销售 1901.2 万辆，同比净增 1.4%，增速同比下降 12.9 个百分点（图 4-1-12）。

新能源汽车继续高速发展抑制汽油需求增长。2017 年 1—11 月，国内新能源汽车累计销量为 60.9 万辆，同比增长 51.5%（图 4-1-13）。不算淘汰，截至目前，新能源汽车累计销量达 156 万辆，抑制汽油消费增长 1 个百分点以上。2017 年 9 月，工信部等五部委发布《乘用车企业平均燃料消耗量与新能源汽车积分并行管理办法》，将限制大型车企对传统燃油车的过度生产，鼓励新能源汽车的加速普及化。

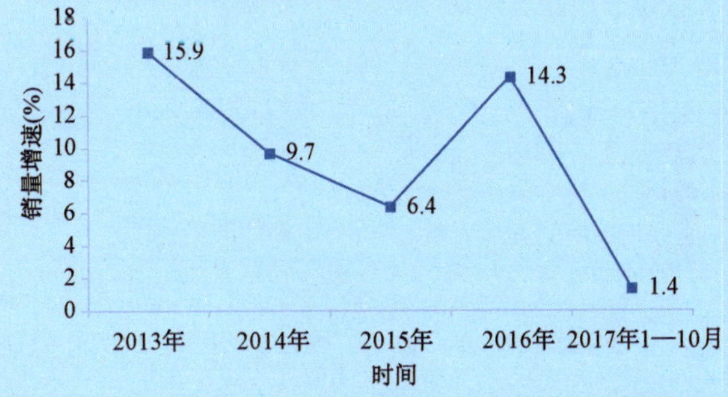

图4-1-12　2013—2017年乘用车（汽油车）销量增速

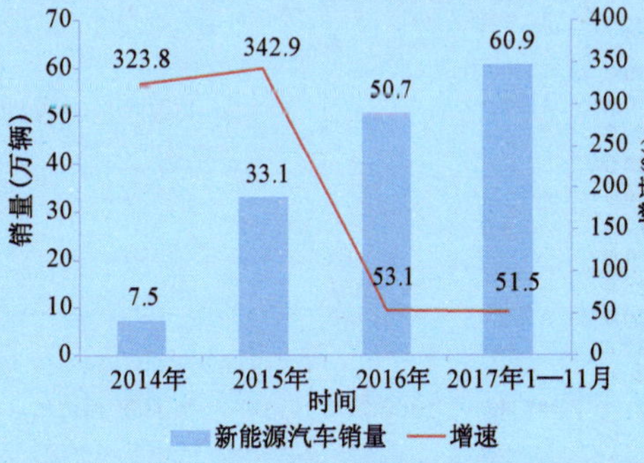

图4-1-13　2014—2017年新能源销量及增速

高铁出行影响汽油消费，形成替代。随着国内高速铁路的快速发展，其成本合理、时效较高等优势显现，因此在中短途的客运中，对公路运输形成了一定替代。2017 年，公路客运量和旅客周转量占比连降 5 年（表 4-1-3），对汽油消费增速回落的贡献率为 20%左右。

表4-1-3　各运输方式客运及周转量占比情况　　单位：%

时间	铁路客运占比	公路客运占比	航空客运占比	铁路旅客周转占比	公路旅客周转占比	航空旅客周转占比
2012年	5.0	94.1	0.8	29.5	55.5	15.1
2013年	5.3	93.8	0.9	29.5	54.8	15.7
2014年	10.8	87.4	1.8	38.8	40.0	21.2
2015年	11.6	86.4	2.0	38.0	38.8	23.1
2016年	14.9	82.6	2.6	40.3	33.0	26.8
2017年1—10月	17.0	80.0	3.0	41.9	29.8	28.3

2. 柴油消费增速反弹，属非常态增长

近年来，中国第二产业对经济的拉动作用逐渐减少，经济增长动能转换，是导致柴油消费疲软的主要原因，甚至 2016 年出现负增长。但由于 2016 年基数较低，加之工业和房地产行业短期回暖，2017 年柴油消费出现非常态增长。目前，中国柴油消费已经处于平台期，增速回升也和 2016 年基数较低有关，因此这种回升态势难以持续。

工业生产回升产生的联动效应拉动柴油消费反弹。2017 年 1—11 月，国内规模以上工业增加值同比增长 6.6%，增速较 2016 年同期回升 0.6 个百分点。其中，制造业扩张步伐较快，促进其上下游行业发展并拉动终端用油，推动柴油消费出现回暖。

运输车辆超载治理显著提升柴油消费。2017 年，国家严格落实治理超载车辆的相关法规，由此拉动柴油车销量快速增长。1—10 月重型卡车累计销量为 19.4 万辆，同比大增 47.1%，增速较 2016 年同期显著回升 26.3 个百分点（图 4-1-14）。

公路货物运输增速回升，支撑柴油消费。2017 年，由于经济总体向好，全社会用电量以及房地产投资增速大幅回升，拉动煤炭、钢材等大宗商品运输回暖。1—11 月，公路货物周转量为 6.05 万亿吨千米，同比增长 9.5%，增速较去年同期回升 4.4 个百分点，进而提振交通行业的柴油消费（图 4-1-15）。

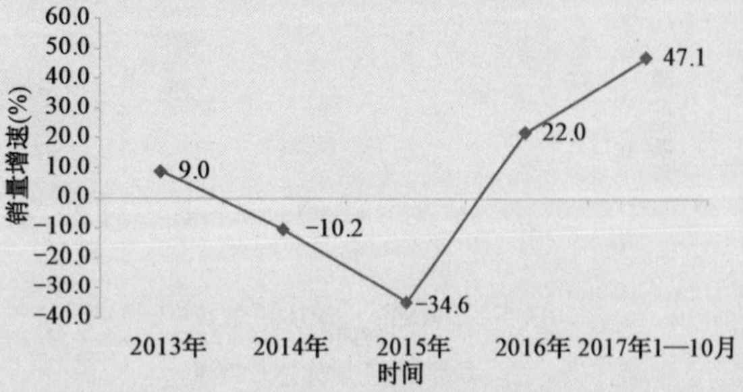

图 4-1-14　2013—2017 年柴油重卡销量增速

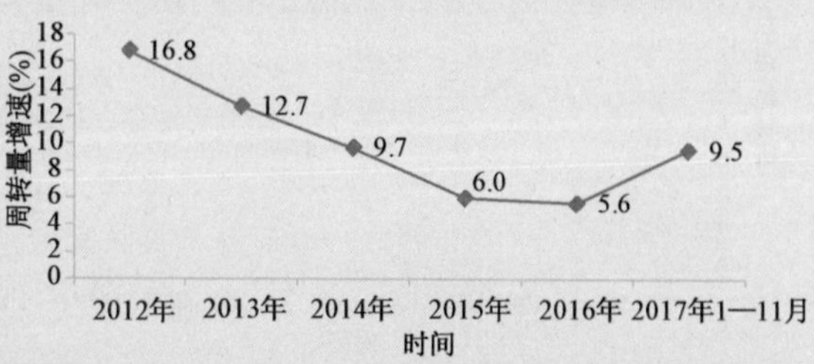

图 4-1-15　2012—2017 年公路货物运输周转量增速

LNG 价格大幅攀升，对柴油的替代作用减弱。自 2017 年 9 月以来，受北方采暖季来临和各地煤改气的影响，民用及工业用气大幅增加，加之 LNG 总体供应紧张，导致非民用天然气更加紧缺，推动 LNG 价格大增 85%；而同期，0#柴油价格仅增长 21.5%。LNG 和 0#柴油比价随之大幅攀升，使得柴油相比 LNG 的经济性增强，因此柴油消费得到一定支撑。

第二节　中国石油和成品油市场展望

2018 年，中国石油需求增速将小幅回落，原油进口继续增长，石油对外依存度逼近 70%。成品油需求保持低速增长，而供应则持续较快增长，供需宽松态势将延续，净出口恢复较快增长。

一、中国石油需求增速放缓，对外依存度继续走高

2018 年，中国经济继续稳健增长，预计全年中国石油表观需求量约为 6.15 亿吨，同比增长 4.6%，增速较 2017 年下降约 1.3 个百分点。随着国内炼油能力较快增长，预计 2018 年中国原油表观需求量为 6.43 亿吨，同比增长 5.4%，增速较 2017 年回落 0.6 个百分点。预计 2018 年中国原油加工量约为 5.98 亿吨，较上年约增长 3000 万吨，同比增长 5.2%。石油和原油净进口量分别为 4.23 亿吨和 4.51 亿吨，分别增长 6.7%和 7.7%。国内原油产量稍有所回升，中国石油和原油对外依存度将分别升至 68.8%和 70.1%（表 4-2-1）。

表4-2-1　2018年石油市场情况预测

年份	原油产量（万吨）	原油净进口（万吨）	原油表观消费（万吨）	石油表观消费（万吨）	原油对外依存度（%）	石油对外依存度（%）
2016	19771	37811	57582	55537	65.7	64.4
2017	19164	41870	61034	58797	68.6	67.4
2018	19200	45100	64300	61500	70.1	68.8
2017增速（%）	-3.1	10.7	6.0	5.9		
2018增速（%）	0.2	7.7	5.4	4.6		

二、成品油需求增速将放缓

成品油表观需求增速下滑。2018 年是贯彻十九大的开局之年，中国经济将平稳增长。但由于经济结构转型、房地产市场调整、环保力度加大、替代能源发展等因素，成品油终端消费行业发展将放缓，使成品油需求增速回落。预计 2018 年成品油需求量为 3.31 亿吨，同比增长 1.9%，增速较 2017 年降低 1.3 个百分点（表 4-2-2）。

汽油维持中速偏低增长。2018 年随着监管加强，调和油资源将受到抑制，从而利好汽油

需求。但由于乘用车市场难以恢复高增长，加之新能源汽车免税政策实施以及“双积分”政策释放、共享出行发展、乙醇汽油推广等多重因素叠加，将拖累汽油需求增长。综合预计 2018 年汽油需求量为 1.27 亿吨，同比增长 2.8%，增速与 2017 年基本持平。

表4-2-2　2018年主要成品油表观消费量及增速

种类	参数	2016年	2017年	2018年
		实际值	估计值	预测值
汽煤柴油合计	增长率（%）	-0.5	3.2	1.9
	需求量（万吨）	31480	32480	33110
汽油	增长率（%）	3.9	3.0	2.8
	需求量（万吨）	11984	12341	12690
柴油	增长率（%）	-5.0	2.0	-0.2
	需求量（万吨）	16470	16794	16760
煤油	增长率 （%）	9.2	10.5	9.4
	需求量（万吨）	3026	3345	3660

柴油需求略有回落。2018 年，中国工业生产将平稳增长、大宗商品需求保持强劲以及超载车辆治理等，都将对柴油需求起到一定支撑作用；但棚户改造已接近尾声、房地产调控、环保趋严加速“两高一剩”行业转型、LNG 替代作用恢复，对柴油的刚性需求带来了回落压力。预计 2018 年柴油需求量为 1.68 亿吨，同比下降 0.2%，增速较 2017 年回落 2.2 个百分点。

煤油需求仍保持较高增速。2018 年，中国人均收入水平将保持增长，这将促进民众选择航空出行的数量增加，从而拉动煤油需求保持快速增长。但随着高速铁路的加速布局和发展，其对煤油的替代作用趋于明显。预计 2018 年煤油需求量为 3660 万吨，同比增长 9.4%，增速较 2017 年回落 1.1 个百分点。

三、成品油产量增速双提高，净出口将恢复较快增长

成品油产量增速进一步提高。根据新建产能投产计划，2018 年国内炼油能力将净增 3600 万吨/年，成品油产量及其增速将继续扩大。预计 2018 年成品油产量为 3.78 亿吨，同比增长 4.8%，增速较 2017 年增加 1.3 个百分点。其中，汽柴煤油产量分别增长 4.4%、3.9%和 9.6%（表 4-2-3）。

成品油出口恢复较快增长。由于国内炼油能力由过去连续两年的停滞转而连续两年增加，而成品油需求增长动力不足，预计 2018 年成品油资源过剩程度将进一步加剧，出口配额调控或将有所放松。预计 2018 年将有 4680 万吨过剩成品油需要争取出口以平衡国内供需，同比增长 30.7%，增速较 2017 年增长 23.9 个百分点。其中，汽油需净出口 1280 万吨，同比增长 23.3%；柴油需净出口 2380 万吨，同比增长 47.0%；煤油需净出口 1020 万吨，同比增长 10.4%（表 4-2-4）。

表4-2-3　2018年主要成品油产量预测

种类	参数	2016年 实际值	2017年 估计值	2018年 预测值
汽柴煤油合计	增长率（%）	3.1	3.5	4.8
	产量（万吨）	34834	36061	37790
汽油	增长率（%）	6.8	3.5	4.4
	产量（万吨）	12932	13379	13970
柴油	增长率（%）	-0.5	2.8	3.9
	产量（万吨）	17918	18413	19140
煤油	增长率（%）	8.9	7.2	9.6
	产量（万吨）	3984	4269	4680

表4-2-4　2018年主要成品油进出口预测

种类	参数	2016年 实际值	2017年 估计值	2018年 预测值
汽柴煤油合计	增长率（%）	57.1	6.8	30.7
	净出口（万吨）	3354	3581	4680
汽油	增长率（%）	65.6	9.5	23.3
	净出口（万吨）	948	1038	1280
柴油	增长率（%）	115	11.8	47.0
	净出口（万吨）	1448	1619	2380
煤油	增长率（%）	7.7	-3.5	10.4
	净出口（万吨）	958	924	1020

四、地炼市场份额进一步扩大，市场化改革进一步推进

2018年地炼原油配额大幅增长，成品油资源过剩，业内竞争将加剧。商务部已发文，明确2018年原油非国营贸易进口允许量为1.4亿吨，较2017年增长62.6%。同时，以浙江恒力为代表的大炼油项目建成，预计地炼将实现原油进口、原油加工量、汽柴油产量、市场份额的“六连增”。2018年，其汽柴油产量的市场份额将由2017年的21.5%增至23.6%。2018年，随着中国炼油能力连增两年且增速扩大，将导致炼油能力过剩近1亿吨。即使在开工率较低的情景下，国内成品油资源仍将过剩4500万吨以上，出口压力较大，国内市场竞争形势将更为严峻。2018年下半年，随着新建成炼厂的先后投产运行，国内成品油市场的竞争将更为激烈。

市场化改革继续深入推进。2017年12月，上海期货交易所进行了第五次全市场生产系

统演练，并达到预期效果。这标志着原油期货即将上市，为我国石油市场的放开提供市场运作平台。同时，根据《中共中央国务院关于推进价格机制改革的若干意见》的要求，2018年中国成品油价格改革还将进一步推进并完善。

（本章撰写人：李　然　吴春芳　徐君慧　审定人：戴家权）

第五章　国际天然气市场分析

2017 年，全球天然气消费增速回升，其中亚太消费大幅增长，欧洲消费趋稳，北美消费 5 年来首次出现负增长。全球天然气产量继续增长，供需仍显宽松。全球天然气价格触底回升，新签 LNG 合同价格与油价挂钩系数走低。预计 2018 年全球天然气市场供需继续宽松，LNG 现货价格仍将下行。

第一节　国际天然气市场回顾

2017 年，全球天然气消费与供应继续增长，产量增速快于消费增速。全球天然气进出口贸易在 LNG 贸易高速增长的带动下进一步加快发展。全球天然气价格受市场供需关系和油价影响而上升，东北亚 LNG 现货价格回升。

一、全球天然气消费回暖，亚太领涨

1. 全球天然气消费增速重回过去十年水平

2017 年，全球天然气消费约 3.62 万亿立方米，增速为 2.2%，高于 2016 年（1.8%），回到过去 10 年平均水平（2.2%）（表 5-1-1）。消费增速回升主要受益于三方面因素：一是欧洲煤价高企，加之风电减少、气候影响，燃气发电增长促进天然气消费稳步提升；二是低气价降低进口成本，以中国为代表的新兴经济体经济向好，促进天然气消费；三是亚洲国家和地区（如日本、韩国、中国台湾地区等）政策变化，减煤抑核、核电厂安全标准升级等因素利好天然气消费。

表5-1-1　2013—2017年世界分地区天然气消费量

地区	天然气消费量（亿立方米）					2017年同比增长（%）	近十年增长率（%）
	2013	2014	2015	2016	2017（估计值）		
北美地区	9278	9441	9628	9680	9521	-0.9	2.2
中南美地区	1652	1689	1758	1719	1671	-2.8	2.4
欧洲	4873	4422	4576	4864	5117	5.2	-0.9
欧亚大陆	5672	5634	5526	5436	5327	-3.0	-0.7
中东地区	4403	4608	4936	5123	5236	2.2	5.6
非洲	1232	1270	1358	1382	1395	1.0	4.4
亚太地区	6729	6944	7018	7225	7948	10.0	5.2
合计	33838	34008	34801	35429	36215	2.2	2.2

数据来源：2013—2016年数据来自《BP能源统计2017》、经研院。

2017 年，全球分地区天然气消费占比与 5 年前相比，北美地区、中南美地区、欧洲、欧亚大陆呈下降趋势，亚太地区、中东地区、非洲则逐渐上升，进一步印证了消费东移趋势(图 5-1-1)。

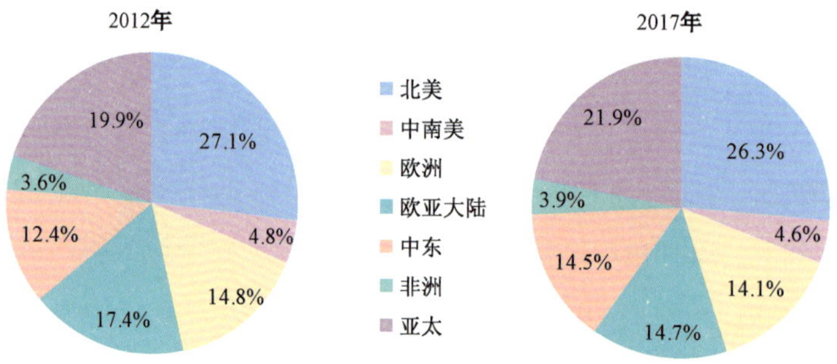

图5-1-1　2012年与2017年世界分地区天然气消费占比变化

数据来源：《BP 能源统计 2017》

美国和俄罗斯仍是排名居世界前两位的天然气消费大国。2017 年，估计美国和俄罗斯天然气消费量合计 1.16 万亿立方米，占全球消费总量的 31.9%；其他排名前十的天然气消费国家消费量合计为 1.01 万亿立方米，占全球消费总量的 27.6%（表 5-1-2）。

表5-1-2　2013—2017年世界分国天然气消费量

序号	国家	天然气消费量（亿立方米）					2017年增长率（%）
		2013	2014	2015	2016	2017（估计值）	
1	美国	7406	7530	7732	7786	7708	-1
2	俄罗斯	4135	4097	4028	3909	3776	-3.4
3	中国	1719	1884	1948	2103	2352	17
4	伊朗	1629	1837	1908	2008	2084	3.8
5	沙特阿拉伯	1000	1024	1045	1094	1138	4.0
6	日本	1169	1180	1134	1112	1082	-2.7
7	加拿大	1039	1042	1025	999	1078	8.0
8	德国	812	706	735	805	813	1.0
9	英国	730	667	681	767	752	-2.0
10	墨西哥	833	868	871	895	734	-18.0

数据来源：2013—2016年数据来自《BP能源统计2017》、经研院。

2. 亚太与北美消费增减形成巨大反差

北美消费出现近 5 年来首次负增长。估计 2017 年北美天然气消费量为 9521 亿立方米（1—9 月北美消费 6812 亿立方米），比上年下降 0.9%（图 5-1-2）。其中美国天然气消费较 2016 年稳中有降，降幅 1%，墨西哥下降 18%，加拿大上升 8%。美国消费下降主要原因：一是特朗普政府推行“能源独立新政”，解除煤炭禁令，煤炭消费上升，价格敏感度较高的电力行业用气需求下降；二是美国国内天然气产量下降、出口增加；三是美国 HH 价格气价回升，影响国内消费。

欧洲消费稳定增长。估计 2017 年欧洲天然气消费量为 5117 亿立方米（1—9 月欧洲经合组织国家消费 3689 亿立方米），比上年上升 5.2%（图 5-1-2）。2017 年初极寒天气、煤价上升、库存下降带动欧洲消费稳步增长。

亚太消费增速回弹至近 10 年最高。估计 2017 年亚太天然气消费量为 7948 亿立方米（1—9 月，中国、日本、韩国消费合计 2895 亿立方米），比上年大增 10%（图 5-1-2）。中国消费大幅增长；韩国减煤抑核扭转前两年负增长态势，消费回暖。

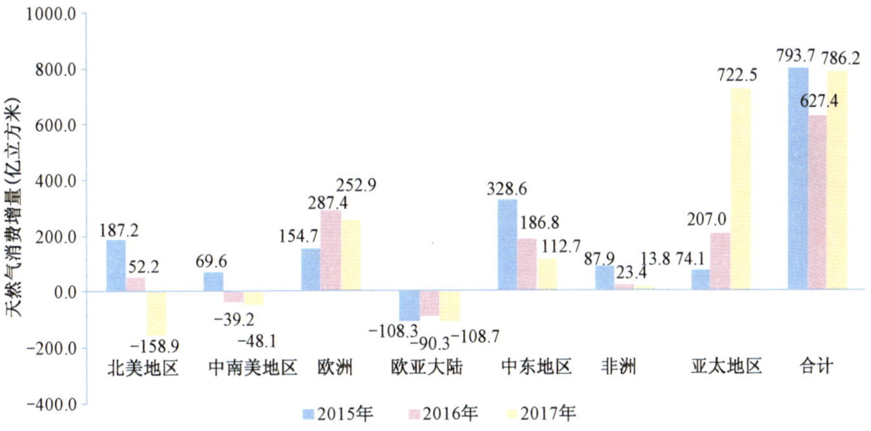

图5-1-2 2015—2017年世界主要地区天然气消费增量

二、全球天然气供应稳定增长，市场持续宽松

1. 全球天然气产量稳步提升，俄罗斯贡献突出

估计 2017 年全球天然气产量约 3.7 万亿立方米，同比增速 2.7%（2016 为 1%）。从生产区域分布来看，除北美地区、中南美地区和欧洲以外，其他地区均有不同程度增长。其中，亚太地区增幅最大，产量为 6049.8 亿立方米，比上年增长 7.8%（表 5-1-3）。美国是全球第一产气大国，2017 年产量为 7452 亿立方米，比上年下降 1.2%；俄罗斯是全球第二产气大国，产量为 6700 亿立方米，比上年增长 4.7%。全球天然气产量增速仍快于消费增速，市场供需仍显宽松。

2. 全球 LNG 液化能力持续提升

2017 年，全球 LNG 液化能力上升至 3.53 亿吨/年，同比增长 13.8%。新增 LNG 液化能力主要集中在亚太、北美地区（图 5-1-3）。美国、澳大利亚、马来西亚和俄罗斯 4 个国家新投产 6 个项目，共 8 条生产线，合计能力 3415 万吨（表 5-1-4），是 2016 年增量的 1.26 倍。新投产项目中，亚马尔 LNG 是全球在北极地区开展的最大 LNG 项目，此次投产的第一条生产线设计产能 550 万吨/年，另外两条生产线计划于 2018 和 2019 年建成，总能力 1650 万吨/年。

表5-1-3　2013—2017年世界分地区天然气产量

地区	天然气产量（亿立方米）					2017年产量增速（%）
	2013	2014	2015	2016	2017（估计值）	
北美地区	9277	9446	9783	9622	9498	-1.3
中南美地区	1439	1474	1490	1492	1464	-1.9
欧洲和欧亚大陆	11074	10660	10692	10713	11066	3.3
中东地区	5778	5910	6300	6491	6716	3.5
非洲	2088	2102	2081	2156	2260	4.8
亚太地区	5140	5282	5379	5614	6050	7.8
合计	34797	34875	35724	36088	37054	2.7

表5-1-4　2017年全球新投产LNG液化项目

国家	项目	生产线	设计能力（万吨/年）
澳大利亚	Gorgon LNG T2	1	520
	Gorgon LNG T3	1	520
	Wheatstone LNG	1	445
马来西亚	M LNG T9	1	360
	PF LNG	1	120
美国	SP LNG T3	1	450
	SP LNG T4	1	450
俄罗斯	Yamal LNG	1	550

数据来源：IHS。

2017 年，LNG 液化项目停产和检修频繁、上产缓慢。哈维飓风使美国 SP LNG 项目停产半月；高更 LNG、SP LNG、AP LNG、QC LNG 等近两年投产的项目多次出现检修，项目利用率不稳，出货率不高；马来西亚 ML NG T9 和 PE LNG 因为合同需求不足上产缓慢；澳大利亚 Wheatstone LNG 项目投产推迟数周。

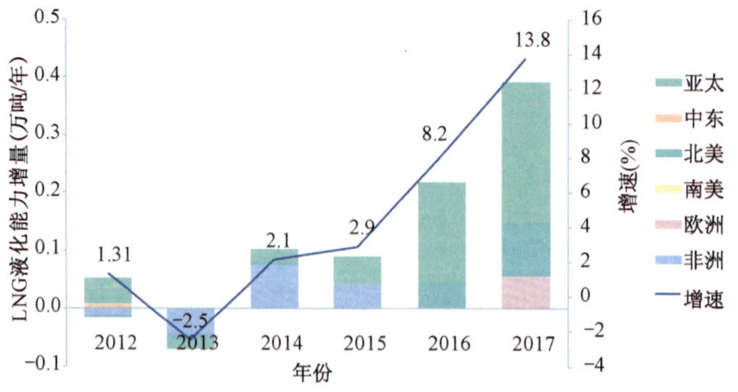

图5-1-3　2012—2017年全球分地区新增LNG液化能力

数据来源：IHS

三、全球天然气贸易继续增长，贸易格局持续变化

估计 2017 年全球天然气进出口贸易量约为 1.15 万亿立方米，比上年增长 5.6%，较 2016 年增速增加 0.8 个百分点（表 5-1-5）。LNG 贸易线路增多是 2017 年全球天然气贸易最大特点。

表5-1-5　2013—2017年世界天然气贸易量及比例

项目	2013年		2014年		2015年		2016年		2017年（估计值）	
	贸易量（亿立方米）	比例（%）	贸易量（亿立方米）	比例（%）	贸易量（亿立方米）	比例（%）	贸易量（亿立方米）	比例（%）	贸易量（亿立方米）	比例（%）
LNG	3253	31.4	3323	33.4	3255	32.5	3466	32.4	3900	34.1
管道气	7075	68.6	6771	66.6	7090	67.5	7375	67.6	7550	65.9
合计	10328	100	10094	100	10345	100	10841	100	11450	100
增速（%）	1.2		-2.3		2.5		4.8		5.6	

数据来源：2013—2016年数据来自《BP能源统计2017》、经研院。

1. 管道气贸易量持续上升

估计 2017 年管道气贸易量为 7630 亿立方米，比上年增长 3.5%，较 2016 年（4%）略有放缓。一方面，俄罗斯天然气产量大幅增长，俄罗斯对欧洲管道气出口持续攀升，上半年俄罗斯通过乌克兰向欧洲供气 457 亿立方米，同比增长 21%。另一方面，美国从加拿大进口管道气量增速大幅下降，1—9 月美国进口加拿大管道气同比增速 0.9%，远低于上年同期增速 11.2%。

2. 全球 LNG 贸易量延续增长态势

2017 年，全球 LNG 贸易量为 2.87 亿吨（3900 亿立方米），比上年增长 12.5%，较 2016 年 6.5%增速大幅提高。LNG 进口增量主要来自亚洲和欧洲，出口增量主要来自亚太和北美（图 5-1-4）。

亚洲 LNG 进口需求大幅回升。2017 年，亚洲 LNG 进口总量为 2.09 亿吨，同比增长 6.2%，高于 2016 年同期增速（6%）。中国、韩国、中国台湾地区和巴基斯坦等带动亚洲 LNG 进口需求大幅上涨。韩国新政府倡导清洁能源利用，LNG 进口同比上涨 8.4%；巴基斯坦气电需求增加，但国产气不足，LNG 进口同比上涨 52.7%；印度由于国内气价、煤电价均走低，LNG 进口较小下降 0.9%；日本核电重启使 LNG 进口同比下降 2.7%。

欧洲 LNG 进口恢复增长。2017 年，欧洲 LNG 进口量约 4687 万吨，同比增长 11.5%（图 5-1-4）。增量主要来自法国、意大利、葡萄牙、西班牙和土耳其。欧洲本土天然气产量大幅下降是促进 LNG 进口快速增加的主要因素。

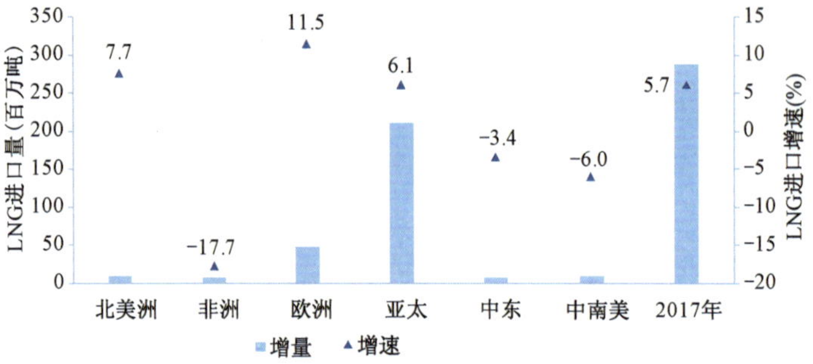

图5-1-4　2017年全球分地区LNG进口情况

数据来源：IHS

美国LNG出口助增贸易线路。随着切尼尔公司SP LNG出口能力增加，2017年，美国共计195艘LNG货船（1307万吨）出口至拉美、欧洲和亚洲等28个国家和地区，出口量是2016年的4.4倍，目的地国家较2016年增加10个。

澳大利亚出口量快速增长。2017年，澳大利亚LNG出口量为5311万吨，同比上升20.4%。出口目的地由2013年的5个增至2017年的15个。

重点关注

美国LNG出口冲击亚太供应格局，中美LNG贸易合作成效有待观察

美国天然气产量快速增长，消费出现负增长，液化能力建设持续推进，LNG出口不断增加，且潜力巨大。出口量从2016年的297万吨激增至2017年的1307万吨。液化能力从2016年的900万吨/年上升到1800万吨/年，2018年有望达3045万吨/年，如果液化项目利用率按目前73%计算，预计2018年美国LNG出口量约为2200万吨。美国LNG 35%出口至欧洲，65%出口至亚太地区。随着未来美国LNG出口量上升，将对亚太地区LNG供应格局造成冲击。

未来，中国将是美国在亚太地区首要的LNG出口国。2017年5月12日，中国财政部发布的《中美经济合作百日计划早期收获》指出，美国欢迎中国从美国进口LNG，两国政府有意加强LNG贸易合作。11月，美国总统特朗普来华访问期间，美国能源公司与中国石油、中国石化、中国燃气等企业签署多项LNG大单。中美LNG贸易合作，既可缓解美国LNG市场供应过剩，又有助于中国稳定天然气供应。但未来受价格、政治等多方面因素影响，中美合作存在制约因素，后续发展有待观察。

3. LNG贸易灵活性持续增强

LNG生产商采取积极措施提升竞争优势。面对全球LNG市场新格局，各国LNG供应商开始积极依靠降低成本提升竞争优势，通过并购提高效率、发挥规模效应。例如，壳牌和

BG联合，卡塔尔两家最大国有生产公司Qatargas和RasGas合并。

LNG合同价格与油价挂钩斜率降低。低油价带给亚洲LNG买家从“溢价”到“议价”转圜机遇。随着澳大利亚和美国项目上产，进口来源趋向多元化，亚洲买家已在合同中引入现货价、交易中心价等混合定价方式，议价能力增强。目前，新签LNG进口合同与油价斜率跌至11%～12%，预计未来几年亚洲LNG价格将进一步与油价脱钩，天然气定价独立性有望增强。

LNG贸易合同限制性条款减少，合同灵活性增强。LNG合同呈现目的地条款逐步被淘汰、中短期合同占比增加、合同量缩小等趋势。2017年新签合同中35%没有目的地条款限制，部分亚洲买家（如日本JERA公司）已明确表示不再签订带有目的地限制的合同。并且要在2030年前后将现有长贸合同量缩减一半以上。2017年1—9月，新签LNG合同量3188万吨/年，其中非长期合同（期限小于15年）占比62%，2～5年期合同增长最为显著，占比达20%以上。

四、全球天然气价格回升，欧亚价格与国际油价成正相关

2017年，随着国际油价回暖，全球气价触底回升。欧洲NBP和东北亚LNG进口均价随油价走势呈现不同程度上涨；受美国LNG出口增加、供需差收窄影响，HH价格同比上涨；东北亚LNG现货价格同比回升（图5-1-5）。

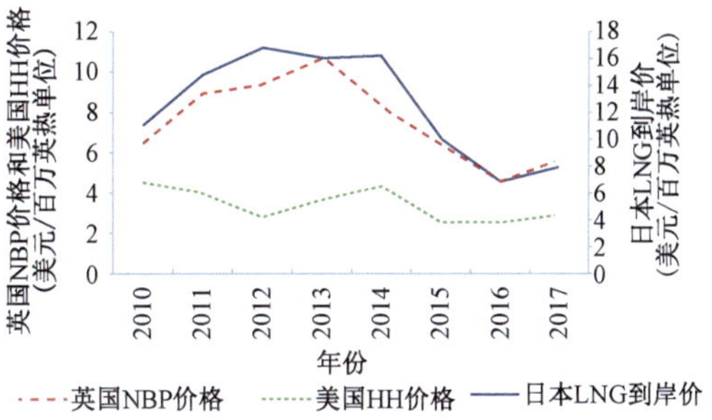

图5-1-5 2010—2017年三大地区价格走势

数据来源：《BP能源统计2017》、ICIS公司、Argus公司

1. 北美天然气价格回升，年内价格波动幅度较小

2017年，HH年均价格为2.96美元/百万英热单位，比上年上涨18.2%。美国供应表现稳定，库存水平降低，截至供暖季结束，储气库总工作气量为580.8亿立方米，同比减少120.9亿立方米；由于“极地漩涡”吹袭北美，美国取暖需求环比大幅增长，一季度均价为2.98美元/百万英热单位，同比上涨51.8%；受出口稳定增加、供应低速增长、库存水平回落等影响，二三季度均价为3美元/百万英热单位，同比上涨20.5%；四季度均价为3.5美元/百万英热单位，同比下跌4.3%（图5-1-6）。

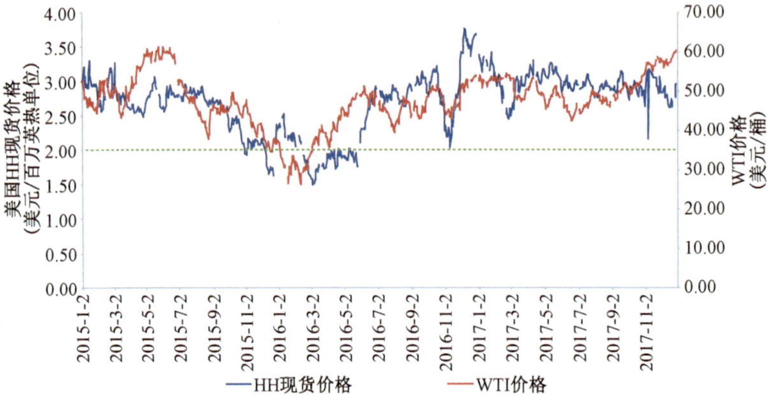

图5-1-6　2015—2017年美国HH价格和WTI价格走势

数据来源：经研院

2. 欧洲天然气价格大幅上涨，年内两度冲高

2017 年，欧洲 NBP 年均价为 5.8 美元/百万英热单位，比上年上涨 24.7%。受极寒天气、煤价高企和供应能力不稳定等影响，年初价格突破 7 美元/百万英热单位；由于风力发电增多，发电用气需求减少，加之管道检修，年中价格跌至低点 3.18 美元/百万英热单位；随后，油价上涨和对冬季库存能力不足的担忧支撑气价上行，加上寒潮来临、输气管道爆炸以及北海油气田输气管道检修，促使年底价格回升至 8.99 美元/百万英热单位（图 5-1-7）。NBP 价格与油价相关性较高，与布伦特价格决定相关系数为 0.7。

图5-1-7　2015—2017年英国NBP价格和布伦特价格走势

数据来源：经研院

3. 亚洲 LNG 进口需求增加，LNG 进口价格探底回升

2017 年，在中国、韩国、中国台湾地区和巴基斯坦等亚洲国家及地区 LNG 进口需求上升和国际油价回暖的影响下，东北亚 LNG 进口均价探底回升，全年均价约为 7.7 美元/百万英热单位，比 2016 年上涨 15.6%。其中，1—5 月涨幅达 13.6%，5 月均价最高为 7.84 美元/

百万英热单位；6—10 月均价为 7.65 美元/百万英热单位，涨幅为 19.2%，整体高于 2016 年同期（表 5-1-6）。

表5-1-6　2016—2017年东北亚LNG进口均价对比

时间	LNG进口均价（美元/百万英热单位）									
	1月	2月	3月	4月	5月	6月	7月	8月	9月	10月
2016年	7.55	7.19	6.62	6.36	5.97	6.06	5.99	6.31	6.71	7.02
2017年	7.41	7.78	7.49	7.51	7.84	7.62	7.64	7.80	7.54	7.66

数据来源：Argus月报。

4. 全球 LNG 现货价格回升，全年呈 U 形走势

2017 年，中国、韩国、印度和中国台湾地区 LNG 现货需求增加，全球 LNG 现货平均价格回升。从全年走势看，受冬季供暖采购高峰、项目检修以及供应回弹等影响，LNG 现货价格呈 U 形走势（图 5-1-8）。2017 年，东北亚 LNG 现货均价为 6.89 美元/百万英热单位，比上年上涨 22.7%，其中，日本、韩国、中国、中国台湾地区和印度 LNG 现货平均价格涨幅均在 21%～23%之间。亚洲 LNG 现货价格与欧洲 NBP 价格走势趋同，价差从 2015 年的 1.21 美元/百万英热单位上升到 1.62 美元/百万英热单位。

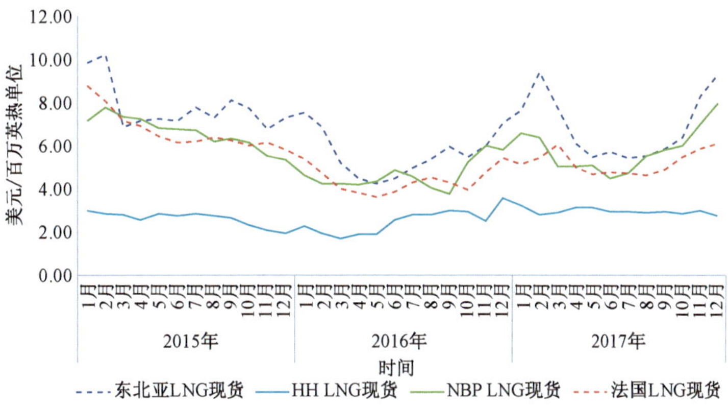

图5-1-8　2015—2017年LNG现货报价走势

（HH和NBP为管道全现货价格，LNG现货价格是当月对下一LNG现货交割窗口报价的平均价）

数据来源：ICIS 公司、经研院

（本节撰写人：白　桦　陈　璐　审定人：单卫国）

第二节　国际天然气市场展望

2018 年，预计全球天然气市场供需继续宽松，全球天然气需求有望稳步增至 3.67 万亿立方米，比 2017 年增长 1.7%。全球天然气产量约 3.78 万亿立方米，增长 2%。LNG 需求增

速有望进一步增长，高于 2017 年的 10%，中国、亚太其他国家、欧洲和其他地区将各占增量的 1/4。LNG 贸易活跃度继续提升，现货价格仍将下行。

一、北美天然气出口增加，气价有望反弹

预计 2018 年美国天然气需求进一步放缓，增速在-1%～-2%之间。钻机效率提高、数量回升、管网建设和气价反弹等有利于美国天然气产量稳增，加之新项目投产，将进一步促进出口稳步增加。预计 2018 年美国亨利中心均价约 3.1 美元/百万英热单位，比 2017 年上升 3%。

二、欧洲天然气市场多气源竞争加剧，气价小幅下跌

2018 年，由于欧洲煤价高企、法国等国核电厂减产或退役将提振区内气电需求。预计 2018 年欧洲天然气需求增加 7%，增速较 2017 年上升 1 个百分点。俄罗斯进口管道气、美国 LNG 以及传统的中东、非洲 LNG 气源将在欧洲地区形成激烈竞争。预计 2018 年英国 NBP 均价约为 5.6 美元/百万英热单位，比 2017 年下降 2%。

三、亚洲天然气需求快速增长，LNG 进口均价上升，LNG 现货价格下行

2018 年，亚洲天然气需求将继续保持 10%的增速。随着核电重启加速，日本天然气需求将重新下降。印度受价格敏感度制约，天然气需求增长或将受限。但在中国、韩国、巴基斯坦等国因经济向好、政策支持、国内资源匮乏等因素的影响，亚洲天然气整体需求仍将保持高速增长。预计 2018 年，东北亚 LNG 进口均价随国际油价继续回升涨至 8.3 美元/百万英热单位，同比上涨 9%。

预计受美国、澳大利亚新投产液化能力上升和出口增加影响，东北亚 LNG 现货市场供需过剩加剧，现货价格承压下行。供应余量继续向欧洲等地流动，区域市场联动性继续加强。预计 2018 年，东北亚 LNG 现货均价约为 6.4 美元/百万英热单位，比 2017 年下跌 3%（图 5-2-1）。

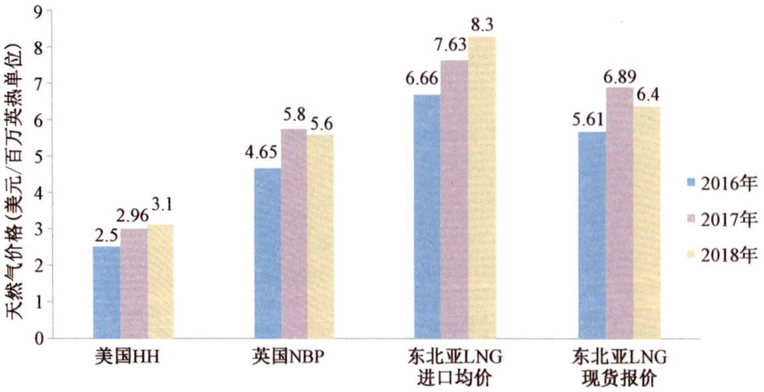

图5-2-1　2016—2018年三地天然气价格走势

四、全球 LNG 供应过剩加剧，投资停滞期结束

2018 年，全球天然气供应能力将加速上升。全球计划投产 7 个新建 LNG 液化项目，设计能力 2421 万吨/年。预计，全球 LNG 液化能力将增至 3.8 亿吨/年，比 2017 年上升 9%。LNG 新增产能集中在美国和澳大利亚，占比达 97%。

LNG 供应仍存在不稳定因素。澳大利亚政府态度利空 LNG 出口，LNG 项目利用率持续不稳定。另外，受需求旺盛和国际油价继续回升影响，全球有 48 个 LNG 液化项目宣布将在 2018 年做出最终投资决定（FID），主要集中在美国和加拿大，分别占设计产能的 53%和 30%，另有 5 个 2017 年的项目或将推迟到 2018 年做出 FID，项目投资热情进入新一轮上升期。全球 LNG 供应剩余能力将进一步扩大至 6000 万～8000 万吨/年，比 2017 年增加 25%以上。

（本节撰写人：白　桦　审定人：单卫国）

第六章　中国天然气市场分析

2017年，中国天然气消费量重回两位数增长，天然气产量快速增长，天然气进口量高速增长，对外依存度持续上升。全国天然气供需总体偏紧，季节性供需矛盾凸显。2018年，预计中国天然气需求量快速增长，增速有所回落，产量稳定增长，进口量保持较快增速。

第一节　中国天然气市场回顾

2017年，中国天然气消费量高速增长，季节性供求矛盾突出。国家下调非居民用气基准门站价格，加强中间管输环节的价格监管，上海石油天然气交易中心首次开展竞价交易。长输管道建设持续推进，LNG接收能力再上新台阶。

一、中国天然气需求分析

1. 天然气消费增速重回两位数增长

2017年，中国天然气市场受宏观经济稳中向好、环保政策影响显著。城市燃气、工业领域进一步实施煤改气工程，同时受工业主要用气行业下游产品价格上涨、替代能源价格上涨、新燃气电厂投运等拉动，全国天然气消费量快速增长。估计全年天然气消费量2352亿立方米，同比增长17.0%（图6-1-1），占一次能源消费总量的7.0%。全年天然气消费增量超过340亿立方米，刷新我国天然气消费增量历史。值得注意的是，冬季部分地区、用户出现天然气限供情况，若供应充足则消费量还将继续增加。

全国天然气消费呈现淡季不淡、旺季更旺特点。1季度，全国天然气消费量638亿立方米，消费增速9.1%；2季度和3季度，消费增速分别为19.5%和23.5%，均为2011年以来增速最快的季度；4季度受采暖煤改气以及限供综合影响，消费增速18.2%，较2016年同期增加104亿立方米，2016年同期增量为31亿立方米（图6-1-2）。

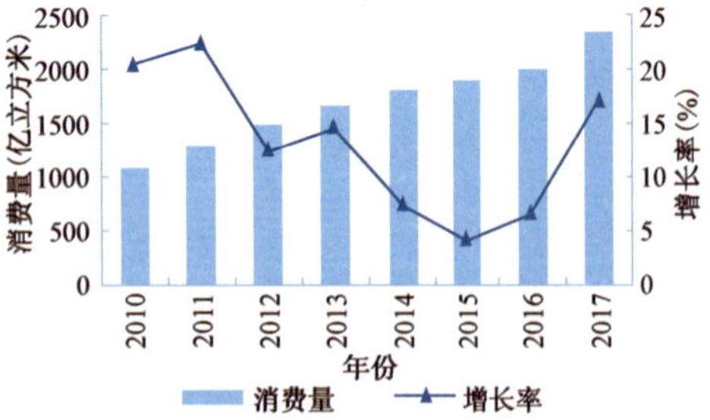

图6-1-1　2010—2017年中国天然气消费量

数据来源：2010—2016年数据来自国家统计局

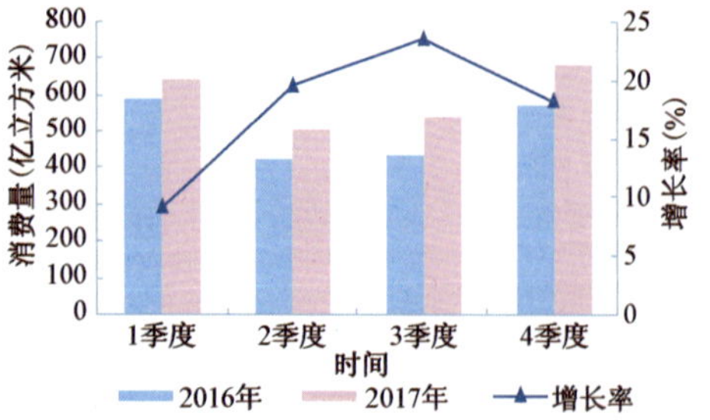

图6-1-2　2017年中国天然气季度消费量及增长率

数据来源：2016年和2017年1—3季度数据来自国家发改委

2. 各行业用气大幅增加，工业和发电行业领涨

2017 年，估计城市燃气用气量 885 亿立方米，同比增长 14.2%；工业用气 727 亿立方米，同比增长 20.2%，较上年上升 18.4 个百分点；发电用气 467 亿立方米，同比增长 22.9%，较上年上升 12.2 个百分点；化工用气 273 亿立方米，同比增长 9.2%（图 6-1-3、图 6-1-4）。

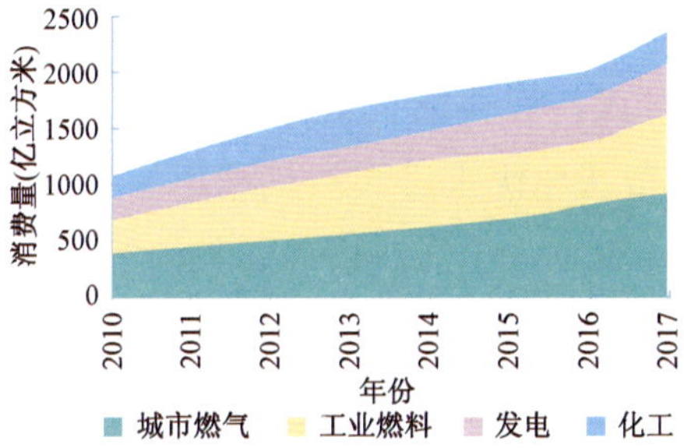

图6-1-3　2010—2017年分部门天然气消费量

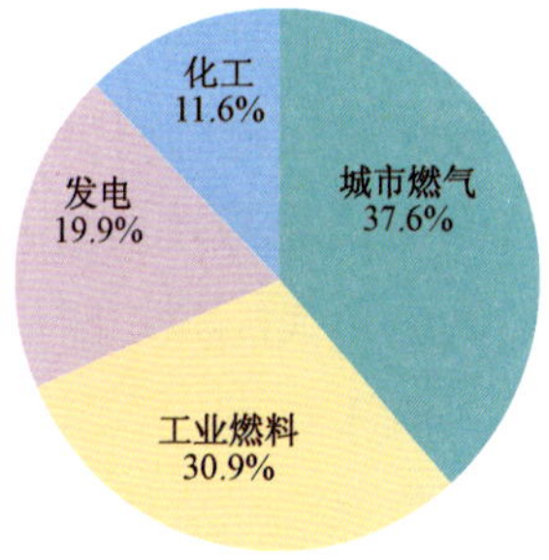

图6-1-4　2017年分部门天然气消费结构

数据来源：2010—2015 年数据来自国家统计局

城市燃气保持快速增长。2017 年，随着城镇化的推进和基础设施的不断完善，我国用气人口数量进一步增长，估计全国城市用气人口由上年的 3.1 亿增至 3.5 亿。天津、河北、山东等多地对居民煤改气实施补贴，推进采暖煤改气和村村通工程，北京、天津、廊坊和保定等地积极建设“禁煤区”，居民和采暖用气快速增长。2017 年，京津冀及周边“2+26”城市共有 394 万户完成煤改气和煤改电“双替代”改造任务，其中计划外改造 80 万户。

城市燃气公司销售量大幅攀升。2017 年，估计新奥集团天然气销量 190 亿立方米，同比增长 48.4%；华润燃气销量 205 亿立方米，同比增长 25.0%；中华煤气销量 195 亿立方米，同比增长 18.2%；北京燃气销量 155 亿立方米，同比增长 10.7%。

交通用气快速增长，LNG 重卡用气大幅上升。受宏观经济形势转好、物流市场回暖、成品油价格回升等因素带动，车用气呈现快速增长态势。1—11 月，全国天然气汽车产量 20 万辆，同比上升 52.5%。其中，LNG 重卡产量 9.9 万辆，是 2016 年全年产量的 2.7 倍。估计 2017 年全国天然气汽车保有量 537 万辆，同比增长 4.3%。2017 年 4 季度，受 LNG 市场价格过高影响，LNG 长途运输车出现柴油逆替代，用气量下滑明显。LNG 动力船进展缓慢。国家和地方政府出台《长江干线京杭运河西江航运干线液化天然气加注码头布局方案（2017—2025 年）》等政策推进 LNG 船舶发展，但受经济性、技术、标准等因素制约，进展较慢。截至 2017 年 8 月，全国建成内河 LNG 动力船舶 135 艘，主要航行于长江主航道、京杭运河及黄浦江等水域；建成 LNG 加注站 16 座，加注量近 1500 吨。

工业燃料用气大幅增长。2017 年，国家和地方政府加大环保政策执行力度，山东淄博、四川夹江、江苏宜兴、河北石家庄、秦皇岛等多地工业企业实施煤改气工程；宏观经济向好带动钢铁、玻璃等产品价格上涨，以及替代燃料价格保持高位带动工业用气快速增长；11 月，

工业和信息化部、环境保护部发布《"2+26"城市部分工业行业2017—2018年秋冬季开展错峰生产的通知》，以天然气为燃料的企业不受限制，进一步带动工业用气快速增长。

发电用气高速增长。主要受新燃气发电项目投运、全社会用电量增速回升以及环保因素推动。2017年，苏、浙、粤地区华电扬州、国信淮安、大唐姜堰等燃气电厂投产，带动发电用气大幅增加；长三角地区外电检修、煤电发电量压减等因素带动燃气电厂发电时数同比提升；1—11月，全社会用电量5.7万亿千瓦时，同比增长6.5%，比上年同期提高1.5个百分点。未来，预计燃气电厂用气量受政策推动将继续保持较快增长态势。

天然气分布式能源发展进入快车道。国家发布《加快推进天然气利用的意见》，提出大力发展天然气分布式能源；四川政府出台管理指导意见，上海、青岛、长沙等地政府持续实施优惠措施。浙江衢州、山东济宁等天然气分布式能源站项目相继投运，山东奥德盛开园区项目开工，多个项目获得核准，多地政府或企业制定天然气分布式能源发展规划。

化肥化工用气增长。主要受甲醇、尿素等化工化肥产品价格回升和煤炭价格走高影响。2017年1—11月，甲醇平均价格为2579元/吨，较上年同期上涨33.2%，12月甲醇价格达到3378元/吨；尿素平均价格1716元/吨，较上年同期上涨24.5%，12月尿素价格达到1943元/吨。煤炭价格自上年4季度开始保持在580元/吨左右的高位，对煤头化肥化工企业造成一定影响。制氢用气受油价上涨影响小幅增长。

3. 环渤海和长三角地区消费量大增，西部地区增长缓慢

2017年，受经济回暖、环保政策等因素影响，江苏、四川、山东、天津、河北等省份天然气消费呈现快速增长。分区域来看，环渤海地区天然气消费量449亿立方米（图6-1-5），较2016年同期增长21.2%，主要来自居民、采暖和工业煤改气；长三角地区消费量411亿立方米，增速为19.2%，增量主要来自发电用气和工业煤改气；东北地区消费量146亿立方米，同比增长20.3%，主要受煤改气政策拉动；东南沿海、西南和中南地区增速分别为17.6%、17.4%和15.7%；西北和中西部地区天然气消费增长缓慢，增速分别为10.0%和11.4%。相比上年，环渤海、长三角和西南地区天然气消费占比均有所上升（图6-1-6）。

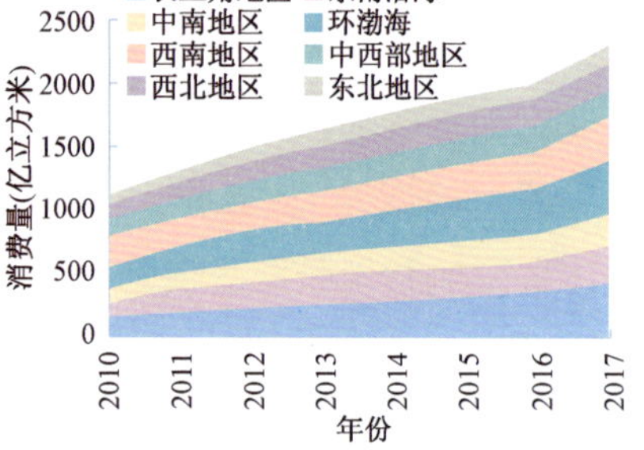

图6-1-5　2010—2017年分地区天然气消费量

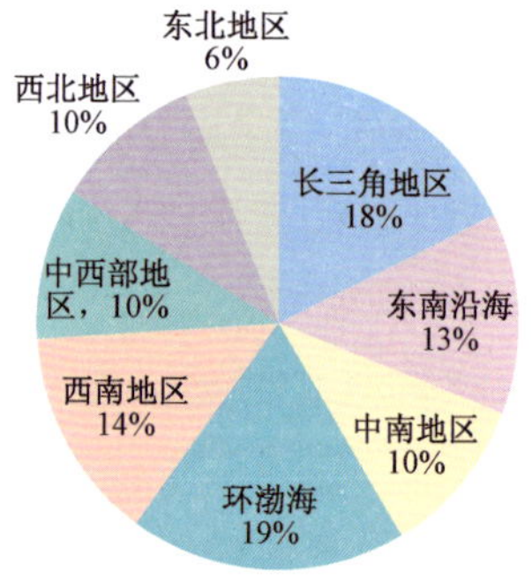

图6-1-6　2017年分地区天然气消费结构

数据来源：2010—2015年数据来自国家统计局

二、中国天然气供应分析

1.国内天然气产量快速增长

2017 年，受需求快速增长拉动，中国天然气产量快速增加。估计全年天然气产量 1476 亿立方米（不含地方企业煤层气），同比增长 9.8%，较 2016 年高 8.2 个百分点。其中，煤制气产量 22 亿立方米，较上年增长 33.5%，主要来自新疆庆华、大唐克旗、内蒙古汇能和新天煤制气；煤层气生产受投资不足影响进展缓慢；页岩气产量将超过 90 亿立方米。

2.进口量高速增长，LNG 进口量超过管道气

天然气进口量受需求拉动高速增长。估计全年天然气进口量 926 亿立方米，同比增长 24.4%，高于去年的 18.7%，对外依存度升至 39.4%（图 6-1-7）。自 2012 年以来，LNG 进口量重新超过管道气进口量，LNG 进口量占比 54%，管道气进口量占比 46%。

管道气进口量稳定增长。受 2017 年年末土库曼斯坦天然气供应量减少影响，估计全年管道气进口量 427 亿立方米，同比增长 10.9%，较 2016 年低 1.2 个百分点。进口管道气主要来自土库曼斯坦、缅甸、乌兹别克斯坦、哈萨克斯坦。10 月 15 日起，哈萨克斯坦开始向中石油供气，年供气 50 亿立方米，未来从哈萨克斯坦进口管道气量将显著增长（图 6-1-8）。

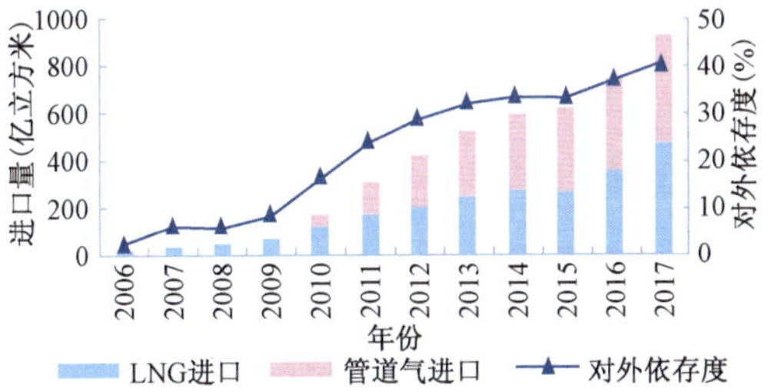

图6-1-7　2006—2017年中国天然气进口情况

数据来源：2006—2016 年数据来自海关总署、国家发改委

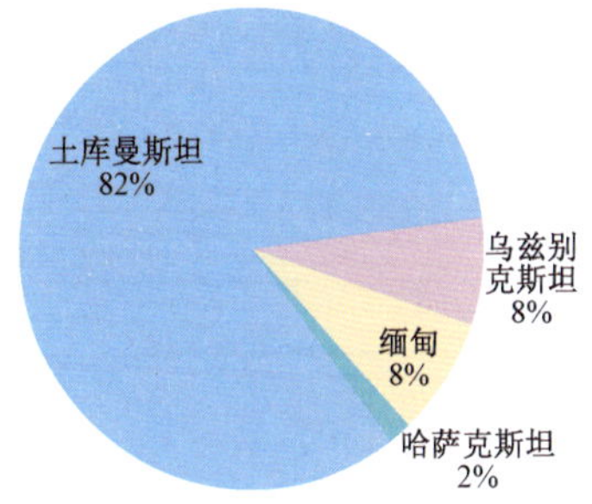

图6-1-8　2017年1—11月中国管道气进口来源

数据来源：海关总署

LNG 进口量高速增长。受市场需求和新建 LNG 接收站投运影响，估计全年进口量 3593 万吨（约 499 亿立方米），同比增长 39.0%。中国进口 LNG 主要来自澳大利亚、卡塔尔、印度尼西亚等国家，其中来自澳大利亚进口 LNG 最多，1—11 月进口量为 1530 万吨（约 213 亿立方米），在 LNG 进口量中占比 46%（图 6-1-9）。广东是中国进口 LNG 最多的省份，1—11 月进口量占全国总进口量的 23.8%（表 6-1-1）。

中美天然气合作取得积极进展。美国成为中国 LNG 进口来源国之一。2017 年 1—11 月，中国通过国际贸易商资源池进口美国 LNG 现货 127 万吨，占中国 LNG 进口总量的 4%。11 月，中国石油与切尼尔能源公司签署谅解备忘录，双方将加强墨西哥湾天然气液化项目方面的合作，并推动中美两国 LNG 采购业务长期合作；中国燃气和 Delfin 公司签署谅解备忘录。未来，美国有望成为中国 LNG 长协资源国，带来新的天然气进口价格机制。

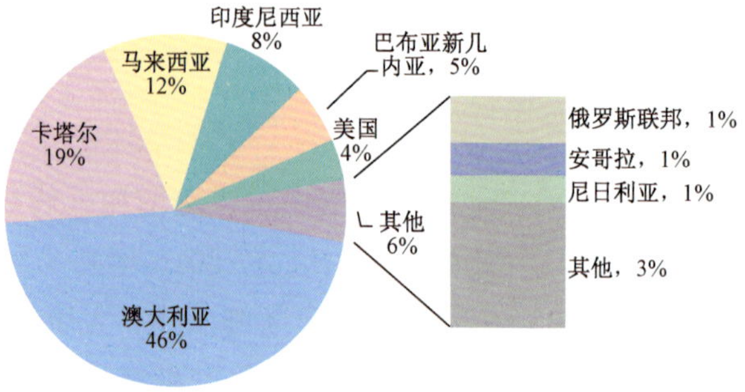

图6-1-9 2017年1—11月中国LNG进口来源

数据来源：海关总署

表6-1-1 中国分省LNG进口情况

进口海关	LNG接收站	2016年进口占比（%）	2017年1—11月进口占比（%）
北京海关	河北曹妃甸	4.43	5.05
河北海关		7.26	10.21
辽宁海关	辽宁大连	4.82	5.68
上海海关	上海洋山	9.51	8.12
江苏海关	江苏如东、启东	8.85	12.12
浙江海关	浙江宁波	8.28	9.38
福建海关	福建莆田	10.93	8.73
山东海关	山东青岛	10.15	12.28
广东海关	广东大鹏、珠海、粤东	31.65	23.84
广西海关	广西北海	3.30	3.31
海南海关	海南洋浦	0.80	1.29

数据来源：海关总署

3. 天然气市场季节性供需矛盾凸显

2017年，中国天然气供应量快速增长。估计全年供应量2402亿立方米，同比增长15.0%；其中，供香港、澳门用气34亿立方米，同比下降2.2%。从供应结构看，国内常规气、煤层气、页岩气产量占比60.6%，煤制气占比0.9%，进口气占比38.5%（图6-1-10）。由于市场需求增长超出预期，全国天然气供需自9月份开始进入紧平衡状态。

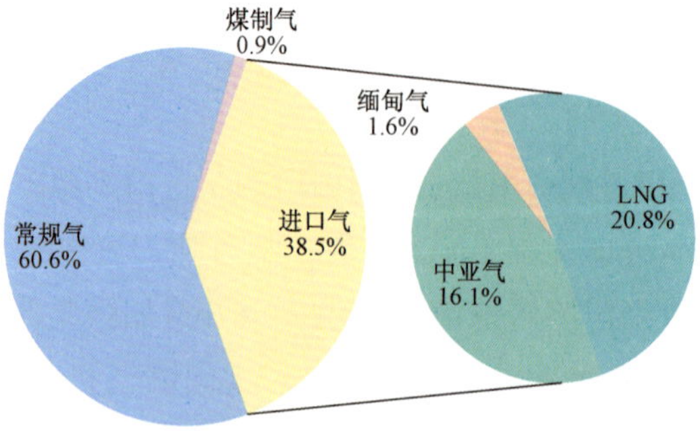

图6-1-10 2017年中国天然气供应结构

中国天然气市场季节性供需矛盾凸显。进入采暖季以来，我国天然气市场需求快速增长，北方多地出现天然气供应短缺问题，市场供求矛盾极为突出。河北、山东、山西、陕西和河南等省份天然气供应告急；河北省启动天然气迎峰度冬紧急预案，全省进入天然气供应二级预警状态；北京市紧急启动燃煤机组应急运行工作，以缓解华北地区天然气紧张形势。供应紧张还波及华中、华南和西南等地。上游供气企业通过加大气田产量、采购 LNG 现货、压减非居民用户等方式保障居民生活和采暖用气，但市场仍存在较大供需缺口。

重点关注

冬季我国天然气供求矛盾突出

进入采暖季以来，我国天然气供应偏紧局面快速演变，“煤改气”等政策催生的用气需求呈爆发式增长，北方多地出现天然气供应短缺问题。究其原因，一是天然气消费增量创历史最高。全年天然气消费增速近 17%，消费增量达到 340 亿立方米。二是采暖“煤改气”需求超出预期。以河北省为例，河北省下达的“煤改气”计划为居民“煤改气”180 万户，锅炉“煤改气”4500 蒸吨。实际情况是居民“煤改气”预计完成 260 万户，锅炉改造 11700 蒸吨，远超计划量。因此，尽管国内供气企业加大资源供应，整个冬季采暖期北方资源供应缺口仍近 50 亿立方米。三是储气调峰能力与市场发展不匹配。截至 2017 年底，中国地下储气库占全国天然气消费量的 3.4%，远低于国外 10%～15%的水平；多数城市燃气企业没有储气调峰设施，完全依赖上游供气企业进行调峰，天然气保障系统非常脆弱。四是缺乏有效的调峰价格机制。目前定价机制下，中国天然气价格难以体现储气库和 LNG 储罐的调峰成本，对中国储气调峰设施的发展和天然气供应能力提升形成制约。未来几年，若“2+26”重点城市所在六省市天然气取暖全部按计划完成，中国采暖季供需缺口将长期存在。未来急需通过增加气源供应、加快储气调峰设施建设、完善调峰体制机制、实现管网互联互通等举措解决供求矛盾。

三、中国天然气价格分析

2017 年，中国天然气市场化步伐进一步加快。国家加强管道输配气价格监管，下调非居民用气门站价格，鼓励供应商和用户积极参与天然气交易中心平台交易。

1. 国家加快天然气价格市场化进程

政府通过一系列举措“管住中间放开两头”，推进天然气价格市场化进程。国家发改委先后完成跨省管道运输定价成本监审，发布《关于加强配气价格监管的指导意见》，加强管输费用监管。湖北、福建、江苏、黑龙江等省出台配套政策，严控城市管网配气费。9 月，国家发改委下调非居民用气基准门站价格 100 元/千立方米，允许所有进入上海、重庆石油天然气交易中心等交易平台公开交易的天然气价格完全由市场交易形成。

2. 多地频繁调整非居民天然气终端价格

根据国家发改委发布的《关于加强配气价格监管的指导意见》和《关于降低非居民用天然气基准门站价格的通知》，上海、南京、宁波等地政府年内两次下调非居民终端气价。上海市制定非居民终端气价上下游价格联动机制，每3个月联动调整一次（图6-1-11）。11月，山西、北京、青岛等多地季节性上调非居民终端气价，调价时间至2018年3月左右结束。

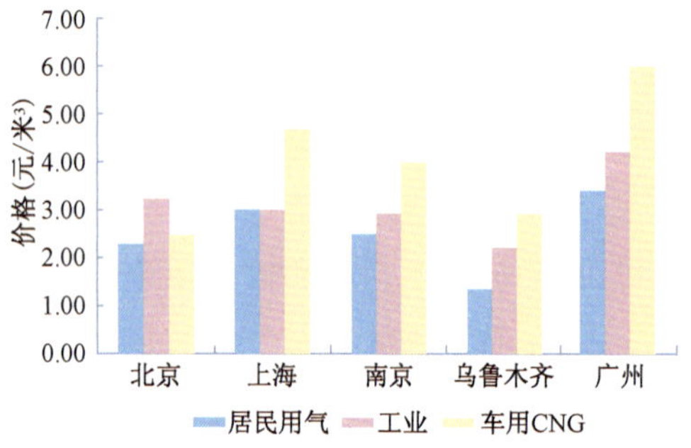

图6-1-11　2017年12月重点地区天然气终端价格

数据来源：地方发展和改革委员会、地方物价局

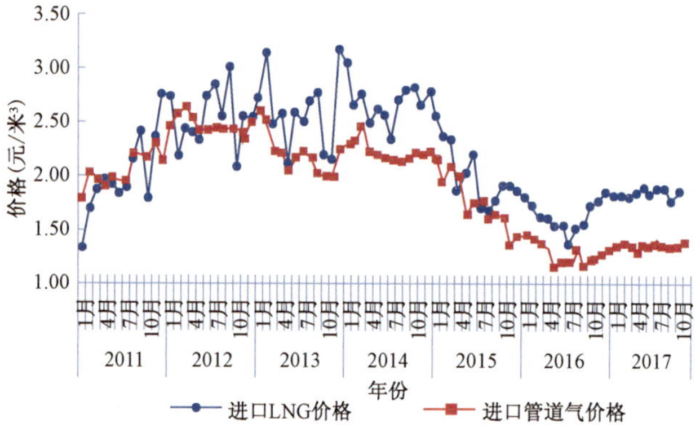

图6-1-12　2011—2017年中国天然气进口价格

数据来源：海关总署

3. 天然气进口均价上涨

2017年，随着国际油价回升，中国进口天然气均价上涨。1—11月，LNG到岸均价1.83元/米^3，同比上涨14.6%，完税价格2.05元/米^3；进口管道气到岸均价1.35元/米^3，同比上涨2.8%，完税价格1.51元/米^3。其中，缅甸气进口均价2.26元/米^3，同比上涨3.0%，完税价格2.52元/米^3；中亚气进口均价1.28元/米^3，同比上涨9.2%，完税价格1.42元/米^3。考虑到管道运输成本，进口气供应成本仍然高于国产气。

4. 交易中心快速发展

2017年，上海石油天然气交易中心组织多场竞价交易，发挥了交易中心的价格发现作用。7月，中海油开始开展LNG竞价交易；9月和11月，中石油、中石化先后启动管道气竞价交易。1—9月，管道气单边交易量166亿立方米，LNG单边交易量93万吨。竞拍价格方面，中海油LNG竞拍价格不设置上限；中石油初期竞拍价格涨幅上限为起拍价的20%；11月起，中石油和中石化竞拍价格上限按照交易中心近期LNG最高成交价格确定。

多地积极筹建天然气交易中心。1月，重庆石油天然气交易中心挂牌成立，股东涵盖石油天然气行业上中下游多家大型企业；4月，新疆石油天然气交易中心获得自治区发展改革委复函同意，现已开展前期工作；深圳市正在筹备建设粤港澳大湾区天然气交易中心。

四、中国天然气储运发展状况

1. 长输管道建设持续推进

2017 年，中国天然气长输管道建设持续推进，陕京四线投运，西二线西段竣工投产，全年建成干线管道里程 3550 千米。截至 2017 年底，中国天然气长输管道总里程近 7.4 万千米。2017 年，两项国家重点天然气管道工程开工建设：一是中俄东线天然气管道工程试验段二期正式开工建设，并全面加速，预计 2019 年 10 月北段投产，2020 年底全线贯通；二是潜江—韶关输气管道工程。2017 年，国家发改委正式核准中石化鄂尔多斯—安平—沧州（简称“鄂安沧”）天然气管道，鄂安沧管道包括 1 干 5 支，全长合计约 2293 千米，穿越蒙陕晋冀豫五省（区），设计年输气能力 300 亿立方米，计划 2019 年建成投运。此外，中海油第一条跨省长输管道蒙西煤制天然气外输管道工程环境影响评价启动。

未来 10 年，我国天然气长输管道将迎来新的建设高峰期。按照国家发改委、国家能源局联合发布的《中长期油气管网规划》，2020、2025 年，我国天然气主干管道将分别达到 10.4 万千米和 16.3 万千米。

2. LNG 接收能力再上新台阶

截至 2017 年底，我国 LNG 接收站总接卸周转能力达 5640 万吨/年，中海油粤东揭阳 LNG 接收站一期、广汇启东 LNG 分销转运站投运，新增接收能力 260 万吨/年（表 6-1-2）。中石化天津南港 LNG 项目基本建成，深圳迭福 LNG 通过中海油组织的机械完工验收，新奥舟山 LNG 接收站主体工程完工。国家发改委批复同意建设漳州 LNG 接收站项目。该项目业主为中海油，建设 3 座 16 万立方米 LNG 罐，一期 LNG 接收能力 300 万吨/年。截至 2017 年底，我国在建 LNG 接收站包括深圳迭福、天津南港和浙江舟山等。

表6-1-2 2017年中国新投产LNG接收站

项目名称	所在位置	新增能力（万吨/年）	所属公司
广东粤东	广东省揭阳市惠来县	200	中海油
江苏启东	江苏南通港吕四港区	60	新疆广汇

LNG 接收站建设和运营主体趋于多元化。目前，中海油 LNG 接收能力 2980 万吨，占全国总能力的 52.8%，中石油占比 33.7%，中石化占比 10.6%，九丰占比 1.8%，广汇占比 1.1%。此外，华电集团、新奥集团、北京燃气等企业与国外 LNG 供应商签署购气协议；新奥集团、北京燃气等企业积极参与海外上游业务。未来，随着新奥舟山、中石化天津等新建 LNG 接收站的投运，市场竞争将更加激烈。

3. 储气库平稳运行，调峰气量近 80 亿立方米

2017 年，储气库扩容建设稳步推进，中国累计建成 12 座储气库（群），地下储气库调峰能力达 100 亿立方米，调峰量近 80 亿立方米，其中中石油 77 亿立方米。国家发改委、国家

能源局发布《关于全面开展天然气储气调峰设施建设运营情况自查和整改的通知》，要求各地和主要供气企业要最大限度发挥现有天然气储气调峰能力，加快项目建设，确保未来各年度迎峰度冬天然气供应稳定。按照国家《天然气发展“十三五”规划》和《加快推进天然气利用的意见》，2020 年中国地下储气库工作气量将达 148 亿立方米，占全国天然气消费量的 5%；2030 年地下储气库工作气量将超过 350 亿立方米。

（本节撰写人：孙文宇　徐　博　审定人：段兆芳）

第二节　中国天然气市场展望

2018 年，国内宏观经济增速预计较上年有所回落，主要用气行业下游产品需求受到一定抑制；环保政策将继续推进，天然气需求将保持快速增长，但增速有所回落。天然气产量稳定增长，进口量持续较高增速。中国天然气市场季节性供需矛盾仍较突出。

一、2018 年中国天然气需求展望

1. 需求保持快速增长，增速有所回落

预计 2018 年全国天然气消费 2587 亿立方米，同比增长 10.0%，较 2017 年下降 7 个百分点。2018 年，中国经济增速较上年有所回落，随着基建、房地产等投资速度持续放缓，建材、冶金、化工等主要用气行业经历快速发展周期后下行压力加大。另一方面，预期国家将持续推进环保政策，加强环保监管，各地仍将面临较大环保压力，环保因素将推动用气需求保持增长。

2. 城市燃气和工业用气量保持较快增速

2018 年，预计城市燃气延续快速增长态势，同比增长 12.4%至 995 亿立方米，其中交通用气增速放缓；工业领域持续推进煤改气，用气需求同比增长 10.8%至 805 亿立方米；发电用气同比增长 8.8%至 508 亿立方米；化工用气同比增长 2.2%至 279 亿立方米（图 6-2-1）。在中国天然气消费结构中，城市燃气占 38.5%，工业燃料占 31.1%，发电用气占 19.6%，化工用气占 10.8%。城市燃气和工业燃料占比较 2017 年有所扩大，发电用气和化工用气占比略有下降。

城市燃气需求快速增长。城镇居民和商业用气稳定增长，乡村居民用气受村村通工程带动保持增长。国家发改委、国家能源局、财政部、环境保护部等 10 部门联合印发《北方地区冬季清洁取暖规划（2017—2021 年）》，提出“2+26”重点城市要率先实现清洁取暖，未来将持续推进采暖煤改气，发展分户式供暖，采暖用气将继续增长，淡旺季峰谷差进一步扩大。交通用气受 2017 年四季度 LNG 价格大幅上涨影响，用气需求增速将放缓。

工业用气需求保持较快增长。环保压力将推动工业领域煤改气工程持续推进，工业用气需求较快增长，但受宏观经济增速下行影响，钢铁、玻璃、陶瓷等行业用气需求增速也将出现回落。

发电用气需求稳定增长。新燃气电厂投产以及天然气分布式项目快速推进，带动发电用气需求稳定增加；受环保政策影响，预期东部沿海省份煤电机组发电时数或将受到压减，燃气机组发电时数增加；煤炭价格将持续保持较高水平，气电企业经济性提升。

化工用气需求小幅增长。2017 年，天然气制化肥和甲醇企业开工率达到历史较高水平，预期未来增长空间有限；化肥和甲醇价格受下游需求影响也将出现回落。受此影响，化肥和化工用气需求增速将大幅放缓。

二、2018 年中国天然气供应展望

预计 2018 年中国天然气产量稳步增长，进口量保持较高增速，天然气供需相对平衡，储气调峰能力不足，季节性供需缺口较大。

1. 国内天然气产量稳定增长

2018 年，中国天然气勘探开发将加快推进，国内天然气产量将稳定增加，页岩气产量保持较高增速。预计国内天然气产量（含煤制气）1606 亿立方米，同比增长 8.8%，供应结构占比 59.7%（图 6-2-1）。预计全年中国天然气市场供需形势总体相对平衡，受煤改气工程推进、储气调峰设施建设速度相对缓慢影响，季节性供需矛盾仍将持续。

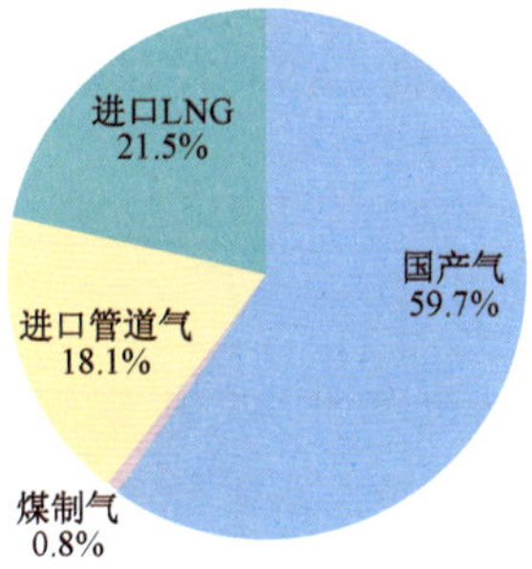

图6-2-1　2018年中国天然气供应结构

2. 进口量保持快速增长

随着中石化南港 LNG 接收站、新奥集团舟山 LNG 接收站投产，中国 LNG 接收能力将达到 6240 万吨/年。为满足市场需求，LNG 现货进口量将继续增加，LNG 进口总量保持较高增速。中亚进口管道气量也将稳步增加。预计全年中国天然气进口量 1050 亿立方米，同比增长 13.4%，占消费量的 40.6%。其中，进口管道气 480 亿立方米，同比增长 12.6%；进口 LNG 4104 万吨，同比增长 14.2%。

进口气价格方面，由于长贸 LNG 价格与油价挂钩滞后 5～6 个月，预计 2018 年进口管道气和进口 LNG 价格将持续小幅回升。

（本节撰写人：孙文宇　审定人：段兆芳）

第七章　国内外油气勘探开发行业发展

随着国际油价的回升，全球油气行业走出谷底。新项目获批加快，油气投资进一步增加，石油产量维持稳定，天然气产量持续增长。中国油气勘探开发投资回升，油气新增探明地质储量仍保持较高水平，原油产量持续下降，天然气产量呈两位数增长。矿业权制度改革不断深化。

第一节　世界油气勘探开发现状和趋势

2017 年，全球勘探开发投资复苏，油气储量维持稳定，产量油稳气增。全球重大发现数量和平均规模创 10 年新低。预计 2018 年全球油气勘探开发投资将随油价回升继续增长。

一、世界储量油稳气增

2016 年，世界石油剩余探明可采储量 2394 亿吨，与上年持平；天然气储量为 192 万亿立方米，同比微增 0.3%，增量主要来自非洲和亚太地区，分别增加 5000 亿和 700 亿立方米（图 7-1-1）。估计 2017 年，世界石油剩余探明可采储量保持稳定，天然气储量略有增长，增量主要来自非洲和拉美。

二、全球油气发现创 10 年新低

2017 年，全球油气发现、发现储量和平均规模继续下降。2016 年，全球共获得 229 个油气发现，发现油气储量 14.0 亿吨油当量，全年油气发现平均规模仅为 610 万吨油当量，均为过去 10 年最低（图 7-1-2、表 7-1-1）。2017 年前 10 月，仍延续了这一态势，全球共获得 166 个油气发现，发现储量 11.6 亿吨油当量，同比下降 8%。其中，石油新增探明储量 4.8 亿吨，同比下降 23%；天然气新增储量 8384 亿立方米，同比增长 7%。重要发现主要来自非洲、拉美和亚太地区，主要位于海上，拉美的圭亚那、哥伦比亚、墨西哥，东南亚的印尼和缅甸，以及西非的塞内加尔均有千万吨级以上的大发现（图 7-1-3）。

表7-1-1　2016年世界十大油气发现

序号	国家	油气田	发现者	海陆	油气类型	2P可采储量（亿吨油当量）
1	美国	Tulimaniq	Caelus能源公司	海上	油气	3.65
2	塞内加尔	Teranga 1	BP	海上	气	1.10
3	安哥拉	Zalophus 1	CIE 公司	海上	气油	0.65
4	巴布亚新几内亚	Muruk 1	Oil Search公司	陆上	气	0.51
5	美国	Willow	康菲	陆上	油气	0.47

续表

序号	国家	油气田	发现者	海陆	油气类型	2P可采储量（亿吨油当量）
6	英国	205/26b-12	飓风能源公司	海上	油气	0.37
7	缅甸	Thalin 1A	Woodside公司	海上	气	0.34
8	安哥拉	Golfinho 1	CIE 公司	海上	油气	0.34
9	俄罗斯	Lunskoye Yuzhnoye	俄气	海上	气	0.30
10	美国	Gibson	雪佛龙	海上	油	0.27

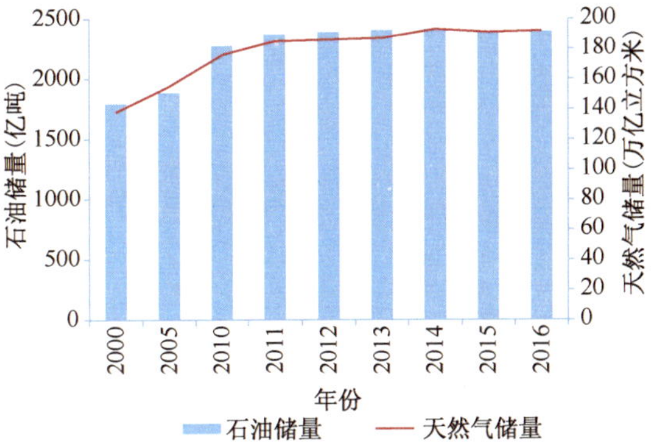

图7-1-1　2000—2016年全球油气剩余探明可采储量

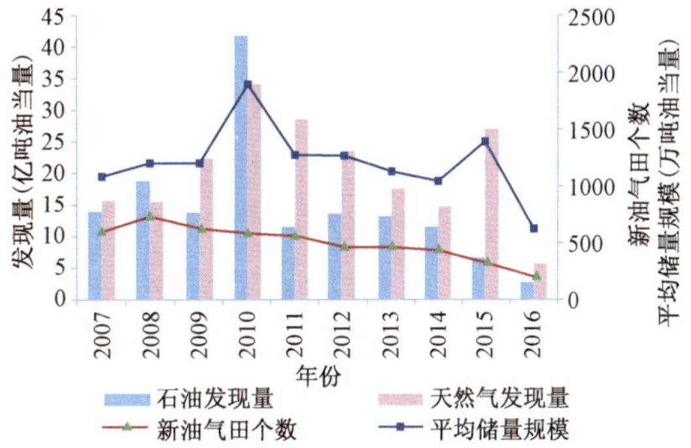

图7-1-2　2007—2016年全球油气发现统计

（油气发现数据不含北美地区）

数据来源：IHS，2017

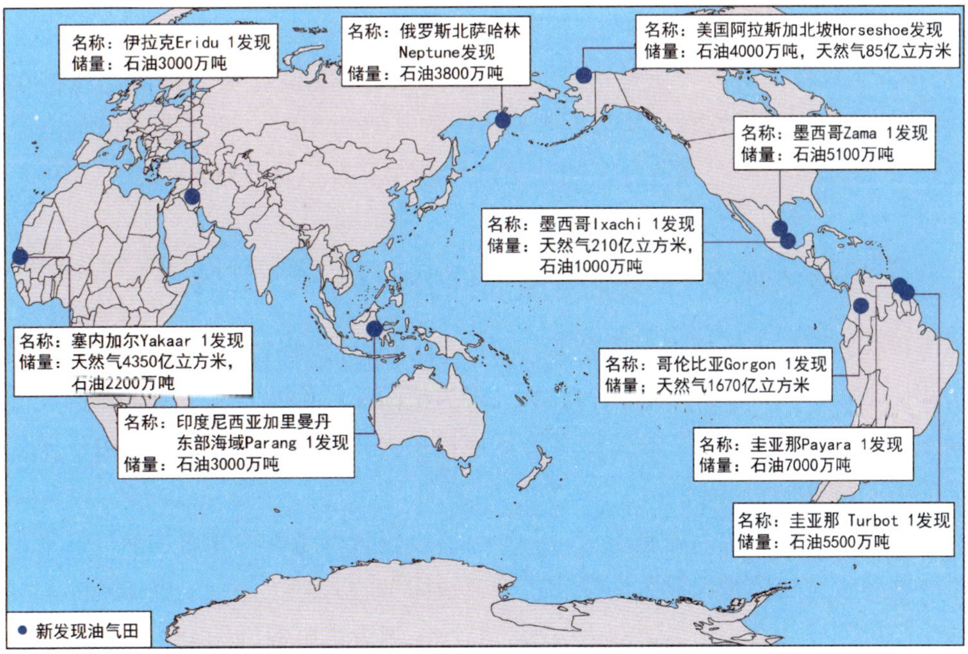

图7-1-3　2017年重要油气发现

三、全球产量油稳气增

2017年，全球石油产量估计为43.6亿吨，与上年持平。其中，拉美地区减量最大（3500万吨），其次是亚太地区（1050万吨），分别减少8.1%和2.8%；北美地区增量最大（3000万吨），其次是非洲地区（1100万吨），分别增长3.4%和2.8%（图7-1-4）。

天然气产量出现较大幅度增加。2017年，世界天然气产量达3.7万亿立方米，同比增长2.7%。增幅较大的地区有亚太地区和非洲地区，分别增长7.8%和4.8%。增量最多的是亚太地区和俄罗斯中亚地区，分别增长430亿立方米和350亿立方米。

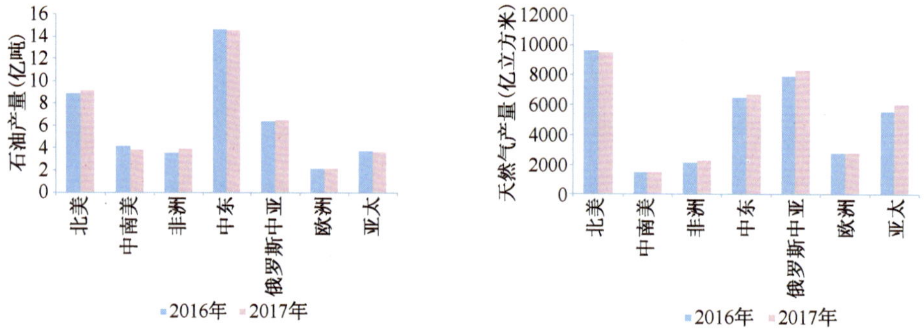

图7-1-4　2016—2017年全球油气产量（2017年为估计值）

四、勘探开发投资回升

全球石油上游资本支出呈现上升趋势。据IHS统计，2017年全球勘探开发投资达3820亿美元，较2016年增长8%（图7-1-5）。各地区陆上勘探开发投资增减不一，北美地区非常规油气开发活跃，投资同比增加38%；俄罗斯中亚地区和非洲则略有下降。

2018年，全球勘探开发投资呈增长态势，预计可达4220亿美元，同比增长11%。北美地区将保持领涨，涨幅在28%左右，非洲地区的涨幅为10%，而其他地区的涨幅均低于10%。预计2018年以后，全球各地区的陆上油气勘探开发投资将继续回升，这种趋势将延续到2020年。

五、工程技术服务市场规模触底回升

全球工程技术服务市场规模缓慢复苏。2017年，全球工程技术服务市场规模约为2335亿美元，相比2016年增幅5%（图7-1-6）。2017年国际油价回升，上游项目的经济性得到改善，勘探开发投资增加，工程技术服务市场规模扩大。预计油价回升对2018年工程技术服务市场的影响将更加明显。

工程技术服务各板块收入增减不一。石油公司投资重点是保持和增加油气产量，对风险勘探和新产能建设比较慎重，导致勘探和产能建设服务收入同比分别下降6%和11%。2017年，油田生产服务板块涨幅明显，高达29%；其次，测录试服务增长15%；钻井与完井服务增长5%（表7-1-2）。预计2018年，随着油价逐步回暖，工程技术服务各个板块的收入均会出现增长。

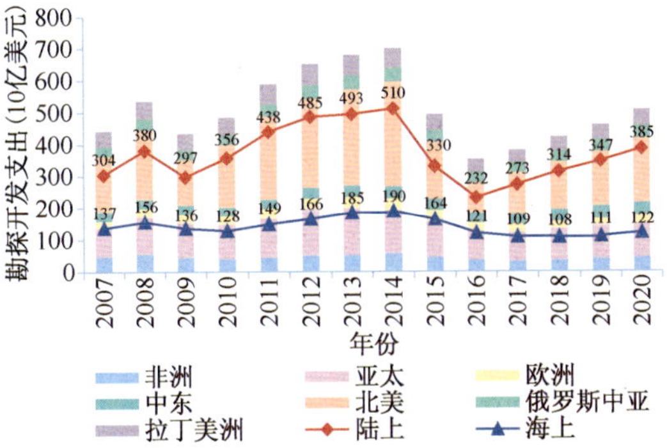

图7-1-5　2007—2020年全球各区勘探开发投资

数据来源：IHS

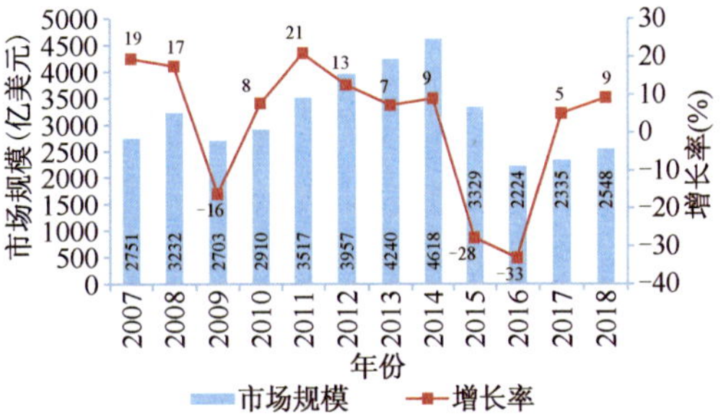

图7-1-6　2007—2018年全球油田工程技术服务市场规模及增长率

数据来源：Spears & Associates 公司，2017 年 10 月

表7-1-2　2016—2017年全球石油工程技术服务板块收入状况

技术服务板块	2016年收入（亿美元）	2017年收入（亿美元）	年均增长(%)	2017年收入占总收入比例(%)
物探装备与服务	73.36	68.94	-6.0	3.0
钻井与完井服务	1152.08	1205.61	4.6	51.6
测录试服务	127.68	146.42	14.7	6.3
油田生产服务	348.21	449.92	29.2	19.3
油田工程建设服务	522.61	464.31	-11.2	19.9
总计	2223.94	2335.20	5.0	100.0

全球动用钻机数较上年有所增长，总体仍处于较低水平。动用钻机数与油价走势一致，但略有滞后（图 7-1-7）。2016 年动用钻机数跌至近年来最低点。2017 年，随着国际油价回升，勘探开发活动恢复，动用钻机数有所回升。截至 2017 年 9 月底，全球(不包括中国和俄罗斯)动用钻机数月均 2015 台，同比增长 29%，但总体仍处于较低水平。预计随着油价的回升，勘探开发投资增加，2018 年平均动用钻机数还将继续增长。

全球动用钻机数增长主要来自北美地区。北美地区钻井数对石油市场的反应最为敏感，2014 年油价暴跌，北美地区首当其冲，动用钻机数量跌幅超过其他地区。2017 年随着油价回升，北美地区动用钻机数大幅增长 76%，占全球增量的 102%。预计随着油价回升，北美地区动用钻机数还会进一步增长。

多数油服公司尚未盈利。2017 年前三季度，尽管油服市场价格处于上调过程，大部分油服公司的利润较上年同期有所好转，但尚未摆脱亏损状态。统计的 5 家公司中，除斯伦贝谢和哈里伯顿扭亏为盈外，其他 3 家公司减亏未脱困（表 7-1-3）。

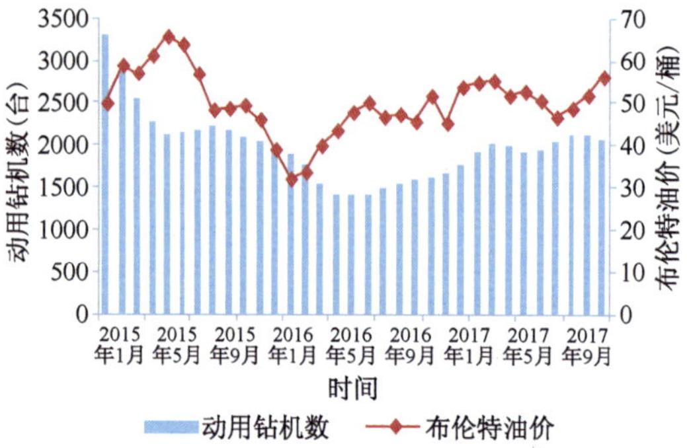

图7—1—7　2015—2017年全球动用钻机数和油价变化

数据来源：贝克休斯公司

表7-1-3　2017年前三季度国际主要油服公司收入和利润变化

公司	收入		利润	
	总额（亿美元）	同比（%）	总额（亿美元）	同比（%）
斯伦贝谢	222.61	7.5	7.49	/
哈里伯顿	146.80	23.7	3.61	/
贝克休斯（半年）	46.66	-7.1	-3.08	83.7
威德福	42.09	-3.1	-8.75	69.2
国民油井	53.35	-4	-2.23	86.9

重点关注

深水油气项目获批加快

深水是近 10 年来最重要的油气发现区。从 2007 到 2016 年，每年的十大油气发现中，共发现深水石油可采储量 23.9 亿吨，天然气 4.7 万亿立方米，分别占 61%和 49%（表 7-1-4）。深水必将是未来重要的油气产能增长领域。

未来深水产量主要来自待开发项目，尤其是 2020 年以后的待开发项目。深水产量由在产项目、在建项目和待开发项目三部分组成。在产项目的产量下降较快，从 2016 年的 760 万桶油当量/日降低至 2023 年的 360 万桶油当量/日，年均达 10% 。在建项目的产量将从 2017 年的 40 万桶油当量/日增加到 2023 年的 260 万桶油当量/日，深水产量提高取决于待开发项目建产规模与进度。

全球深水油气项目加快复苏。自 2014 年以来，全球深水油气项目的资本支出和勘探开发活动受到国际油价下滑的冲击，多个大型项目延期，获得最终投资决定的待开发项目设计总产能从 2013 年的 130 万桶/日降到 2016 年不足 15 万桶/日（图 7-1-8）。主要深水油气项目的投资也大幅削减，2017 年开发投资比 2014 年降低 35%，项目盈亏平衡点降至 45 美元/桶左右，项目经济性得到改善。2017 年获准待开发项目的数量增加，设计总产能从 2016 年的低谷反弹，到 2017 年 9 月已达 35 万桶/日。估计 2017 年底获批深水项目的设计总产能将超过 60 万桶/日，2018 年和 2019 年获批待开发油气项目可能会进一步提升，其产能增长将对全球油气增产产生重大影响。

表7-1-4　2007—2016年历年十大油气发现的储量分布

年份	石油			天然气			石油和天然气		
	十大发现（亿吨）	深水发现（亿吨）	深水占比（%）	十大发现（亿立方米）	深水发现（亿立方米）	深水占比（%）	十大发现（亿吨油当量）	深水发现（亿吨油当量）	深水占比（%）
2007	4.7	2.5	54	6669	1285	19	10.1	3.6	35
2008	3.6	2.9	80	9174	3393	37	11.0	5.6	51
2009	4.3	0.9	21	10914	3900	36	13.1	4.0	31
2010	5.0	2.0	39	6232	1365	22	10.1	3.1	31
2011	1.8	1.1	62	10514	5243	50	10.3	5.4	52
2012	7.2	7.2	100	11717	10216	87	16.6	15.4	93
2013	2.7	1.7	65	11480	7943	69	11.9	8.2	68
2014	4.8	2.2	45	5348	2910	54	9.2	4.5	49
2015	2.9	2.6	89	19049	7969	42	18.2	9.0	49
2016	1.8	0.8	43	3577	2499	70	4.7	2.8	60
合计	39.0	23.9	61	94674	46724	49	115.4	61.6	53

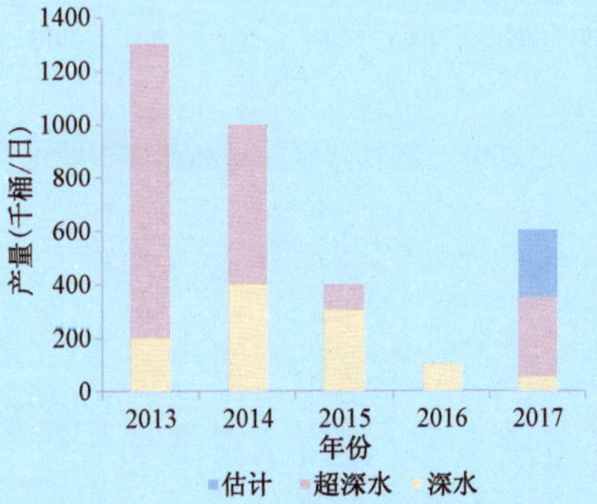

图7-1-8　2013—2017年全球深水获批油气项目总产能

（本节撰写人：余功铭　石洪宇　高怀琳　审定人：徐建山）

第二节　中国油气勘探开发现状与趋势

2017年，我国油气勘探开发走势趋稳，上游投资回升，油气发现数量增多，新增油气探明地质储量分别为近10亿吨和5000亿立方米以上；原油产量微幅下降，降幅收窄；天然气产量大幅上升，增长超过10%。油气矿业权制度改革继续推进。

一、国内油气勘探形势

1.油气储量变化情况

持续低油价下，三大石油公司勘探投入没有明显减少，油气新增探明地质储量仍保持了较高水平。国土资源部发布的《全国石油天然气资源勘查开采通报》显示，2016年，我国天然气新增探明地质储量7265.6亿立方米，连续14年超过5000亿立方米。受储量申报制度变化（国土资源部规定申报日期严格到12月31日截止，中石化上报储量口径调整为经济可采储量等）影响，我国石油新增探明地质储量9.14亿吨，10年来首次低于10亿吨（图7-2-1、图7-2-2）。

截至2016年底，全国石油剩余技术可采储量35.01亿吨，较上年增长0.1%。剩余技术可采储量位列前五位的盆地分别是渤海湾、鄂尔多斯、松辽、渤海海域和准噶尔盆地；天然气剩余技术可采储量5.44万亿立方米，较2015年增长4.7%。剩余技术可采储量前五位的盆地分别是鄂尔多斯、四川、塔里木、松辽和东海盆地。页岩气和煤层气剩余技术可采储量分别为1224.13亿立方米和3344亿立方米。

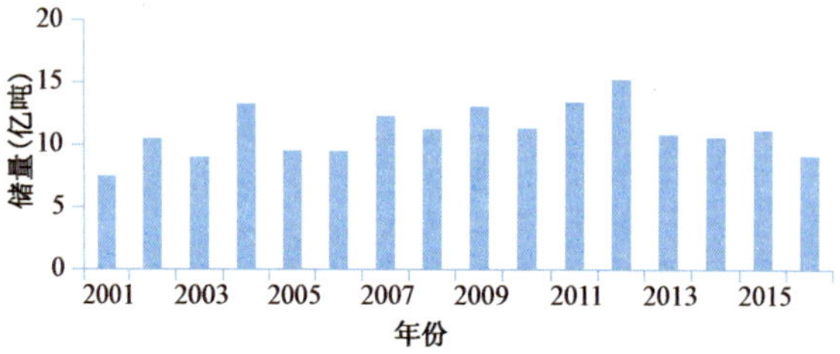

图7-2-1　2001—2016年全国石油新增探明地质储量

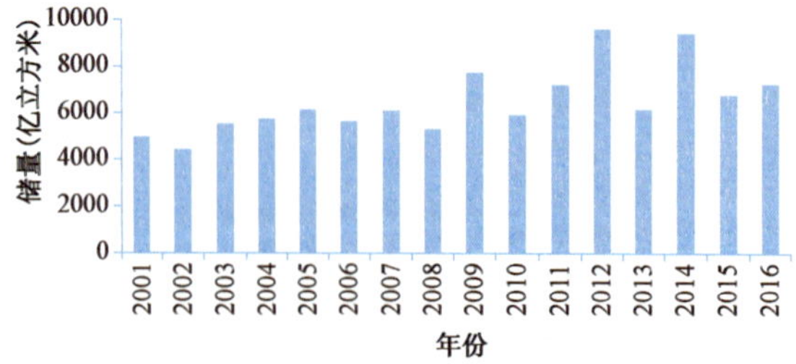

图7-2-2　2001—2016年全国天然气新增探明地质储量

2.2017 年国内油气勘探特点

低油价下，石油公司转变勘探策略，取得良好效果。一是更集中于成熟区块勘探，加快节奏，储量快速有效动用，建产周期缩短；二是聚焦投入保重点，取得了一批重要发现（如，玛湖油区连片，顺北再获新发现，渤中 36-1 获高产井等），有望形成一批大中型油气田；三是持续开展风险勘探和甩开预探获得一批新发现，九龙山构造龙探 1 井栖霞组获高产气流，鄂尔多斯盆地顺宁地区预探获百吨高油流井；四是非常规油气勘探取得突破性进展。焦页 197-4HF 井获高页岩气流，重庆丁页 4 井突破商业气流关，马 3 井在兴隆断褶带获得致密砂岩气发现，致密油勘探在青海、新疆、华北等地区展开取得进展；五是积极开展综合勘探，充分利用国家鼓励多矿种同探的有利政策（多矿种按单矿权收取占用费）积极开展天然气（煤层气、页岩气、致密砂岩气）综合勘探（图 7-2-3）。

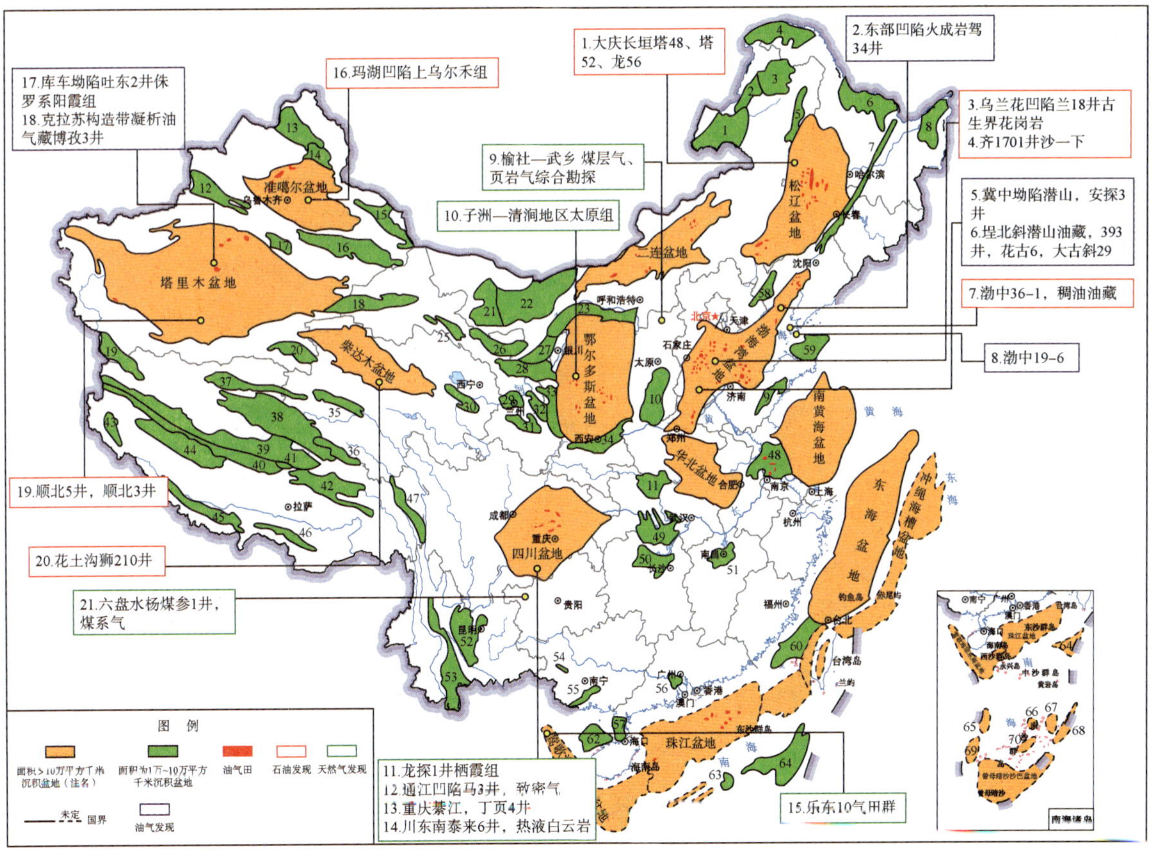

图7-2-3　2017年全国油气勘探重要发现

3. 矿业权制度改革继续推进

国家大力推进矿业权制度改革。财政部、国土资源部联合推出《矿业权出让制度改革方案》和《矿业权出让收益征收管理暂行办法》，自 2017 年 7 月 1 日起，矿业权一律以招标、拍卖挂牌方式出让，出让收益中央和地方共享。国土资源部首次采用探矿权拍卖形式出让贵州正安页岩气勘查区块后，又将以挂牌形式出让新疆塔里木盆地5个区块探矿权。矿业权使用费20年来首次调整，探矿权和采矿权使用费将合并为矿业权占用费。确权登记启动。

在国家提高矿业权持有成本、加快矿业权流转的改革政策推动下，石油企业加快了内部矿业权流转。继中石化河南油田在新疆矿区开展勘探开发、江汉油田在重庆开发涪陵页岩气之后，中石油也开始试点矿业权内部流转，首批内部矿业权流转涉及16个矿业权、7家油田。其中，华北油田和玉门油田获得长庆油田5个探矿权和2个采矿权，辽河油田获得青海油田4个探矿权和2个采矿权；大庆油田获得西南油气田2个探矿权和1个采矿权。

重点关注

南海天然气水合物试采成功

2017年7月29日，由中国地质调查局组织实施中石油为主要作业者的南海神狐海域天然气水合物试采工程，全面完成了海上作业，标志着我国首次海域天然气水合物试采结束。试采连续试气点火60天，累计产气30.9万立方米，平均日产5151立方米，甲烷含量最高达99.5%。

此次试采引起了国内外舆论的高度关注，振奋了国人精神。有国内媒体甚至认为天然气水合物商业化开采在即。在这种情况下，更需要客观认识，正确引导社会舆论，避免过热。

首先，此次试采是一次历史性突破，使我国成为全球第一个实现在海域天然气水合物试开采中获得连续稳定产气的国家。其次，此次试采是一次成功的科学试验。试采中获取科学试验数据647万组，为后续的科学研究积累了翔实可靠的数据资料，此次试采从工程技术到装备都进行了自主创新，并在实践中得到检验，对于加快天然气水合物开发利用具有重要意义。再次，此次试采距离海域天然气大规模开发利用尚远。天然气水合物开采难度十分巨大，目前有热采、减压、化学剂注入、CO_2置换和混合开采五种方法，此次试采采用的是减压法，经过一次试采就判断解决了技术可行问题还远远不够。天然气水合物在海底大面积连续分布，且缺少高强度盖层，开采中甲烷可能不按设计进入井筒，而是散逸到海水或大气中，可能产生新的环境问题。另外，天然气水合物在开采中若处理不好，可能出现大面积矿床解体、坍塌，甚至有引发海底地质变化，导致地震甚至海啸的风险。因此，海上天然气水合物的开发需要专门的配套技术与装备，并对开采方式和装备的可靠性进行长期研究与测试，做到环境安全有保障。当前技术条件下，天然气水合物大规模经济开发的技术与手段尚不成熟，近期不可能进行商业化开采。

根据国家天然气水合物勘探开发规划，2020年前为调查阶段，2020—2030年为开发试生产阶段，2030—2050年进入商业化生产阶段，是一个循序渐进的过程。

二、国内油气开发与生产形势

1.2017 年国内油气产量情况

原油产量受低油价影响继续下降，2017 年前 11 个月下降 3.19%，估计全年下降 3.1%，产量为 1.92 亿吨，较 2016 年 7.1%的降幅明显收窄；天然气产量前 11 个月增长 10.66%，估计全年增长 10%，产量近 1500 亿立方米（表 7-2-1）。

表7-2-1 2017年月度油气产量

月份	原油产量			天然气产量		
	2017年（万吨）	2016年（万吨）	同比增长（%）	2017年（亿立方米）	2016年（亿立方米）	同比增长（%）
1月	1637	1769	-7.5	131	131	0
2月	1486	1622	-8.4	120	117	3
3月	1647	1711	-3.7	134	119	12.6
4月	1588	1641	-3.3	121	106	14.4
5月	1624	1676	-3.1	119	104	14.7
6月	1602	1626	-1.5	117	99	18.2
7月	1629	1664	-2.1	118	101	16.1
8月	1597	1638	-2.6	117	106	10.2
9月	1551	1592	-2.6	110	100	10
10月	1608	1593	0.94	124	107	15.9
11月	1575	1588	-0.82	125	120	4.2
12月	1620	1650	-1.8	154	144	6.9
全年	19164	19770	-3.1	1490	1354	10

数据来源：产量数据来自国家发改委宏观经济生产快报统计，其中12月和全年数据为估计值。

2. 国内油气生产特点

2017 年，油气企业注重开展有效开发，前 10 个月，油气总产量当量同比增长 1.8%。全年原油产量继续下跌，但生产形势有所好转，原油产量下降的速度（-3.1%）和数量（约 600 万吨）均比 2016 年明显收窄。松辽盆地老油区减产幅度较大，大庆油田减产超 200 万吨；胜利油田按照计划减产 50 万吨；渤海和南海东部海域原油产量约有 100 万吨的降幅。

受“煤改气”加快推进、天然气需求大幅增长影响，自 2017 年 3 月开始，国内天然气月度产量增速连续超过两位数，1—11 月全国天然气产量达到 1336 亿立方米，估计全年产量近 1500 亿立方米，增长 10%。天然气产量增长主要来自四川盆地、塔里木盆地以及南海东部海域。此外，非常规油气也成为上产重点领域，涪陵页岩气田前 10 个月产量已超过 50 亿立方米，估计全国页岩气产量有望超过 90 亿立方米，同比增长 15%。

三、上游投入与成本情况

1. 2017 年上游投资有所回升

基于油价缓慢回升的预估，2017 年，三大石油公司上游计划投资均呈恢复性增长，中石油、中石化和中海油增幅分别为 10%、32%和 33%，促使国内油气勘探开发稳中有升（图 7-2-4）。

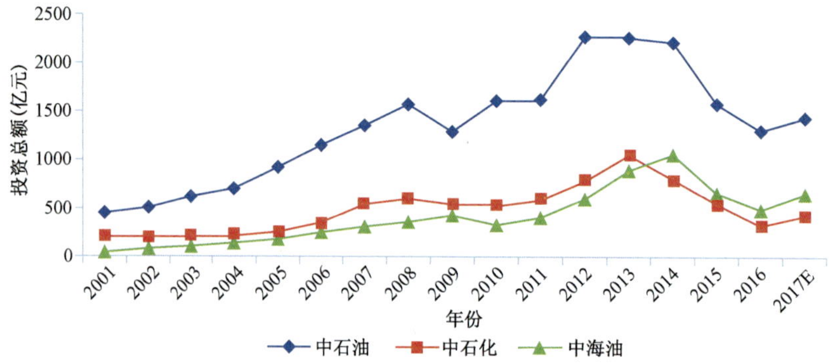

图7-2-4　2001—2017年三大石油公司勘探开发投资统计

（2017 年投资额为计划数，其中中海油为 600 亿～700 亿元）

数据来源：中石油、中石化、中海油公司年报

2. 油气操作成本总体继续下降

操作成本升降分化。较 2016 年 10%以上的下降，2017 年上半年石油公司实现的操作成本总体上降幅已明显收窄，中石油和中海油操作成本降幅分别为 4.2%和 3.5%，而中石化由于复杂油气藏和超深油气藏成为建产主力，操作成本不降反升（表 7-2-2）。

继续降本需要调整着力点。尽管三大石油公司将降本作为提效的重要抓手，但仅依靠压缩开支、裁减人员等传统方法降本空间已有限，结构调整降本和技术进步降本将成为油气行业降本增效的主要推手。

表7-2-2　2017年上半年三大石油公司油气操作成本

公司	油气操作成本（美元/桶）		变化（%）
	2017年上半年	2016年上半年	
中石油	10.85	11.32	-4.2
中石化	15.19	14.73	3.2
中海油	7.16	7.42	-3.5

注：（1）中石化数据换算：1桶=0.136吨。汇率换算：1美元=6.87元人民币。

（2）表中数据均来自中石油、中石化、中海油公司半年报。中石油数据为油气操作成本，中石化为油气现金操作成本，中海油为作业费用。

四、2018年国内油气勘探开发趋势

2018年，随着油价企稳，国内油气勘探开发形势将进一步向好，上游投资仍将延续增长态势，新增石油探明地质储量和天然气新增探明地质储量仍有望保持近10亿吨和5000亿立方米以上的较高水平。老油区中浅层高效油气藏成为一些盆地增储上产潜力区，非常规、岩性、隐蔽油气藏成为新的增储领域。

原油产量有望出现恢复性增长；天然气增产潜力依然较大，若需求继续大力拉动，仍可保持两位数的增速。

海上油气勘探开发潜力较大，渤海和南海是未来增储上产重点区域，若用海矛盾得到有效解决，海上油气产量增长空间可能得到进一步释放。

随着上游效益好转，工程技术服务价格复议将提上日程，原材料成本还将回升，油气勘探开发成本控制压力增大。

（本节撰写人：汪　红　岳脉健）

第八章　国内外炼化行业发展

2017 年，世界炼油、乙烯能力继续增长，运行状况总体良好。世界各国加快推进清洁燃料发展进程，世界乙烯原料轻质化，美国乙烯产能迎来投产高峰期。中国炼油能力重回增长，乙烯能力继续增长，行业总体运行平稳。国内炼油行业转型升级加快，地炼以获“双权”为契机，顺势加速崛起。乙烯行业原料轻质化进程加快发展，油基乙烯利润较好。2018 年，世界炼油、乙烯能力将继续增长，运行有望继续保持良好态势。美国进入乙烯产能投产高峰期第二年，将对世界石化业带来较大影响。中国炼油能力增速加快，将首次突破 8 亿吨/年，过剩形势更加严峻；乙烯产能继续增长，原料轻质化、多元化进一步发展。

第一节　世界炼油行业发展状况与趋势

2017 年，世界炼油能力继续缓慢增长。受益于国际油价较低、油品需求增长以及局部地区突发灾害性事件影响，世界炼厂原油加工量创历史新高，炼厂开工率和炼油毛利均有所提升；世界各国加快推进清洁燃料发展进程；各主要地区炼油业发展情况各异。

一、世界炼油业基本情况

1. 世界炼油能力继续缓慢增长，新增能力主要来自亚太和美国

2017 年，世界炼油能力净增仅 2900 万吨/年，总炼油能力增至 49 亿吨/年左右。当年，世界新增炼油能力 7849 万吨/年，主要来自中国、印度和美国等，但世界各地减少的炼油能力也达 4947 万吨/年，包括中国地炼淘汰炼能 2240 万吨/年，日本关闭能力 1132.5 万吨/年（表 8-1-1）。

表8-1-1　2017年世界炼油能力增减情况

国家和地区	公司名称	地点	新增能力（万吨/年）
中国	中国石油	云南昆明	1300
	中海油	广东惠州	1000
	地炼合计		1700
美国	马拉松石油	得克萨斯城	205
	埃克森美孚	得州博蒙特市	100
	其他公司		393

续表

国家和地区	公司名称	地点	新增能力（万吨/年）
印度	科钦炼厂	霍尔迪亚	525
	印度斯坦石油	珀丁达	225
	其他公司		50
巴基斯坦	Byco石油	Mouza Kund	675
阿曼	阿曼炼油	苏哈港	403
世界其他地区			1273
世界新增合计			7849
国家和地区	公司名称	地点	减少能力（万吨/年）
日本	科斯莫石油	千叶市	315
	鹿岛石油	鹿岛市	240
	新日本石油能源	水岛	125
	东燃通用集团	川崎	115
	其他公司		338
威特	科威特国家石油	舒艾巴	954
芬兰	奈斯特石油	楠塔利	270
美国			350
中国地炼淘汰			2240
世界减少合计			4947
世界净增能力			2902

数据来源：经研院。

2. 世界炼油仍维持三足鼎立格局，亚太地位继续提升

2017 年，亚太炼油能力占比较 2016 年上升 1%，达到 35%，占比已超过北美西欧之和，其他地区占比基本不变（图 8-1-1）。世界炼厂总数约为 650 座，平均规模约 754 万吨/年，较上年基本不变。中国石化以 2.6 亿吨/年加工能力成为全球最大炼油公司，埃克森美孚以 2.49 亿吨/年位居第二，中国石油以 2.02 亿吨/年跃居第三，其次是壳牌和道达尔。中海油因惠州炼厂二期建成而首次跻身世界前 25 家炼油公司，旗下惠州炼厂也首次进入全球 2000 万吨级大型炼厂之列。

二、世界炼油行业运行概况

1. 油品需求增长强劲助推世界原油加工量创历史新高

2017 年，全球炼厂原油加工量首次突破 8000 万桶/日，创历史新高，达 8058 万桶/日，同

比增长1.8%。全球油品需求增长是加工量大幅提高的主要原因。新兴经济体和发达国家炼厂加工量均出现不同程度的增长，OECD欧洲和北美国家以及中国是新增原油加工量的主要来源，分别占新增原油加工量的29%、25%和24%。

2. 世界各主要地区炼厂平均开工率有不同程度提高

OECD 亚太国家炼厂平均开工率增幅明显，日本和韩国的炼厂平均开工率大幅提升至92.7%，有些接近满负荷运转。OECD 西欧国家升至 88%，创历史新高，接近北美地区的88.3%。相比之下，中国炼厂平均开工率虽有所回升，但总体低于世界平均值（图8-1-2）。

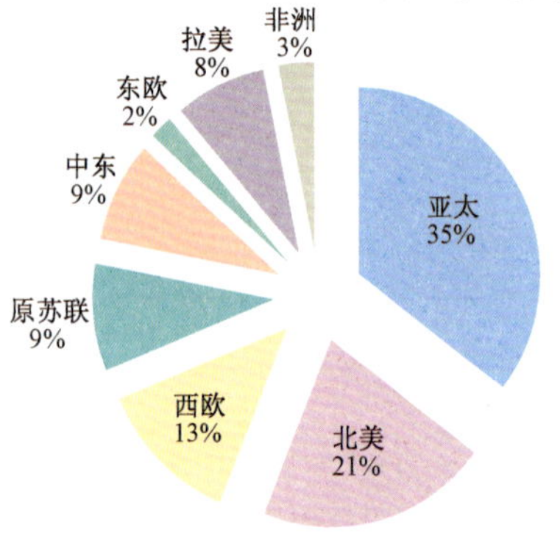

图8-1-1　全球炼油能力区域构成

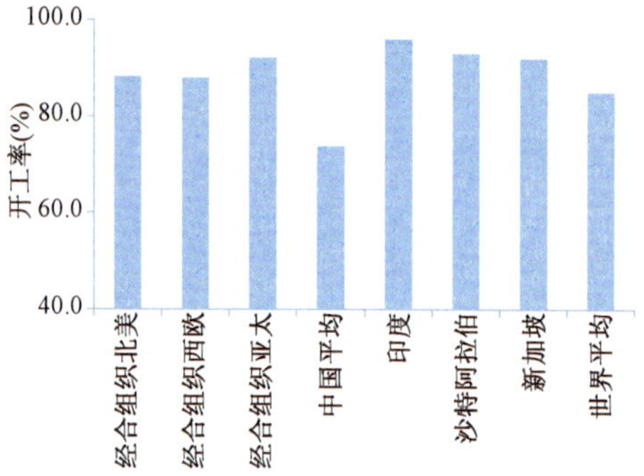

图8-1-2　世界各主要国家和地区炼厂平均开工率

数据来源：经研院

3. 突发灾害性事件和局部地区炼能吃紧导致世界炼油毛利大幅增长

2017年，世界主要炼油中心毛利呈现不同程度增长（表8-1-2）。西欧近年来加大炼油结构调整，连续关闭不少炼油能力，在需求好转情况下，现存炼厂经营利润明显改善；“哈维”飓风导致美国油品进口增加、出口减少，为亚太和西欧等地炼厂带来商机；中国成品油出口增长明显放缓，为亚太地区炼厂创造了获利空间。

表8-1-2　世界各主要地区炼油毛利情况

年份	炼油毛利（美元/桶）			
	西北欧（布伦特油裂化）	美国墨西哥湾（HLS/LLS裂化）	美国中部（WTI裂化）	新加坡（迪拜油裂化）
2012	6.36	6.69	24.61	5.34
2013	3.48	5.70	17.43	4.46
2014	3.35	7.82	13.76	4.11
2015	7.28	9.13	16.19	6.24
2016	4.28	6.54	9.55	4.74
2017	6.18	9.76	13.12	5.78

数据来源: IEA。

4. 世界各国炼油业加快推进清洁燃料发展

为应对更严格的政府环保法规，不少国家炼油商继续大量投资以生产更清洁的燃料，满足新的硫含量和排放法规的要求（表 8-1-3）。

表8-1-3　世界主要国家清洁燃料发展动向

国家	清洁燃料发展动向
美国	美国2017年初开始强制执行新的III级（Tier 3）标准，汽油含硫量不得超过10ppm，比II级标准（低于30ppm）降低许多
欧盟	欧洲委员会要求欧盟成员国生产硫含量接近零的汽油
中国	2017年初起在全国范围执行国Ⅴ标准，2017年9月底前率先在“2+26” 城市全部供应符合国Ⅵ标准的车用汽柴油，并在2019年初在全国全面实行国Ⅵ 标准
俄罗斯	继续进行国内炼厂升级改造，多生产符合欧盟标准的清洁燃料
印度	跳跃式升级标准，从巴特拉标准-4（BS-4）越过中间的BS-5规范直接到BS-6(相当于欧Ⅵ），炼厂投巨资进行大规模改造
马来西亚	已确定2018年10月1日起对95号汽油实行欧4M汽油标准
中东	一些国家执行欧V清洁燃料标准，沙特将重点放在清洁燃料生产上，目标是将汽油和柴油硫含量降至10ppm
非洲	少数国家已正式通过低硫燃料法规，南部非洲多数国家已承诺到2020年将生产更清洁的燃料。非洲炼油商协会已制定AFRI标准，作为生产更清洁燃料的准则

数据来源：经研院。

三、世界各主要地区炼油业发展现状

美国炼油业虽受飓风重创，但其对炼油利润的提振足以抵消炼厂暂时停产造成的损失。2017 年 8 月，“哈维”飓风使美国墨西哥湾沿岸地区炼油设施和管线遭到破坏，20 家炼厂受到直接影响，10 座炼厂完全停产，使该地区占全美 1/4 的炼能关闭。但飓风没有吹跑炼化大项目建设，没有一个项目因飓风而推迟。受益于对中、南美洲和加勒比沿岸市场出口强劲以及国内需求旺盛，美国炼厂加工量仍保持较高水平。美国炼油业正着眼扩大开发新的海外燃油市场，欧洲、南美和亚太都成为其扩大出口的目标市场。

欧洲炼厂提高加工灵活性和重油处理能力，日本炼油商继续结构调整。目前，欧洲炼厂关闭潮慢慢退却，但行业面临的竞争压力仍很大。欧洲炼油商面临能耗和管理费用较高等竞争劣势。许多欧洲炼油商计划投资提高加工原料的灵活性和产品收率以保持竞争力。尽管短期内经营有所改善，但受到法规严苛、需求下降、产品结构不平衡及其他现代化炼厂竞争等挑战，欧洲炼油业仍负重前行。日本炼油业继续重组整合，新日本石油能源公司与东燃通用合并。当年，日本发布第三轮炼油产业合理化调整指令，强制要求国内炼厂必须提高渣油加工能力占原油蒸馏能力的比例，以满足强制法规的要求，但新建渣油裂解装置的高额投资使炼油商望而却步，新日本石油能源等公司被迫采取削减原油一次加工能力以提高深加工能力占比的办法来应对。

“一带一路”沿线国家炼油建设稳步推进。印度大举扩建炼油能力，投巨资改造炼厂迅速提高油品质量；中东正建设大型炼化设施，重点是炼油、石化/化工和润滑油生产一体化，确保满足全球最严格燃油标准的优质产品生产；东欧、俄罗斯和其他独联体国家正在或将大力进行炼厂升级改造以满足增长的消费需求。日益增长的需求和新的石油发现已成为非洲地区新建和改扩建炼厂的动力，非洲下游扩能项目现主要在阿尔及利亚、尼日利亚和埃及等国进行。

四、世界炼油行业发展展望

世界炼油能力继续增长，新增产能主要集中在亚太和中东。2018 年，预计世界净增能力约 4500 万吨/年，其中新增能力约 7000 万吨/年，关闭能力 2500 万吨/年左右，世界炼油能力将增至约 49.5 亿吨/年。全球已公布的新建炼厂和炼厂扩能项目共 223 个，预计到 2020 年这些项目中会有 100 个项目建成，届时炼油能力将增加约 3.5 亿吨/年，突破 50 亿吨/年大关。未来新增炼油能力主要集中在亚太和中东地区，预计将占全球新增能力的 80%。

世界炼油业有望继续保持良好发展势头。未来世界炼油业将继续生产质量更高、含硫更少的燃料，提升炼化一体化程度，提高能效和加工灵活性。持续较低的油价加上需求增加和实施降低船用燃料含硫量标准等，将使世界炼油业在 2020 年前都有可能保持相对较好的利润，但各地情况不一。

清洁燃料标准加速升级对炼油业产生重要影响。随着环保法规日趋严格，新兴经济体清洁燃料步伐加快，炼油业将继续加大投资，扩大生产清洁燃料能力。国际海事组织将于 2020 年起执行全球限硫令，新规定要求船用燃料硫含量从 3.5%大幅减少至 0.5%，相关炼油商需要增加投资，采取相应措施以满足新的要求。

（本节撰写人：徐海丰）

第二节　中国炼油工业发展现状与趋势

2017 年是中国炼油工业转折之年，国内炼油能力转而重新加快增长，行业转型升级加快，“两权”继续放开，地炼抓住机遇加快崛起，“走出去”取得新的进展。2018 年，国内炼油能力将首次跨上 8 亿吨/年新台阶，如何做大做强，如何转型升级，如何化解过剩能力，如何进一步“走出去”将是国内炼油业面临的课题。

一、2017年中国炼油工业发展特点

1. 炼油能力重回增长，布局有所调整，过剩继续加剧

炼能重新加快增长，过剩继续加剧。截至2017年底，中国炼油能力7.72亿吨/年（表8-2-1），较2016年净增1760万吨/年，炼油能力经2015年和2016年的徘徊后重回增长轨道。其中，2017年新增能力4000万吨/年，仍以国有企业为主，地炼为取得“两权”淘汰落后能力2240万吨/年（图8-2-1）。虽然近几年淘汰了大量落后产能，但随着国内炼油能力重拾增长，过剩形势继续加剧，初步估计目前我国炼油能力在计入必要的出口后仍至少过剩0.8亿吨/年。

表8-2-1　2017年中国新增炼油能力及淘汰落后产能

新增能力				淘汰能力			
所属集团	企业	地点	新增能力（万吨/年）	所属集团	企业	地点	淘汰能力（万吨/年）
中石油	云南石化	云南	1300	地方炼油企业①	山东炼厂②	山东	1740
中海油	惠炼（二期）	广东	1000		丰利石化	河南	190
中化	弘润石化	山东	500		金澳科技	湖北	230
地方炼油企业①	海化石化	山东	300		锦源石油化工	辽宁	80
	中海东营石化	山东	350				
	永鑫化工	山东	300				
	鑫泰石化	山东	250				
合计新增能力			4000	合计淘汰能力			2240
合计净增能力：1760万吨/年							

①不含中海油、中国化工、中化、中国兵器等所属或控股企业。

②山东炼厂分别是海科瑞林175万吨/年、岚桥港口石化150万吨/年、齐成石油160万吨/年、胜星化工220万吨/年、东方华龙105万吨/年、玉皇盛世120万吨/年、清沂山石化300万吨/年、鑫泰石化200万吨/年、富宇化工140万吨/年和华联石化170万吨/年。

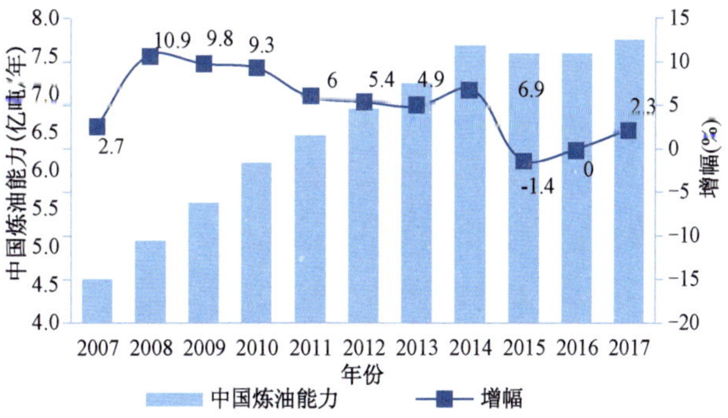

图8-2-1　近年来中国炼油能力增长及增幅

重点关注

炼油能力过剩形势严峻，化解过剩产能仍需努力

未来几年已确定投产的炼油项目能力为1.1亿吨/年，预计到2020年国内总炼油能力将达到8.8亿吨/年。综合未来经济增长率、汽车保有量、天然气、乙醇汽油及电动汽车替代等多种因素，预计2020年国内成品油需求量为3.4亿吨。按国内汽煤柴油正常收率，合理的炼厂开工率和10%左右的成品油产量力争出口测算，国内炼油能力将至少绝对过剩能力1.4亿吨/年（表8-2-2）。也要看到，近年来中国周边一些传统成品油进口国为满足自身需要，已在或将要新建改扩建一些炼厂，且韩国、印度、日本、新加坡等亚太成品油传统出口国扩大出口之势不减。这些将对中国过剩成品油扩大出口形成制约。虽然过去3年随着国内淘汰落后能力，过剩情况有所缓解，但是随着2017年及以后国内炼能重拾增势，过剩趋于严重，对此不能掉以轻心。如何化解过剩能力，一要政府加强对炼油项目的调控，大力调整存量，做优做强做盈增量，各炼油经营主体不要盲目上新项目。二要根据需求形势，调整炼厂产品结构，推进燃料型炼厂向燃料—化工型炼厂转型。三要搞好国际市场调查研究，搞好出口海外油品相关设施建设，在确保有效益的基础上寻求扩大出口。四要积极拓展国际产能合作。

表8-2-2　2017—2020年国内炼油能力过剩能力测算

年份	炼油能力（万吨/年）	国内汽煤柴油需求（万吨）	汽煤柴油产量（万吨）	汽煤柴油净出口量（万吨）	净过剩炼油能力（万吨/年）
2017	77150	32535	40660	4060	7700
2018	80750	33140	42560	4250	9800
2019	84250	33900	44400	4440	11500
2020	88150	34600	46460	4650	13600

经营主体多元化格局继续发展。国内炼油业形成了以中石油、中石化两大集团为主，中海油、中国化工、中化、中国兵器、地方炼厂、外资及煤基油品企业等多元化主体参与的竞争格局（表8-2-3）。2017年，全国千万吨级炼厂25家，同比增1家，合计炼油能力3.37亿吨/年，占全国的43.7%，较上年提高1.7个百分点。惠州炼厂成为中国第四家2000万吨/年级世界级炼厂。虽然中石化、中石油的炼厂平均规模已基本达到世界炼厂平均规模，分别为743万吨/年和746万吨/年，但由于国内其他炼油企业规模较小，国内炼厂平均规模仅413万吨/年，与世界炼厂平均规模754万吨/年仍有较大差距。

区域布局有所调整，西南占比上升。华北、东北、华南、华东地区是中国炼油能力集中地区，四大地区合计炼油能力6.15亿吨/年，占总能力的79.76%，随着云南石化的投产，西南占比从1.59%升至3.23%（表8-2-4）。山东、辽宁、广东是中国炼油能力的主要大省，三省合计炼油能力3.52亿吨/年，占全国总能力的45.64%。环渤海湾、长江三角洲和珠江三角

洲是国内三大炼化产业集群区，集中了全国69%的炼油能力和56%的乙烯能力。

表8-2-3 2017年中国炼油能力分企业构成

项目	2015年		2016年		2017年	
	能力（万吨/年）	占全国比例（%）	能力（万吨/年）	占全国比例（%）	能力（万吨/年）	占全国比例（%）
全国	75366	—	75390	—	77150	—
中石化	26020	34.52	26020	34.51	26020	33.73
中石油	18850	25.01	18850	25.01	20150	26.12
中海油	4005	5.31	3850	5.11	4850	6.29
其他企业	25287	33.56	24766	32.85	24226	31.40
煤基油品企业	380	0.51	1080	1.43	1080	1.40
外资企业	824	1.09	824	1.09	824	1.07

表8-2-4 2015—2017年中国分区域炼油能力占比

地区	2015年		2016年		2017年	
	能力（万吨/年）	占全国百分比（%）	能力（万吨/年）	占全国百分比（%）	能力（万吨/年）	占全国百分比（%）
华北	27172	36.05	26976	35.78	26746	34.67
东北	12249	16.25	12369	16.41	12289	15.93
华南	11380	15.10	11380	15.09	12380	16.05
华东	10115	13.43	10115	13.42	10115	13.11
西北	8510	11.29	8610	11.42	8610	11.16
华中	4740	6.29	4740	6.29	4510	5.85
西南	1200	1.59	1200	1.59	2500	3.24
合　计	75366	100	75390	100	77150	100

2. 炼油行业运行平稳，各项主要指标总体保持增势

2017年，原油加工量继续保持增长，同比增长5.0%；全国炼厂开工率连续3年增长，同比上升1.9个百分点，但地炼开工率和主营炼厂开工率已连续3年“一升一降”（图8-2-2）。受调和油资源政策收紧，环保督查趋严使200万吨/年小炼厂不达标的资源加速出局，从而使正规炼厂能力得以释放，成品油（汽煤柴）产量增速较2016年同比增长3.5%。汽煤柴油收率受部分馏分油转而生产化工用油影响，略微下降，炼厂生产柴汽比与上年基本持平。汽煤柴油净出口量经过两年的高速增长后大大放缓，同比仅增长6.8%，吨油利润连续3年增长（表8-2-5）。

3. 中国炼油业转型升级加快

炼油行业转型加快。一是提高装置规模与工艺水平，通过大力淘汰落后产能、建设千万吨级项目，炼厂平均规模较上年提高 8 万吨/年；通过完善深加工装置，二次加工能力增至

8.04 亿吨/年，首次超过炼油一次加工能力（表 8-2-6）；二是促进绿色低碳发展转型，国内油品质量在环保法规要求日趋严格推动下加快升级，“2+26”城市率先执行国Ⅵ汽柴油标准，同时炼厂加快实施大气污染、水污染防治行动，实现节能减排、推进绿色发展，加快相关治理设备的改造和升级。

表8-2-5　2017年中国炼油业运行情况

指标	2015年		2016年		2017年	
	数值	同比变化（%）	数值	同比变化（%）	数值	同比变化（%）
原油加工量（万吨）	52199	3.8	51401	3.6	56824	5
炼厂开工率　（%）	69.3	3.5	71.8	2.5	73.7	1.9
汽煤柴油产量（万吨）	33770	6.6	34834	3.1	36061	3.5
汽煤柴油收率　（%）	64.69	1.71	64.39	-0.3	63.46	-0.93
生产柴汽比	1.49	-0.11	1.39	-0.1	1.38	-0.01
汽煤柴油净出口量（万吨）	2126	42.2	3354	57.7	3581	6.8
吨油利润　（元/吨）	146.7	122.4	314.9	168.2	340.3①	41.6

①2017年数据指前三季度利润数据。

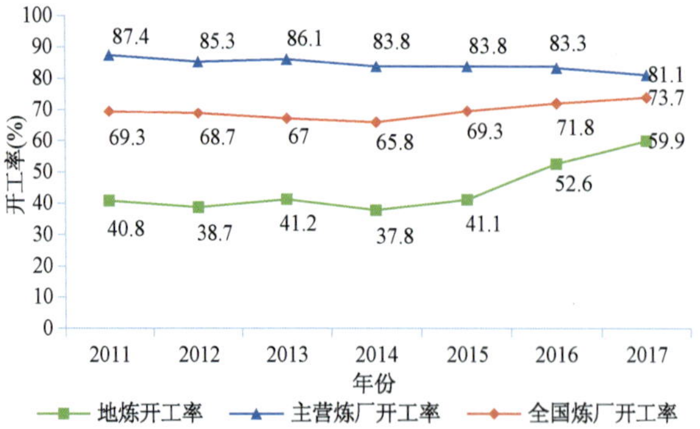

图8-2-2　2011—2017年中国炼厂开工率

（主营炼厂指中石油、中石化和中海油）

表8-2-6　2015—2017年中国原油二次加工能力构成

装置能力	2015年		2016年		2017年	
	二次加工能力（万吨/年）	占一次加工能力比例（%）	二次加工能力（万吨/年）	占一次加工能力比例（%）	二次加工能力（万吨/年）	占一次加工能力比例（%）
一次加工能力	75366		75390		77150	
二次加工能力	71761	95.22	74511	98.83	80431	104.25

续表

装置能力	2015年		2016年		2017年	
	二次加工能力（万吨/年）	占一次加工能力比例（%）	二次加工能力（万吨/年）	占一次加工能力比例（%）	二次加工能力（万吨/年）	占一次加工能力比例（%）
催化裂化	20361	27.02	20901	27.72	21711	28.14
延迟焦化	10051	13.34	10051	13.33	10311	13.36
催化重整	5245	6.96	5735	7.61	6905	8.95
加氢裂化	6484	8.60	6634	8.80	7304	9.47
加氢精制	29620	39.30	31190	41.37	34200	44.33

炼油行业升级不断深入。一是努力打造现代化、园区化大型炼化基地。全国以“两洲一湾”为主，打造七大石化产业园区，中石化打造茂湛、镇海、上海、南京 4 个世界级炼化基地；中石油布局西南建成两座千万吨级炼厂，保证了地区的用油需求。二是“两化”融合促炼厂生产运行升级。中石油着力提高自动化水平，打造精品数字化炼厂；中石化在以往 4 家智能炼厂试点的基础上，又有 7 家炼厂进入智能化试点。同时，优化企业用工结构，着力瘦身健体，已开始把人均劳效列入炼厂的内部考核指标。

4. 地炼以“两权”放开为契机加快崛起，举措连连

截至 2017 年底，全国地方炼厂（不含央企收购或控股的地方炼油企业，去除淘汰能力）的炼油总能力 1.62 亿吨/年，占全国炼油总产能的 21%。已有 34 家地炼共获原油配额 10563 万吨。地炼以获“双权”为契机，2017 年迅速崛起，举措连连：一是补短板，加快建设原油/成品油储运基础设施、配套深加工能力；二是科技创新，加快油品质量升级，加快向化工延伸；三是推联合创品牌，成立石油采购联盟，组建山东炼能集团、浙江石油公司，创“中安石油” 品牌加油站；四是上规模上水平促进炼化一体化发展，民营三大炼化项目均按照炼化一体化进行设计，另外还有多个千万吨级项目处于前期准备工作（表 8-2-7）。多家地炼进入中国企业 500 强和中国民营企业 500 强，实力和影响力进一步增强。

表8-2-7　2017年地炼举措连连

举措	典型实例
补短板，加快物流设施建设	建设原油/成品油储运基础设施：2017年地炼建成管输能力3000万吨/年的董潍原油管线（青岛董家口港—齐鲁石化和东营输油站），地炼已有4条原油管线，合计能力9300万吨/年；东明石化与华信能源计划投资39亿元在山东建设大型原油终端储运项目；在“十三五”期间山东规划建设7条成品油管道中，6条服务于地炼
	配套深加工能力：建成140万吨/年延迟焦化、600万吨/年催化重整、220万吨/年渣油加氢、100万吨/年加氢精制装置，另有数套规划中

续表

举措	典型实例
科技创新，推进化工产业链延伸	加快油品质量升级：获配额企业均已实现国Ⅴ汽柴油置换，海科、汇丰等企业进而成为“京六”标准油品供应商
	加快进入乙烯行业、东明石化规划100万吨/年乙烯项目；以丙烯和苯两大龙头为基础，加快向化工延伸，发展后续精细化产业链
推联合创品牌	16家地炼企业成立石油采购联盟，统一价格集中采购
	由东明石化、清源集团等16家地炼企业联合成立山东炼能集团，优化整合原料采购、物流配送等，提高核心竞争力和话语权
	由浙江石化与浙能集团共同出资成立浙江石油公司，将开展原油、成品油、燃料油的进出口和批发零售业务
	中安石油销售终端：通过整合山东约6000座民营加油站，在未来将该品牌打造为“地方成品油销售终端联盟”的载体
	沈通集团全资收购成品油在线交易平台“油在线”，全国约5万家的民营企业欲借此打造加油站联盟
上规模上水平促进炼化一体化发展	三大炼化项目：恒力石化、浙江石化（一期）、盛虹石化在建或即将建设，3个项目均配套炼油—乙烯—芳烃，合计能力分别为5600万吨/年、400万吨/年和1250万吨/年。此外，还有6个项目正在前期准备中

5. 替代能源借政策红利加快发展

2017年，多个替代能源政策出台推动替代能源发展加快，逐渐形成了煤制油、甲醇和生物燃料等多种替代能源共同发展的格局。煤制油方面，发改委、税务总局等7部委同意给予煤制油示范项目消费税免征5年优惠政策，为煤制油企业经营带来利好，巴州400万吨/年重油和煤炭深加工一体化项目以及荆门500万吨/年原油和煤炭一体化项目提上议程。燃料乙醇方面，国家发改委、国家能源局等十五部委下发了《关于扩大生物燃料乙醇生产和推广使用车用乙醇汽油的实施方案》，提出到2020年，乙醇汽油在全国基本实现全覆盖。这一年，共享出行的迅猛发展也开始替代部分汽油（表8-2-8）。由我国自主研发的生物航煤首次实现了跨洋商业载客飞行。

表8-2-8　2015—2020年车用替代燃料替代情况

项目		天然气（亿立方米）	燃料甲醇（万吨）	生物柴油（万吨）	煤制油（万吨）	燃料乙醇（万吨）	电动车（万辆）	共享出行（万吨）	合计（万吨）
2015年	实物量	248	650	300	132	200	45		—
	替代量	2020	292.5	300	132	120	36		2900.5
2016年	实物量	268	700	200	150	200	90		—
	替代量	2183	315	200	150	120	75		3043

续表

项目		天然气(亿立方米)	燃料甲醇(万吨)	生物柴油(万吨)	煤制油(万吨)	燃料乙醇(万吨)	电动车(万辆)	共享出行(万吨)	合计(万吨)
2017年	实物量	292	700	200	450	280	150		—
	替代量	2377	315	200	450	168	120	60	3690
2020年	实物量	363	900	200	700	200	500		—
	替代量	2957	405	200	700	120	403		

注：替代量单位为万吨。

二、中国炼油工业发展趋势

1. 2018 年炼油能力增长进一步加快，首次突破 8 亿吨/年大关

中国炼能再上新台阶，能力增长再次以民营为主。2018 年，中国炼油行业预计新增能力 3600 万吨/年，增量较上年继续加大，总能力达到 8.08 亿吨/年，迈上新台阶（表 8-2-8）。新增能力主要来自华北石化和大榭石化的改扩建，以及恒力石化新建的中国第五家 2000 万吨级炼厂。2015—2018 年，不计淘汰产能，民营企业已有 3 年新增产能占当年能力总增长量的 50%以上，中国炼油能力的增长已由过去的国有企业为主带动转为现在的以民营为主、国有为辅。

原油加工量稳步增长，开工率略有上升。预计 2018 年中国原油加工量为 5.98 亿吨，同比增长 5.2%。增量来自云南石化、惠炼（二期）、新获得原油配额的地方炼厂及新投产的恒力石化等。开工率略有上升，至 74%左右。成品油产量 3.78 亿吨，同比增长 4.8%。

2. 地炼继续加快发展，对国内炼油业影响进一步加大

地炼原油配额大幅增长。商务部公布 2018 年原油非国营贸易进口允许量 1.42 亿吨，同比大增 62.6%。新增配额主要来自 2017 年新获配额的地炼及恒力石化，预计到 2020 年地炼原油进口量或将超过 1.6 亿吨。

地炼炼油能力继续增长，市场格局将改变。从炼油能力看，2020 年，随着恒力石化、舟山石化、盛虹石化 3 个千万吨级民营炼化一体化大项目陆续建成，2020 年地方炼厂产能达到 2.3 亿吨/年，占比 26%（表 8-2-9、图 8-2-3）。从炼厂规模看，在 2020 年的 31 座千万吨级炼厂中，将有 3 座来自地炼，其中 2 座是 2000 万吨级的世界级水平，过去地炼规模小、技术落后的面貌将大为改观。从市场份额看，随着地炼销售终端、储运管道等短板逐渐补齐，地方炼厂汽柴油市场份额或将从 2017 年的 24%增至 2020 年的 30%以上，国内炼油行业竞争将加剧。

3. 炼厂继续转型升级，由大走强

2018 年国内炼油业将以去产能、转型升级、由大走强为主攻方向，努力取得新的进步。一是炼油行业将继续推进装置大型化、炼化一体化、产业集群化、园区化基地化建设，同时下大力气淘汰一批产品质量低劣、能耗高、资源利用不合理、安全隐患较大、环保无法达标

的炼油装置。二是加快油品质量升级，随着国ⅥA阶段标准2019年全国实行，2018年将是油品质量升级的攻坚年，炼厂还需进一步完善装置配套，提升加工水平。三是加大绿色、环保、安全等方面的投入，打造资源利用率高、产品质量好、环境污染少的绿色低碳型炼厂。四是加快“两化”融合，助推炼油工业实现智能化、数字化。五是顺应产业发展的大趋势，做好能源转型，部分先进炼厂形成“油头—化身—高化尾”的一体化产业模式，进一步拓展炼化行业发展空间，并带动整个行业转型升级和由大走强。

表8-2-9　未来几年国内新增炼油能力情况

投产年份	企业名称	省份	参与方	新增能力（万吨/年）	建设进度
2020年前	华北石化（改扩建）	河南	中石油	500	2018年投产
	大榭石化（改扩建）	浙江	中海油	600	2018年投产
	恒力石化	辽宁	恒力	2000	2018年投产
	中科大炼油	广东	中石化、科威特等	1000	中外合资，2019年投产
	泉州石化（改扩建）	福建	中化	300	在建
	盛虹石化	江苏	盛虹	1600	二次环评，着手建设
	舟山石化（一期）	浙江	荣盛、巨化等	2000	开工建设
	古雷石化	福建	中石化、台商	1600	2017年底动工
	其他地炼	—	—	1400	—
	合计炼油能力增长11000万吨/年				
2020年后	东方石化	天津	中石油、俄罗斯	1300	获批
	揭阳石化	广东	中石油、委内瑞拉	2000	签署合资合同
	上海漕泾	上海	中石化	2000	规划
	华锦石化（新建）	辽宁	中国兵器，沙特阿美	1500	完成设计
	一泓石油化工	河北	浅海	1500	已进行用海公示
	曹妃甸（一期）	河北	中石化	1500	获批
	华通京港化工	河北	中东海湾投资	1600	外资，已进行用海公示
	新华石化	河北	新华联合冶金	2000	环评公示
	大连福佳	河北	大连福佳	2000	签约落户
	辽宁海城	河北	海城石油机械制造	2000	签约落户
	旭阳集团	河北	旭阳集团	1500	获批
	合计炼油能力增长18900万吨/年				

图8-2-3 未来几年国内分企业炼油能力

(本节撰写人：费华伟 审定人：陈 蕊)

第三节 国内外乙烯行业发展状况与趋势

2017年，世界乙烯产能继续增长，乙烯价格波动频繁，总体高于上年，开工率稳中有升，美国迎来乙烷裂解装置建成投产高峰期。中国乙烯行业运行总体平稳，受低油价下煤基烯烃运行状况欠佳影响，乙烯总体产量增速与开工率下降。2018年，世界乙烯产能有望较快增长，美国进入乙烷裂解装置建成投产的第二个高峰年，将对世界乙烯市场产生重要影响。世界乙烯原料更加轻质化、多元化。中国乙烯产能将继续增长，开工率将有所回升，原料格局虽仍以油基为主，但轻质化、多元化趋势明显。

一、世界乙烯行业发展状况与趋势

1. 世界乙烯行业基本情况

世界乙烯产能大幅增长，新增产能主要来自北美和亚太。 2017年，世界新增乙烯产能725万吨/年，总产能达1.69亿吨/年，同比增长4.3%，增速明显高于2016年。新增产能主要来自美国、印度和中国，美国三套乙烷裂解装置建成投产，中东乙烯产能增加继续处于“断档期”（表8-3-1）。

表8-3-1 2017年世界乙烯产能增长情况

公司	地址	新增产能（万吨/年）	投产时间
中海油	广东惠州	100	9月
神华宁煤	宁夏宁东	45	8月
印度OPAL	古吉拉特邦DAHEJ	110	1月
印度信诚	古吉拉特邦贾姆纳格尔	150	9月
美国等星化学	得克萨斯州科帕斯	115	3月
美国陶氏杜邦	得克萨斯州弗里波特	150	11月
Oxy/Mexichem JV	得克萨斯州Ingleside	55	2月
世界净增合计		725	

世界乙烯格局维持亚太、北美、中东和西欧四分天下之势，北美、亚太占比提升。2017年，亚太地区乙烯产能达5806万吨/年，其在世界总产能中占比升至35%；北美乙烯产能约3960万吨/年，占比升至24%；中东和西欧等其他地区占比基本保持不变（图8-3-1）。世界乙烯装置总数约308座，平均规模55.2万吨/年，高于2016年的53.8万吨/年。美国和中国乙烯产能仍稳居世界前两位，而印度排名超过伊朗升至第五位。

世界乙烯原料轻质化趋势明显。2017年，全球以石脑油为原料生产乙烯的比例从2016年的56%下降到53%左右，乙烷的比例从17%上升至20%左右。亚太和西欧石脑油乙烯仍占主导，北美和中东乙烯主要来自乙烷等轻质原料（表8-3-2）。随着北美页岩气开发，廉价乙烷促成了美国、加拿大乙烷制乙烯建设的高速发展，同时美国大量乙烷原料出口也赋予亚太和西欧乙烯生产商新的改变原料结构机会。2017年，西欧乙烷制乙烯（包括乙烷丙烷混合进料）产能从2016年的279万吨/年增至329万吨/年，印度乙烷制乙烯产能从2016年的234万吨/年增至454万吨/年。随着中国煤（甲醇）制烯烃项目陆续建成，全球甲醇制乙烯占比提至6%左右。

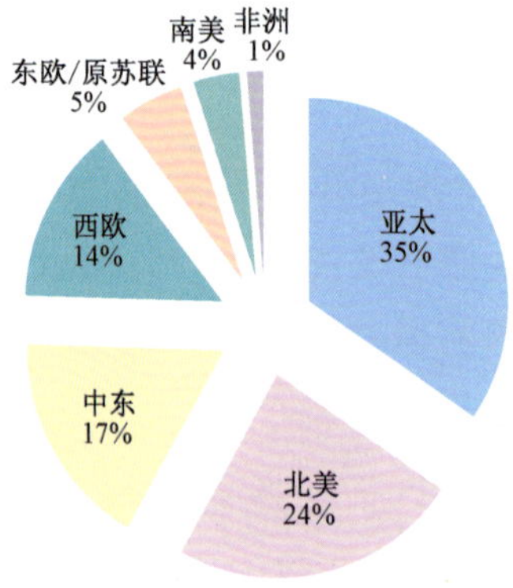

图8-3-1　世界乙烯产能分布格局

表8-3-2　主要地区乙烯原料构成

地区	石脑油（%）	乙烷（%）	丙烷/丁烷（%）	其他①（%）
北美	5	52	20	13
亚太	71	5	9	15
西欧	70	7	11	12
中东	23	67	10	7
世界	53	20	14	13

①其他指瓦斯油、甲醇等。

2. 世界乙烯行业运行情况

市场供应依然偏紧，乙烯需求继续增长。2017年，全球乙烯需求增加约560万吨/年，达1.58亿吨/年，连续4年保持增长态势，需求增长主要来自东北亚、南亚和中东等消费升级地区。受北美飓风和西欧炼厂突发事件以及乙烯装置检修较多等因素影响，主要地区乙烯市场供应总体依然偏紧。

乙烯价格波动频繁，总体高于上年水平。2017 年初，东北亚乙烯价格大幅攀升到 2 月 1390 美元最高点，之后震荡回落到 6 月底 930 美元最低点，而后受地区市场供应吃紧，飓风“哈维”使美国对亚洲乙烯出口下降等影响，逐渐回升到 11 月的 1300 美元附近盘整（表 8-3-3）。北美地区乙烯价格总体呈 V 形走势，西北欧乙烯价格年初逐渐走高后一直保持高位震荡。

表8-3-3　世界各主要市场乙烯价格

地区价格	2016年	2017年
北美合同价（美元/吨）	500～800	620～800
西北欧 CIF价（美元/吨）	780～1100	900～1100
东南亚 CIF价（美元/吨）	900～1150	880～1250
东北亚 CFR价 （美元/吨）	890～1200	930～1390

乙烯装置开工率稳中略升。2017 年，由于下游衍生物对乙烯需求继续增加，市场供应吃紧，全球乙烯装置开工率继续保持高位，乙烯装置平均开工率 91%，高于上年的 89.6%。东北亚地区日韩的乙烯开工率在 93%左右，东南亚地区约为 96%（图 8-3-2）。中国乙烯开工率因受煤制烯烃成本居高不下，开工率总体不足的影响而降至 74.3%的较低水平，但油基乙烯开工率仍保持 87%水平。

乙烷基乙烯成本继续保持优势，煤（甲醇）制烯烃承压。2017 年，中东和北美乙烷基乙烯仍保持成本优势，亚太和西欧地区石脑油制乙烯继续受益于较低油价，中国煤制烯烃面临较低油气价和高煤炭价格的双重挤压，除少数企业通过内部煤炭利润转移至烯烃或有微利以外，大部分煤制烯烃企业基本无利可图（图 8-3-3）。

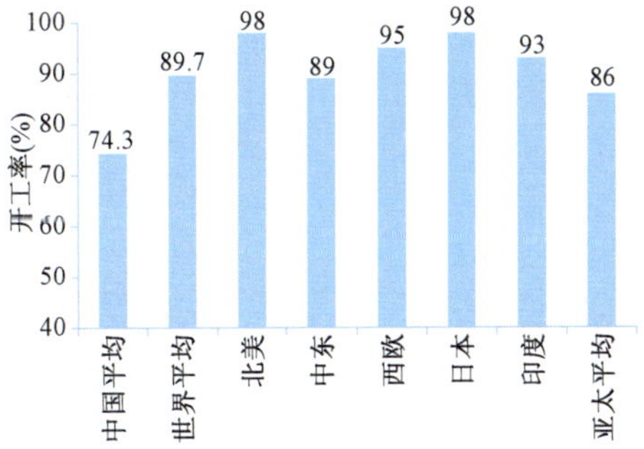

图8-3-2　世界主要国家和地区乙烯装置平均开工率

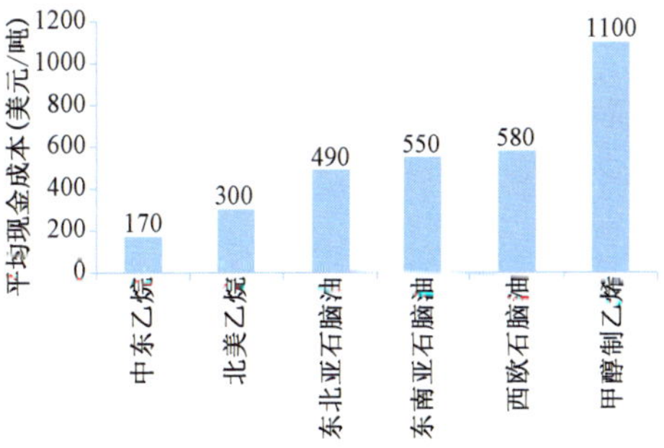

图8-3-3　主要地区乙烯平均现金成本

3. 世界各地区乙烯行业发展现状

北美第一波乙烷裂解建设项目陆续投产。2017年，美国有三套乙烷裂解制乙烯装置建成投产（表8-3-1），合计产能达320万吨/年。虽然"哈维"飓风导致美国61%的乙烯产能停产，但灾后这些装置逐步恢复，墨西哥湾区的乙烷裂解项目建设也未因受到影响而推迟，预计2018年将有更多乙烯装置建成投产（表8-3-4）。

西欧、日本乙烯产能调整步伐放缓，着力提高装置灵活性。2017年，在周边市场乙烯需求增加，经营利润向好的刺激下，西欧日本持续多年关闭乙烯产能的步伐放缓，乙烯生产商抓住亚洲市场需求和美国飓风引发供应紧张的时机加大乙烯生产。为提高装置灵活性，一些公司加大引入美国乙烷原料。英力士公司计划在欧洲投资一批新项目，扩大利用美国乙烷原料。日本石化生产商提高原料灵活性，越来越多的乙烯装置通过原料多样化改造，使用LPG、乙烷、丙烷和丁烷等轻质原料，以提高乙烯工业的竞争力。

表8-3-4　2018—2020年美国计划建成的主要乙烷裂解装置

公司名称	产能（万吨/年）	地点	计划建成年份
雪佛龙菲利普斯化学	150	得克萨斯州CedarBayou	2018
台塑化学	120	得克萨斯州波因特康福特	2018
埃克森美孚化学	155	得克萨斯州贝敦	2018
西方化学	54.4	得克萨斯州Ingleside	2018
壳牌	150	宾夕法尼亚州Mocaca	2019
萨索尔	150	路易斯安那州查尔斯湖	2019
Axiall和韩国Lotte化学	100	路易斯安那州	2019
道达尔	100	得克萨斯州阿瑟港	2019
PTTG/丸红株式会社	100	俄亥俄州Dilles Bottom	2020

"一带一路"国家继续推进乙烯项目建设。印度、东南亚、原苏联地区均提出扩大乙烯产能计划。虽然由于原料供应短缺，中东地区暂时没有新增产能投产，但一批乙烯项目仍在规划或建设中（表8-3-5）。

表8-3-5　"一带一路"沿线国家乙烯行业发展动向

地区	国家	主要发展计划动向
东南亚	印度尼西亚	韩国湖南石化计划在印尼的万丹建100万吨/年乙烯装置，印尼Chandra Asri宣布计划在该国建设第二套世界级石化联合体，包括建设100万吨/年乙烯装置和各种衍生产品
中亚俄罗斯	俄罗斯	俄罗斯西布尔的石化项目将于2020年投产，包括150万吨/年乙烯裂解装置及配套装置
	阿塞拜疆	该国SOCAR公司计划投资170亿美元在巴库附近建设包括一座200万吨/年乙烯装置在内的世界级石化综合项目

续表

地区	国家	主要发展计划动向
中东	沙特阿拉伯	沙特阿美和住友化学合资的拉比格炼化公司正在推进拉比格炼化二期项目
	伊朗	到2020年伊朗乙烯产能将增长至600万～700万吨/年，到2025年将增至1000万吨/年。在建或计划建设项目有100万吨/年Gachsaran烯烃厂（烯烃8），Kian石化厂规划建设的120万吨/年乙烯的烯烃12项目，烯烃14—Firouzabad石化拟建的100万吨/年装置等
	卡塔尔	卡塔尔工业公司将联合Ras Laffan 烯烃公司等研究计划新建和扩建一些以乙烷为原料的高收益的石化装置
	阿曼	阿曼炼油石化公司正在推进位于苏哈尔的包括一套80万吨/年乙烯装置的石化项目

4. 世界乙烯行业发展展望

世界乙烯继续较快增长，原料更加轻质化。2018 年，预计世界新增乙烯产能 850 万吨/年，达到 1.78 亿吨/年，主要是美国至少有三套大型乙烷裂解装置建成。乙烯供应偏紧的局面有望缓解。世界乙烯原料更加轻质化和多元化，西欧和亚太将进口更多美国乙烷为原料，乙烷基乙烯占全球乙烯产能比例继续提升。预计 2020 年美国乙烷裂解制乙烯占比将超过 80%。中国煤（甲醇）制烯烃受到环保压力和原料成本压力，投资建设热度将有所下降，预计新建乙烯将以石脑油原料为主，并将开建进口乙烷制乙烯首套装置。

从长远看，全球对乙烯衍生物的需求有较大增长空间。2020—2030 年，全球还需要增加乙烯总产能 5000 万吨/年，这就需要建设相当一批乙烯裂解装置。美国将再增加乙烯产能 1000 万～1200 万吨/年，这将是北美第二波石化扩能潮。亚太地区将建设大型石化项目，主要在中国和印度。此外，印尼、马来西亚和泰国也将新增一些产能。中东将重点投资混合原料乙烯项目。

甲烷直接制乙烯技术正在酝酿工业化突破，受到全球关注。美国和中国一些公司正在进行工艺技术的改进研究，美国西北大学和弗吉尼亚大学、合成燃料公司、霍尼韦尔公司等都在进行不同工艺、不同催化剂的研发，中国科学院大连化学物理研究所开发的甲烷无氧制烯烃技术也取得重要进展。由于甲烷制乙烯可使乙烯成本陡降 700～2200 元/吨，若甲烷直接制乙烯装置工业化获得成功，则不少成本高的石脑油裂解装置将会关闭，煤制烯烃企业也将受到很大的冲击。

二、中国乙烯工业发展状况与趋势

1. 中国乙烯工业发展现状

乙烯产能继续增长，新增产能以油基为主。2017 年，国内新增乙烯产能 145 万吨/年，总产能达到 2455.5 万吨/年，同比增长 6.3%（表 8-3-6）。国内乙烯能力构成以油基为主，煤基为辅。其中，油基、煤/甲醇基乙烯平均规模受 2017 年投产装置能力较高的影响，分别增长 1.3 万吨/年和 1.1 万吨/年（表 8-3-7）。

表8-3-6 2017年中国新增乙烯产能情况

项目/企业	所属集团	地点	乙烯产能（万吨/年）
惠州炼厂（二期）	中海油	广东惠州	100
神华宁煤煤制油二期	神华	宁夏灵武	45
合计			145

乙烯经营主体多元化不断加快。近年来，随着中海油、神华、煤基企业的崛起，中石油、中石化两大集团产能占比不断下滑，2017 年下降 4.3 个百分点至 68.4%。其他乙烯企业占比升至 23.6%（表 8-3-8）。外资权益产能为 317 万吨/年，占乙烯总产能的 12.9%。

表8-3-7 2016—2017年中国乙烯原料构成

	2016年			2017年		
	产能（万吨/年）	生产装置（套）	平均规模（万吨/年）	产能（万吨/年）	生产装置（套）	平均规模（万吨/年）
油基	1861	30	62	1961	31	63.3
煤/甲醇基	449.5	17	26.4	494.5	18	27.5

表8-3-8 2017年中国乙烯企业构成及占比情况

	2015年		2016年		2017年	
	产能（万吨/年）	占总能力之比（%）	产能（万吨/年）	占总能力之比（%）	产能（万吨/年）	占总能力之比（%）
中石化	1084	49.3	1084	46.9	1084	44.1
中石油	597	27.1	597	25.8	597	24.3
中海油	95	4.3	95	4.1	195	7.9
其他乙烯企业	424.5	19.3	534.5	23.1	579.5	23.6
全国	2200.5	100	2310.5	100	2455.5	100

注：中石化、中石油、中海油产能包含外资权益产能。

乙烯装置平均规模继续上升。2017 年，国内乙烯行业新增 1 家生产企业和 2 套生产装置。受惠炼二期百万吨乙烯装置提振，乙烯企业平均规模与装置平均规模较上年均有所提升（表 8-3-9）。单套规模 80 万吨/年及以上的大型装置较上年新增一套至 11 套，合计产能 1096 万吨/年，与总产能的占比较上年增长 1.5 个百分点。目前，中国乙烯产能在美国之后稳居世界第二，这是中国自 2005 年连续 13 年保持这一排位。在全球最大的 10 家乙烯生产公司中，中石化以 1084 万吨/年的乙烯产能列居第四位，中石油以 597 万吨/年的乙烯产能列居第六位。

表8-3-9　2016—2017年中国乙烯装置数量及规模

	2016年				2017年			
	生产企业（家）	生产装置（套）	企业平均规模（万吨/年）	装置平均规模（万吨/年）	生产企业（家）	生产装置（套）	企业平均规模（万吨/年）	装置平均规模（万吨/年）
中石化	7	12	85.3	49.8	7	12	85.3	49.8
中石油	14	16	77.4	67.8	14	16	77.4	67.8
中海油	1	2	95.0	47.5	1	3	195.0	65.0
其他乙烯企业	18	17	29.7	31.4	19	18	30.5	32.2
全国	40	47	57.8	49.2	41	49	59.9	50.1

乙烯产量增速有所放缓，开工率受煤基烯烃影响连续6年下降。2017年，受低油价下煤/甲醇基烯烃盈利情况欠佳使企业减产、停产影响，全年乙烯总产量估计为1824万吨，同比增长2.4%，较2016年增速下降1.5个百分点。乙烯开工率连续第六年下降，至74.3%（表8-3-10）。从企业运行看，油基乙烯产量1709万吨，同比增长2.6%；煤/甲醇基乙烯产量115万吨，同比下降0.9%。

乙烯表观、当量消费量继续增长。2017年，受国内乙烯供应增长放缓、乙烯及下游衍生物进口快速增长影响，乙烯表观消费量同比增长4.2%，较上年增速基本持平；乙烯当量消费量4250万吨，同比增长6.0%，但当量消费量自给率仅达到48%。从乙烯消费结构看，聚乙烯是乙烯最大的下游衍生物，占比超过一半。

低油价下油基乙烯利润较好。2017年，低油价下石油化工原料成本较低，且乙烯价格较上年上涨96.2美元/吨，石脑油裂解路线盈利情况较好。前三季度中石油化工板块实现经营利润109.37亿元，同比增加23.42亿元；中石化化工板块经营收益167.27亿元，同比增长8.3%。

表8-3-10　乙烯工业运行情况

年份	产量（万吨）	进口（万吨）	出口（万吨）	开工率（%）	表观消费量（万吨）	自给率（%）
2013	1623	170	0	89.7	1793	90.5
2014	1697	150	0	83.2	1846	91.9
2015	1715	152	0	77.9	1866	91.9
2016	1781	166	1	77.5	1946	91.5
2017	1824	210	1	74.3	2033	89.7

乙烯原料多元化、轻质化进一步发展。2017年，国内乙烯原料仍以石脑油、瓦斯油为主，其他原料还有加氢尾油、油田/炼厂轻烃、液化气、煤/甲醇等（图8-3-4）。近年来，国内企业持续开展乙烯原料裂解性能评价，增加优质乙烯原料供应，炼厂轻烃、液化气占比较2016

年提高4个百分点。一是炼厂进行自身改造，通过新建重整、气分、干气回收等装置，增产液化气、拔头油，回收乙烷、丙烷等优化乙烯原料结构。二是增加外购国内外轻烃、凝析油等轻质化裂解原料。内陆炼厂依托中哈、中俄输油管道，大量使用国内与中亚油田轻烃、俄罗斯轻质原油为优质乙烯原料，沿海炼厂积极进口凝析油、LPG、丙烷、丁烷等轻烃资源。三是推进新兴工艺的研发，如千万吨级炼化项目全产化学品、乙烷裂解制乙烯、甲烷偶联制乙烯等工艺。2017年，南山集团与美国乙烷公司签订了首单进口乙烷合同，抚顺石化研究院首创焦化液化气与焦化汽油混合加氢制乙烯优质原料技术，丰富了乙烯原料种类。

国内乙烯设备和工艺国产化继续取得进展。2017年，新投产的惠炼二期乙烯装置国产化率升至90%以上，首次实现120万吨/年乙烯裂解气、乙烯气、丙烯气三大机组全部国产化，填补了国内技术空白，标志着我国大型乙烯机组研制水平跨入世界先进行列。

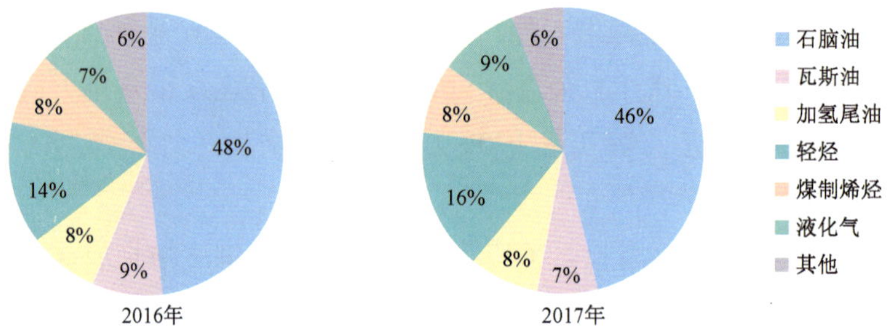

图8-3-4 2016与2017年国内乙烯原料比例构成对比

2. 中国乙烯工业发展展望

2018年乙烯产能继续增长，开工率有所回升。2018年将新增恒力石化乙烯装置的150万吨/年能力，预计总产能达到2605.5万吨/年，同比增长6.1%（表8-3-11）。随着油价总体回升及下游衍生物需求较好，煤（甲醇）基乙烯利润或会有所改善并提高负荷，带动乙烯开工率回升。预计2018年乙烯产量将有望达到1900万吨，同比增长4.2%。

表8-3-11 国内部分规划在2020年前投产的乙烯项目

原料	企业名称	省份	参与方	新增能力（万吨/年）	建设进度
石油基	恒力石化	辽宁	恒力	150	2018年投产
	云南石化	云南	中石油	100	在建
	盛虹石化	江苏	盛虹	110	在建
	中科大炼油	广东	中石化、科威特等	80	中外合资，2019年投产
	舟山石化（一期）	浙江	荣盛、巨化等	140	在建
	泉州石化（改扩建）	福建	中化	100	在建
	小计		680		

续表

原料	企业名称	省份	参与方	新增能力（万吨/年）	建设进度
煤基	斯尔邦石化	江苏	盛虹	60	在建
	中安联合	安徽	中石化、皖北煤电	35	在建
	中石化贵州煤制烯烃	贵州	中石化	30	在建
	吉林康乃尔甲醇制烯烃	吉林	康乃尔	10	在建
	同煤煤制烯烃	山西	大同煤矿	30	在建
	其他			90	
	小计		255		
乙烷	卫星石化400万吨烯烃综合利用	江苏	卫星	125	2018年动工
合计			1060		

2020 年前乙烯产能将继续增长，原料格局以油基为主，煤基、轻烃为辅。“十三五”期间仍是乙烯产能投产的高峰期，以石脑油为主要原料的数个百万吨级乙烯装置将集中投产，煤（甲醇）基烯烃在油价回暖期将重新投入运行。卫星石化 400 万吨/年烯烃项目（一期）125 万吨/年进入环评公示，该项目是国内首套乙烷裂解制乙烯装置，将于 2018 年开工建设。预计到 2020 年，国内乙烯总产能将达 3516 万吨/年。

未来国内乙烯行业多元化格局将继续发展。一是随着煤/甲醇基烯烃在未来几年产能继续扩张及乙烷裂解制乙烯技术在国内得到初步应用，原料方面将形成“油基为主、煤/甲醇基为辅、其他成分为次”的多元化格局。其中，油基、煤/甲醇基、其他成分乙烯产能将分别占乙烯总产能的 75.1%、21.3%和 3.6%。二是随着民营企业及外资进入国内乙烯市场，经营主体将形成“央企为主，民营、外资、其他国企参与”的多元化经营主体格局（图 8-3-5）。同时，北美页岩气乙烯项目进入投产高峰年，沙特等中东国家积极建设石化项目，并向下游产业链延伸，其目标市场均以中国为主。中国乙烯工业将面临国内外市场的双重竞争压力。

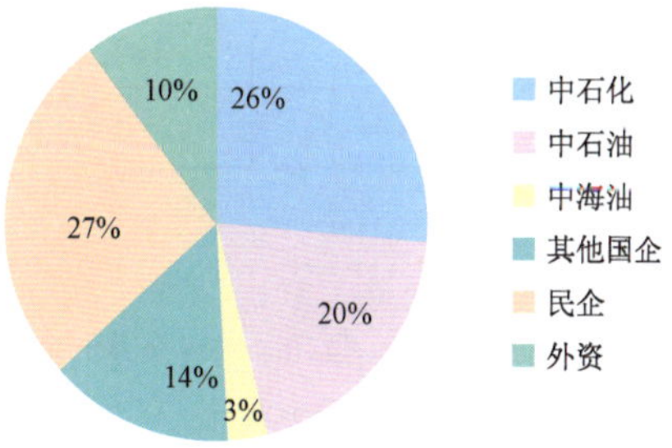

图8-3-5　2020年国内乙烯原料格局

（本节撰写人：徐海丰　费华伟　审定人：陈　蕊）

第九章　海外投资环境

大国博弈导致中东、中亚和北非地区地缘政治形势持续动荡，形势日趋复杂，但风险总体可控，发生新战争或区域性全面战争的可能性不大。资源国开始市场转型，坚持全产业链对外开放，适时调整油气合作条款，适应低油价形势，油气合作进入政策相对有利时期。

第一节　俄罗斯中亚地区

2017 年，俄罗斯中亚地区政局稳定，经济形势逐渐好转，油气产量稳中有升，出口多元化继续推进。俄罗斯在美欧制裁的环境下，努力开展与欧亚公司的油气合作，并取得积极进展；中亚积极调整对外合作政策，鼓励外国投资。

一、油气工业概况

油气全产业链稳步发展，产量和出口量持续增长，出口多元化能力进一步增强。

1. 油气储量保持稳定

截至 2016 年底，俄罗斯中亚地区油气储量 595 亿吨油当量，与 2015 年持平。其中，石油储量 183 亿吨，天然气储量 51.8 万亿立方米（表 9-1-1）。

据不完全统计，截至 2017 年 10 月，俄罗斯中亚地区共有 12 个油气发现。俄气在北萨哈林地区发现储量为 3800 万吨的油田，是近年来俄罗斯较大的油气发现（图 9-1-1）。俄罗斯加强海上勘探投资，根据年初计划，俄油、俄气将分别在海上投资 7.56 亿和 6.65 亿美元，同比增长 4 倍和 22.7%。

表9-1-1　2012—2016年俄罗斯中亚地区油气储量

年份	2012	2013	2014	2015	2016
石油（亿吨）	187.4	186.7	184.2	183.1	183.1
天然气（万亿立方米）	51.4	51.8	51.9	51.8	51.8

2. 油气产量双升

石油产量微增。2017 年，俄罗斯中亚地区石油产量 6.48 亿吨，同比增长 1.2%（图 9-1-2）。俄罗斯积极参与欧佩克限产计划，石油产量 5.47 亿吨，与 2016 年基本持平。哈萨克斯坦卡沙甘油田顺利复产，石油产量实现 9%的增长，至 8500 万吨。

天然气产量稳定增长。2017 年，俄罗斯中亚地区天然气产量 8305 亿立方米，同比增长

4.5%（图 9-1-3）。其中，俄罗斯天然气产量达 6700 亿立方米，同比增加 4.7%，主要是为了满足欧洲对俄罗斯天然气需求的增长；土库曼斯坦天然气产量 687 亿立方米，同比增长 2.8%，主要是为了满足中国进口的增长。

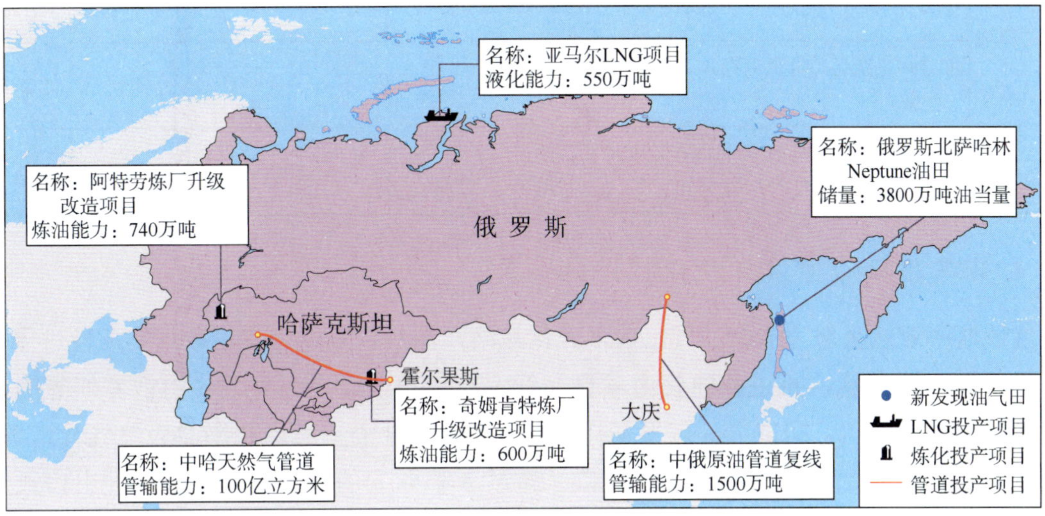

图 9-1-1　2017年俄罗斯中亚地区油气工业重大进展

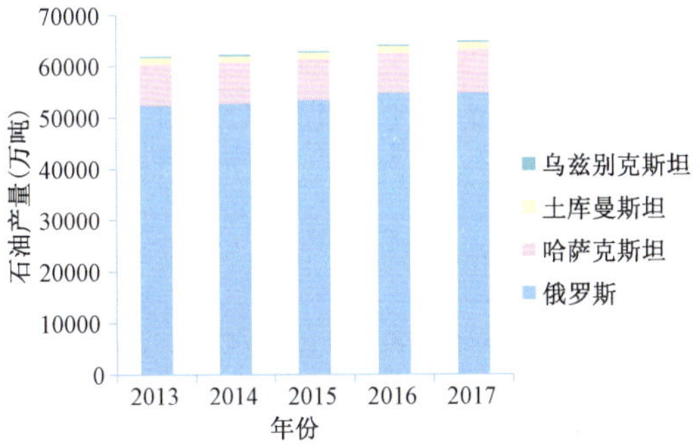

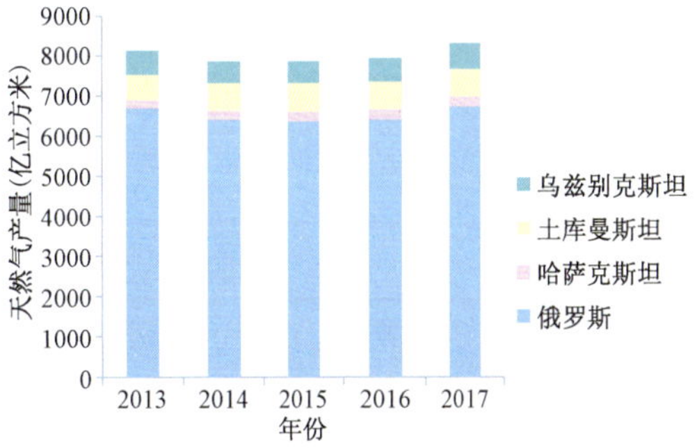

图9-1-2　2013—2017年俄罗斯中亚地区石油产量　　图9-1-3　2013—2017年俄罗斯中亚地区天然气产量

3. 炼油产业以改造升级为重点

2017 年，俄罗斯中亚地区炼油能力 3.5 亿吨/年，较上年增长 240 万吨/年。俄罗斯没有新炼厂建成投产；中亚国家加快下游建设，以满足成品油需求。哈萨克斯坦奇姆肯特炼厂一期投产；阿特劳炼厂改造完成，扩能 240 万吨/年。两座炼厂可生产欧Ⅳ和欧Ⅴ的汽油和柴油。若巴普洛达尔炼厂按计划于 2018 年完成改造，哈萨克斯坦炼油能力将提高至 1940 万吨/年，可完全满足国内对轻质油品的需求。另外，乌兹别克斯坦在乌哈边境正在新建一座炼厂（表 9-1-2）。该炼厂建成后每年可生产 370 万吨的汽油、70 万吨的航煤和 30 万吨的其他成品油。

表9-1-2　2017年俄罗斯中亚地区炼厂建设统计

国家	名称	投资方	建成后年加工能力（万吨）	新增年加工能力（万吨）	炼厂状态	项目类型
哈萨克斯坦	巴普洛达尔炼厂	哈萨克斯坦国家油气公司	600	0	在建	升级改造
	西哈萨克斯坦炼厂	哈萨克斯坦国家油气公司	—	—	计划	新建
乌兹别克斯坦	Jizzakh炼厂	乌兹别克斯坦国家油气公司	500	500	在建	新建

4. 油气出口管道项目积极推进

俄罗斯中亚地区努力实施油气出口多元化战略，油气运输能力建设取得实质性进展。

俄罗斯排除干扰，推进西向管道项目。俄罗斯致力于绕过乌克兰、白俄罗斯等国，直接向欧洲出口天然气。2017 年，俄罗斯排除美国制裁的干扰，推进北溪 2 天然气管道项目，得到 5 家欧洲公司的大力支持，为其提供了超过 3 亿欧元的融资；直接向欧洲出口天然气的土耳其流管道也进展顺利，完成俄境内海底管道的建设，正在建设土耳其专属经济区内的管道。

东向管输能力继续提升。2017 年，中俄原油管道复线建成投产，增加俄罗斯对中国石油出口能力 1500 万吨；中哈天然气管道顺利投产，增加中亚对中国天然气出口能力 100 亿立方米（表 9-1-3）。此外，中俄天然气管道东线继续推进，俄境内管道建设工程过半，计划于 2019 年底投产。

表9-1-3　2017年俄罗斯中亚地区管道建设及计划情况

名称	路线	长度（千米）	运力（亿立方米）	管道状态
北溪2天然气管道	俄罗斯维堡、波罗的海、德国卢布明	1224	550	计划
土耳其流天然气管道	俄罗斯哈纳帕、黑海、土耳其基科伊	900	630	在建
中俄天然气管道东线	俄罗斯科维克金气田、斯科沃罗季诺、中国漠河	4000	380	在建
中俄原油管道复线	俄罗斯斯科沃罗季诺；中国漠河、大庆	1000	1500（万吨）	投产
中哈天然气管道	哈萨克斯坦曼格什套州、阿克纠宾州、克孜勒奥尔达州和南哈州	1452	100	投产

5. 石油出口量保持稳定，天然气出口量稳增

2017 年，俄罗斯中亚地区石油出口量 3.29 亿吨，与 2016 年持平；天然气出口量 2848 亿立方米，同比增长 6%。

俄罗斯和哈萨克斯坦石油出口同比持平。2017 年，俄罗斯石油出口量 2.55 亿吨，哈萨克斯坦石油出口量 6900 万吨。前 9 个月，俄罗斯向中国出口石油 4500 万吨，取代沙特阿拉

伯，成为中国最大的石油进口来源国。估计全年俄罗斯对中国的石油出口量接近 6000 万吨，约占中国石油进口量的 15%。

俄罗斯中亚地区天然气出口继续增长。2017 年，俄罗斯出口天然气 2233 亿立方米，同比增长 7%，其中向欧洲出口超过 1900 亿立方米，较上年增长 9%。俄罗斯天然气出口增长主要受欧洲需求拉动。中亚地区出口天然气 615 亿立方米，同比增长 1%，主要是土库曼斯坦和哈萨克斯坦增加了向中国的出口。

二、油气对外合作动向

俄罗斯中亚地区继续坚持对外开放的合作政策，中俄油气合作取得突破性进展。

1. 中俄油气合作成为亮点

油气资产国际交易数量不多。除尚未完成交割的中国华信收购俄油股份外，2017 年俄罗斯中亚地区上游资产交易有 5 宗，金额达 30 亿美元，均为陆上常规油气田。

中国华信与瑞士嘉能可、卡塔尔主权基金签署资产转让协议，获得俄油 14.16%股份，价值 91 亿美元，尚未完成交割（图 9-1-4）。

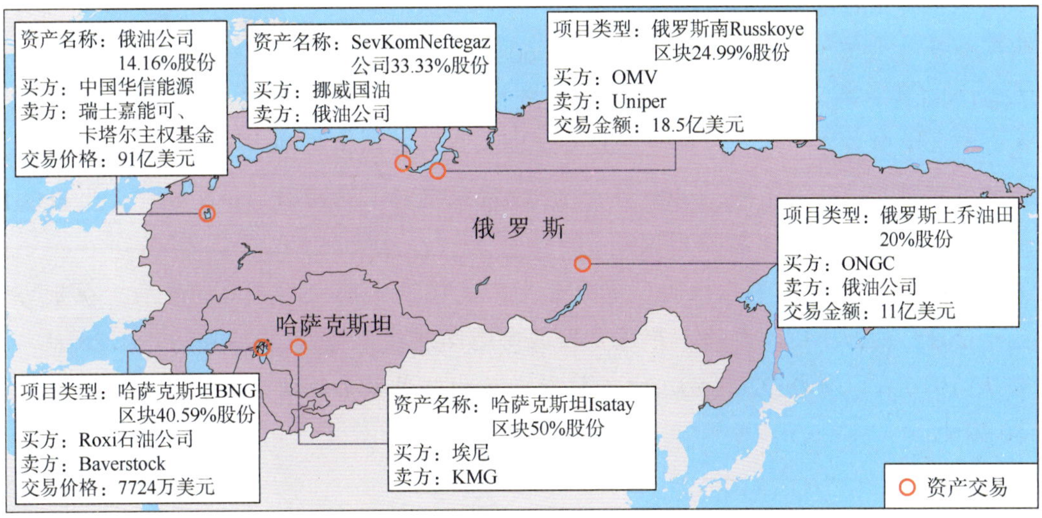

图9-1-4　2017年俄罗斯中亚地区资产交易分布图

重点关注

国际石油公司在俄罗斯油气合作趋向

在美欧强力制裁下，不同地区的石油公司与俄罗斯油气合作呈现出不同的态度。美国公司与俄合作有心无力，欧洲公司正在突破禁忌逐渐开展合作，亚洲公司特别是中国公司积极与俄罗斯合作。国际石油公司与俄罗斯油气合作主要在三个领域，即俄罗斯允许的资源合作、并购俄罗斯公司股份以及与俄开展贸易合作。

在资源合作方面，俄罗斯允许的合作集中在俄本土技术难以企及的大陆架、北极、远东油气田开发以及非战略性油气资产开发等。2017 年，奥地利 OMV 公司购买西西伯利亚南 Russkoye 气田 24.99%股份后参与开发。挪威国油购买 SevKomNeftegaz 公司 33.33%股份后可参与北 Komsomolskoye 油田的开发。

在并购公司股份方面，亚洲公司特别是中国公司表现积极。北京燃气完成购买上乔油气公司 20%股份的交割，中国华信能源收购俄油 14.16%股份。

在贸易方面，中国华信能源与俄油签署了对华供油 5 年协议。根据协议，中国华信每年将从俄油购油 1000 万吨。

俄罗斯北极亚马尔 LNG 项目正式投产

发展北极地区以及开发北极油气资源是俄罗斯的优先发展方向。俄政府将在 2025 年前投资 27.87 亿美元用于发展北极经济以及开发北极油气资源。

2017 年，俄罗斯北极油气勘探开发取得重大进展，北极大陆架原油产量 2600 万吨，同比增长 16.6%；天然气产量 340 亿立方米，同比增长 3.3%，充分利用北极油气资源支持北极地区和俄罗斯经济发展是俄罗斯战略关切。

亚马尔项目是目前北极地区最大的天然气勘探开发、液化、运输、销售一体化项目，探明天然气储量 1.3 万亿立方米，凝析油储量 6018 万吨。按照设计，项目将建成三条年产量 550 万吨 LNG 生产线，全部建成后每年可生产 LNG 1650 万吨、凝析油 100 万吨。项目由诺瓦泰克公司、中国石油、道达尔和丝路基金共同开发，分别占股 50.1%、20%、20%和 9.9%。项目全部投产后，每年将有超过 400 万吨 LNG 运往中国。2017 年 12 月 8 日，亚马尔 LNG 项目正式投产，普京总统出席投产仪式。

亚马尔项目不仅加快了北极油气资源开发，更促进了项目所在地的发展。萨别塔地区机场已于 2015 年 2 月投入运营，开通多条国内国际航线，截至 2017 年 11 月 26 日，共运送乘客 70.19 万人，货物 9200 吨。所属萨别塔港已建成 6 个物资卸载泊位，累计运载物资超过 50 万吨。

2. 政策法律环境总体向好

2017 年，主要资源国继续调整对外合作政策，应对国际油价和投资环境的变化。一方面，通过颁布税收优惠政策、改善投资环境等措施吸引更多投资；另一方面，通过修改税法，政府获得更多利益。（表 9-1-4）

三、主要资源国投资风险

俄罗斯中亚地区投资环境风险中等偏低，并有好转趋势，但俄罗斯卢布升值和土库曼斯坦马纳特贬值的可能性较大，IS 组织恐怖活动可能扩散至中亚地区（表 9-1-5）。

表9-1-4 2017年俄罗斯中亚地区多国能源政策变化

国家	能源政策变化
俄罗斯	批准税法修正案，2017—2020年的石油矿产资源开采税依次比上年增加306、357、428和428卢布/吨
	在阿穆尔地区建立斯沃博德内优先发展区，区内企业享受欧亚经济联盟的免税政策
	2019年1月1日即将实行的税率修正案规定：强制性社会保障费率由30%降至22%；增值税税率从18%提高到22%；企业所得税税率从20%降至5%，此修正案还在讨论中
哈萨克斯坦	2018年1月1日执行的地下资源管理规定：降低新油气田综合税率，勘探和开发合同合一，优化和透明合同签订过程，鼓励外国资本投资新油气田
乌兹别克斯坦	对企业采购新技术设备、更新现有设备、提高产品生产标准、购置研发设备、购买国产软件等投资行为提供税收优惠

表9-1-5 2017—2018年俄罗斯中亚地区主要风险指标变化情况

国家	风险评估图	主要关注风险
俄罗斯	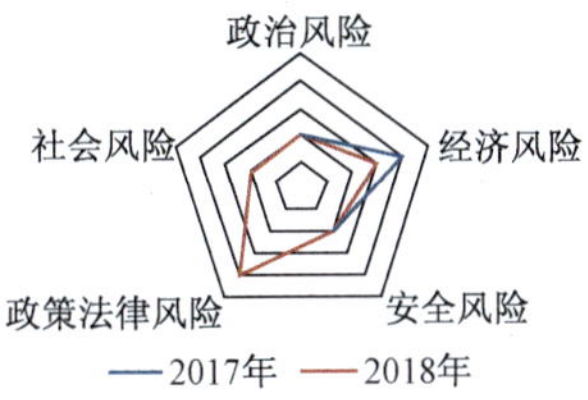	政治风险低。美欧对俄罗斯政治影响不会导致俄罗斯政治动荡，国内反普势力虽有抬头迹象，但普京连任总统的可能性极高，国内政局将继续保持稳定。 经济风险中，呈降低趋势。俄罗斯经济已走出低谷，开始企稳回升。但卢布汇率与国际油价关系紧密，2018年存在较大升值压力
哈萨克斯坦	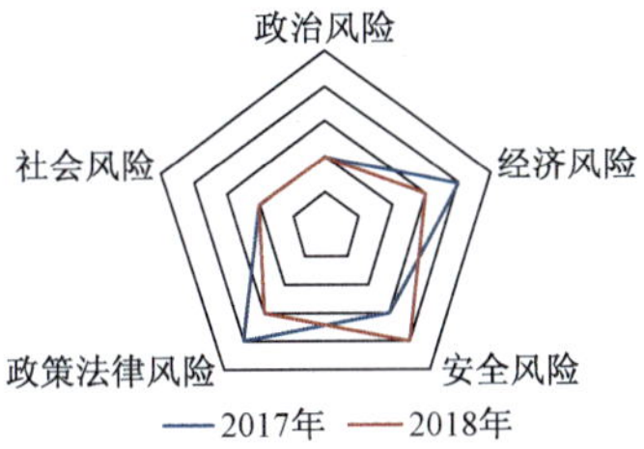	政治风险降低。纳扎尔巴耶夫逐步强化内阁和议会的作用，以降低未来权力交接可能带来的潜在风险。 经济风险降低。随着国际油价回升企稳，经济逐渐走出低谷，预计2018年GDP将实现4%的增长。穆迪公司将其主权评级展望由“负面”调整为“稳定”。 安全风险上升。IS组织向周边国家蔓延，恐怖活动可能波及哈萨克斯坦。 政策风险略有降低。2018年1月将实行的地下资源管理规定，出台了更多鼓励外国公司投资新油气田的政策
土库曼斯坦	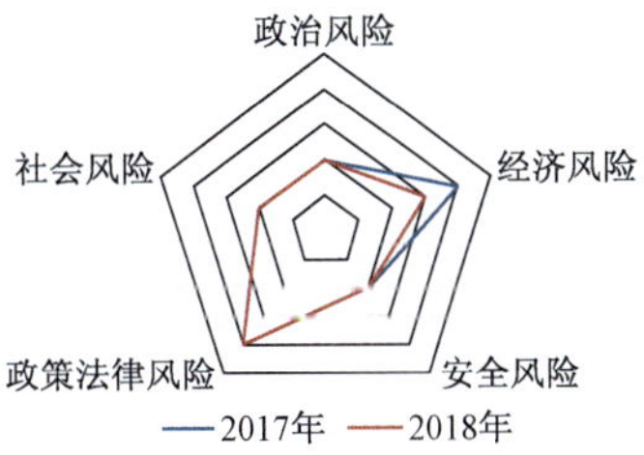	经济风险上升。经济增长趋弱，天然气出口受阻，外汇收入及储备减少，马纳特面临较大贬值风险。 安全风险上升。IS组织向周边国家蔓延，恐怖活动可能波及土库曼斯坦

（本节撰写人：张　晶　冯　贺　张燕云　审定人：徐建山）

第二节 中 东 地 区

各国坚持对外开放政策，适时调整油气合作条款。地缘政治局势持续动荡，安全风险居高不下。

一、油气工业概况

2017 年，中东地区勘探步伐继续放缓，主要资源国油气产量减多增少，油气净出口呈增长趋势。资源国推出庞大的炼油、石化工业发展规划，需要大量的资金支持。

1. 勘探活动放缓，油气发现数量少

2016 年，油气储量与上年基本持平。石油剩余探明储量 1085 亿吨，天然气剩余探明储量 80.0 万亿立方米（表 9-2-1）。

2017 年，中东地区油气勘探活动延续了上年放缓的势头。只在伊朗、伊拉克、阿曼获得 3 个新的油气发现，均为陆上常规油气发现，规模不大（图 9-2-1）。

表9-2-1　2013—2016年中东地区油气储量变化

	2013年	2014年	2015年	2016年
石油储量（亿吨）	1086	1086	1085	1085
天然气储量（万亿立方米）	80.2	80.3	80.2	80.0

图9-2-1　2017年中东地区石油工业重要进展

2. 石油产量总体下降，天然气产量增长较快

2017 年，中东地区石油产量 14.5 亿吨，同比下降 1.5%（图 9-2-2）；天然气产量 6716 亿立方米，同比增长 3.4%（图 9-2-3）。

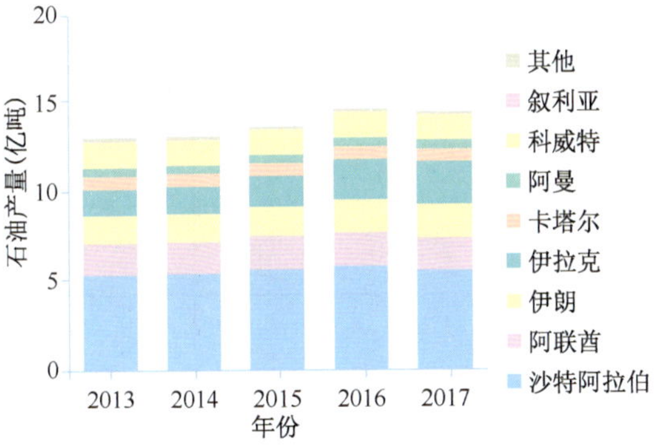

图9-2-2 2013—2017年中东国家石油产量

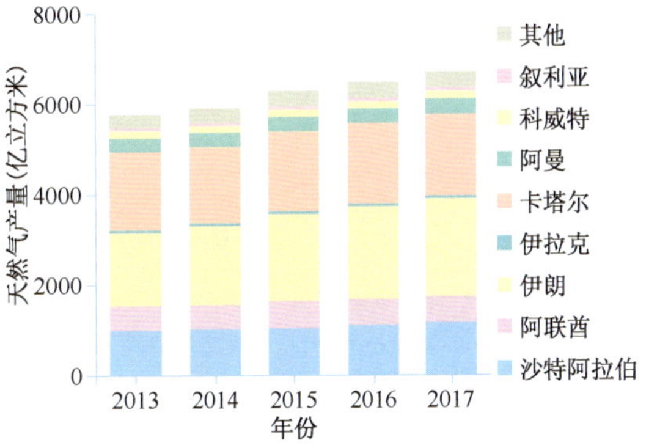

图9-2-3 2013—2017年中东国家天然气产量

各国油气产量增减不一。为履行欧佩克减产协议，2017 年，沙特、阿联酋、科威特石油产量分别减少 2600 万吨、700 万吨、650 万吨。根据协议，伊拉克应减产 1050 万吨，但因南部部分油田产量提高，该国石油产量实际增长 1200 万吨。协议允许伊朗增产，2017 年伊朗实际产量增长 400 万吨，略超允许量。

天然气产量增长主要来自伊朗、沙特和阿曼。分别增长了 109 亿立方米、52 亿立方米和 28 亿立方米。伊朗南帕斯气田和沙特加瓦尔气田产量增长、阿曼 Khazzan 气田投产是这些国家天然气产量增长的主要来源。

3. 资源国推出庞大的炼化工业发展计划，但进展缓慢

炼油能力维持稳定。2017 年，中东地区炼油能力为 5.1 亿吨。沙特吉达炼厂关闭，没有新的炼厂建成投产。

多国制订了炼油工业发展计划（表 9-2-2），除沙特以外，其他国家落实比较少。预计未来 5 年，这一状态仍将延续。

表9-2-2 2017年中东地区炼油能力及扩能计划

国家	炼厂名称	投资方	建成后的年加工能力（万吨）	新增年加工能力（万吨）	炼厂状态	项目类型	计划投产时间
伊朗	Siraf炼厂	伊朗国家石油公司	2400	2400	在建	新建	2018年
伊朗	阿巴斯炼厂	伊朗国家石油公司	3150	1650	计划	改扩建	2019年
伊朗	大不里士炼厂	伊朗国家石油公司	860	300	计划	改扩建	2018年
伊朗	伊斯法罕炼厂	伊朗国家石油公司	3750	1875	计划	改扩建	2019年
沙特	吉赞炼厂	沙特阿美	2000	2000	在建	新建	2018年

续表

国家	炼厂名称	投资方	建成后的年加工能力（万吨）	新增年加工能力（万吨）	炼厂状态	项目类型	计划投产时间
沙特	拉斯塔努拉炼厂	沙特阿美	5500	2750	在建	扩建	2020年
巴林	Sitra炼厂	巴林石油公司	1800	465	在建	扩建	2018年
伊拉克	Karbala炼厂	卡尔巴拉炼油公司	700	700	在建	新建	2019年
伊拉克	米桑炼厂	米桑石油公司	750	750	在建	新建	2019年
伊拉克	纳西里耶炼厂	待定	1500	1500	计划	新建	2019年
伊拉克	基尔库克炼厂	待定	750	750	计划	新建	2020年
阿曼	杜古姆炼厂	阿曼石油公司、科威特国际石油公司	1150	1150	在建	新建	2020年
科威特	Al-zour炼厂	科威特国家石油公司	3075	3075	在建	新建	2018—2021年
阿联酋	富查伊拉炼厂	阿布扎比国际石油投资公司	1000	1000	在建	新建	2020年以后
卡塔尔	梅赛伊德炼厂	卡塔尔石油公司	1000	1000	计划	新建	2020年
叙利亚	霍姆斯炼厂	伊朗国家石油公司	700	700	计划	新建	2020年以后

4. 多国计划发展石化产业，增加产品附加值，需要大量投资

中东是世界重要的乙烯生产区。2017 年，中东地区乙烯产能 3000 万吨年。全年没有大的石化项目投产。

主要国家制定了庞大的石化工业发展规划，需要大量投资（表 9-2-3）。未来 5 年，计划新增石化产能 1.1 亿吨，主要集中在沙特阿拉伯、卡塔尔、科威特、阿曼、阿联酋和伊朗。其中，沙特等海湾国家计划将石化产能提高 5000 万吨，需要 800 亿美元的投资。伊朗计划发展 67 个石化项目，新增产能 6000 万吨，需要 380 亿美元的资金支持。

表9-2-3　2017年中东国家石化产能及扩能计划

国家	未来5年新增产能计划（万吨）	未来5年主要投资计划
伊朗	6000	建设马赫沙赫尔、帕斯两个石化经济园区，发展67个石化项目
沙特	1000	PetroRabigh项目2期项目、Sadara联合体项目、朱拜勒石化装置，以及沙特基础工业公司的石油制化学品项目
阿联酋	900	阿布扎比鲁韦斯博禄4项目、鲁韦斯Takreer炼厂芳烃项目、Takreer丙烷脱氢项目
卡塔尔	600	拉斯拉法（Ras Laffan）乙烯裂解装置
科威特	500	Al-Zour炼厂烯烃3期项目
阿曼	700	建设杜古姆石化联合体

资金不足限制了石化项目推进。近年来，受油价下跌、制裁、公众反对等因素影响，地区石化项目难以找到国外投资者，出现计划难以实施的局面。

5. 油气净出口呈增长趋势

石油净出口进一步增长。2017 年，中东地区石油净出口量为 10.9 亿吨，同比增长 2.2%，出口量增长主要来自伊朗、伊拉克（图 9-2-4）。伊朗石油产量增长，出口量随之增长；伊拉克未遵守欧佩克减产协议，石油产量增长，加之南部港口出口能力提高，石油出口量增长。

天然气净出口量小幅增长。2017 年，中东地区天然气出口量为 1622 亿立方米，同比增长 1.4%。阿曼、伊朗是中东地区主要的天然气出口增长国家，占地区增长量的 90%（图 9-2-5）。这两个国家天然气产量的增长带动了出口量的明显增长。

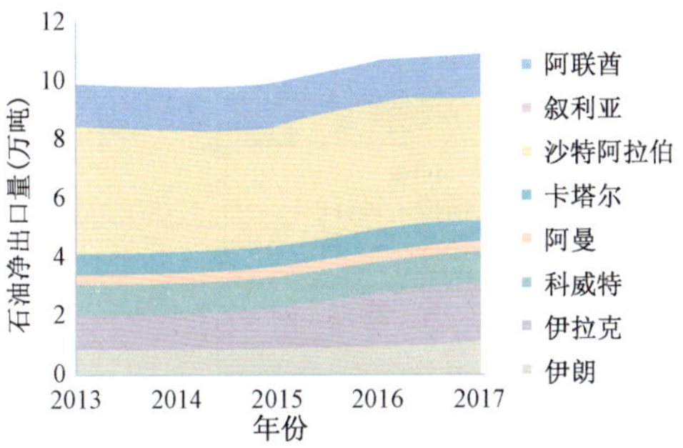

图9-2-4　2013—2017年中东地区主要国家石油净出口

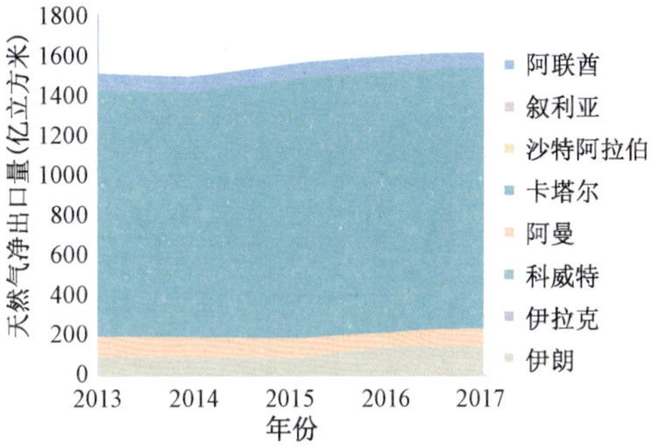

图9-2-5　2013—2017年中东地区主要国家天然气净出口

二、油气对外合作动向

2017 年，中东地区资源国家继续坚持对外开放政策，适时调整油气合作条款，适应低油价形势。

1. 多个国家对外招标，地区资产交易活跃

6 个国家推出油气区块招标。主要集中在两伊、东地中海国家，包括 33 个陆上区块，40 个海上区块（图 9-2-6）。除伊朗推出部分开发区块、科威特推出非伴生气开发项目外，其他国家招标均为勘探区块。招标区块远景资源丰富，但也存在地质条件复杂、与邻国划界不清、制裁风险等问题，导致招标吸引力不大。

发生资产交易 40 余项。交易额 62 亿美元。其中，上游交易 30 余项，交易额 40 亿美元；下游交易 10 余项，交易额 22 亿美元。

2. 相继调整油气、财税政策，适应低油价形势

政策调整主要集中在海湾国家。在国际油价低位运行、石油出口国财政收入减少的形势下，部分海湾国家采取私有化国家石油公司部分股份、修改所得税法等措施，增强本国经济发展的动力及可持续性（表 9-2-4）。

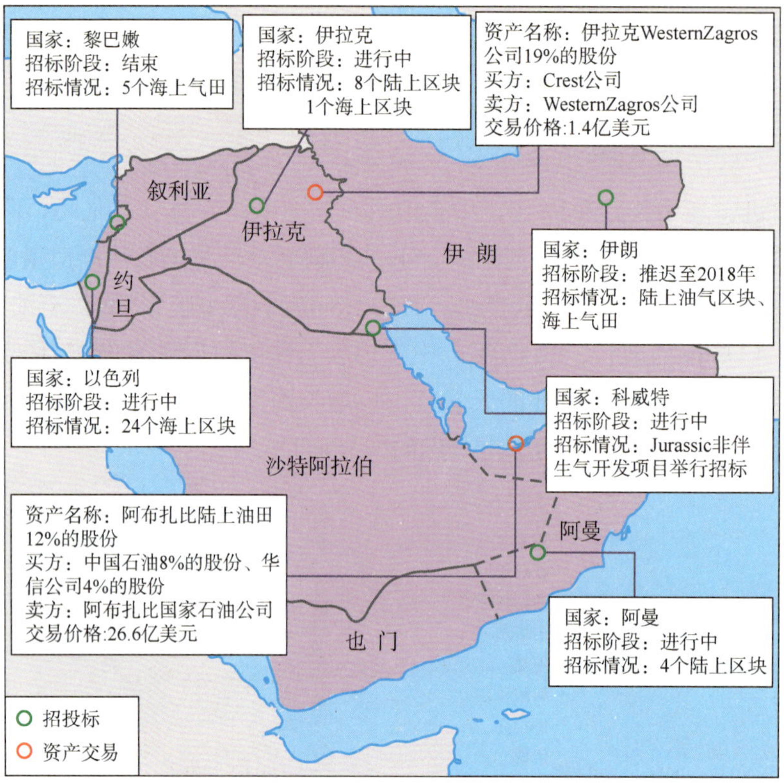

图9-2-6　2017年中东国家招投标、资产交易分布图

表9-2-4　2017年中东国家主要政策调整

国家	政策调整
海合会国家	六个海合会国家进行财政改革，推出增值税法，起始税率为5%，计划2018年1月生效
沙特	推出私有化计划，沙特阿美上市5%的股份；鼓励企业雇佣更多本地员工；降低石油生产商所得税率，由目前统一的85%替换为分级税率（50%～85%）
卡塔尔	取消之前自行实施的北方气田长达12年的开采禁令
阿联酋	计划将阿布扎比国家石油公司（ADNOC）零售、服务业务在国内上市，并吸引外国投资者参与经营
阿曼	阿曼石油公司计划私有化部分非主营业务股份；修改所得税法，此前免税的矿产企业需履行纳税义务
黎巴嫩	议会通过了新的石油税法，将油气企业所得税从15%提高至20%，降低油气企业印花税税率，免征关税和增值税

重点关注

国际石油公司在中东地区投资趋向

中东地区是国际石油公司投资关注的重点地区。主要关注上游勘探开发，包括招标和产权交易。从国别看，伊朗、伊拉克、阿联酋、沙特阿拉伯是上游主要投资关注国。

伊朗：国际石油公司在伊朗投资仍坚持积极谨慎态度，尤其注重规避投资风险。即使是中国石油、法国道达尔组成财团获得的南帕斯 11 期天然气开发合同，也签有应对制裁、规避投资风险的条款。截至 2017 年 11 月，伊朗和国内外公司共签署了 37 份合作谅解备忘录，但只签订 1 份正式合同。

伊拉克：尽管恐怖袭击时有发生，库区独立公投引发国内动荡，但国际石油公司投资伊拉克上游项目热情不减。2017 年，只有壳牌公司因公司战略调整表示将退出马吉努油田，但随即就有多家公司表示有意接手马吉努油田。俄油加强与库区的合作，并签订了 5 个勘探区块的产量分成合同。

阿联酋：来自亚洲及欧洲的公司对该国陆上、近海项目表示出极大的兴趣。

沙特阿拉伯：沙特阿美计划上市 5%的股份，来自中国、日本、韩国的亚洲公司表示希望获得沙特阿美部分股权。

国际石油公司关注炼化项目，部分亚洲、欧洲公司与资源国签署炼油化工合同，但无实质性进展。

三、主要资源国投资风险

中东地区主要资源国政局维持稳定，风险基本可控。但美国承认耶路撒冷为以色列首都，可能引发地区冲突，导致整个地区安全风险上升；随着油价上升，整体经济风险下降，但安全风险仍居高不下（表 9-2-5）。

表9-2-5　2017—2018年中东地区主要国家风险指标变化情况

国家	风险评估图	主要关注风险
伊朗	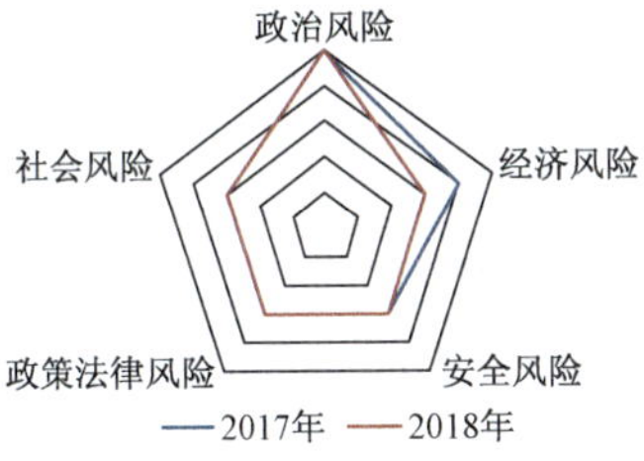	政治风险居高不下。美国拒绝承认伊核协议，或将对伊朗实施单边制裁。伊朗政府对整个国家的控制力强，国内政治风险低，但是保守派抵制开放，影响项目运营进程。 经济风险降低。石油出口量增长，经济有所好转。2017年GDP增长率预测为3.5%，2018年提高至3.8%。2017年通胀率预测为10.5%，2018年降低至10.1%。但受美国金融制裁的影响，在伊朗投资及原油贸易通过美元结算仍然受限，经济风险仍然存在。 政策风险维持高位。伊朗新版石油合同推出时间一拖再拖。外汇管制严格，资金周转缓慢，税收政策不完善，项目执行困难，导致政策风险维持高位
伊拉克	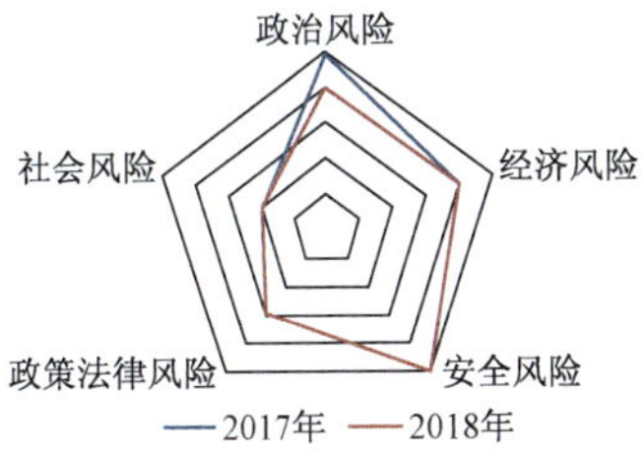	政治风险降低。国内政治派别之间的对抗趋缓，库区跟中央政府矛盾关系缓和，中央政府对国家掌控力强；地区内，与沙特等逊尼派国家关系有好转的趋势。 经济风险较高。油价维持低位，严重依赖石油收入的伊拉克依然面临较高的经济风险。本土货币也面临大幅波动。此外，腐败、敲诈勒索严重，外国公司在伊拉克可能利益受损。 安全风险维持高位。中央政府收复大部分被IS占领的领土后，IS散而不死，并向周边蔓延，犯罪和恐怖袭击时有发生，油气基础设施成为被攻击的目标，安全风险维持高位

续表

国家	风险评估图	主要关注风险
叙利亚	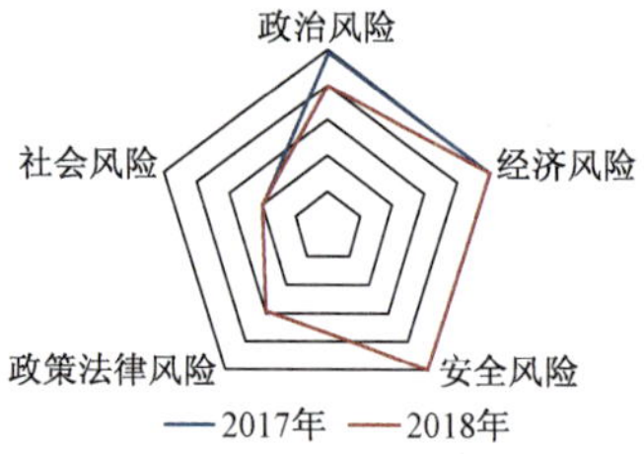	政治风险高。阿萨德政府对政局的控制力增强。俄罗斯撤军，主要战事结束，但大国博弈依然激烈，政府实际控制范围有限，叙利亚国内仍然呈现多方势力割据的局面。 经济风险维持高位。持续内战导致国内经济崩溃，GDP持续负增长，通胀严重，债务高筑。 安全风险维持高位。IS等极端势力被打散后，叙利亚的安全风险由战争向恐怖袭击转变
沙特阿拉伯	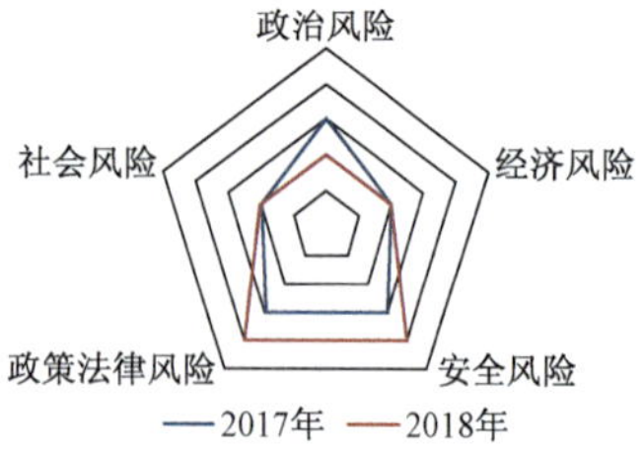	政治风险维持低位。萨勒曼家族掌控力强，政权有望平稳过渡。 经济风险维持低位。随着油价回升以及反腐收缴资金取得实效，沙特财政收入将明显增加，经济逐步好转，估计2017年GDP增长率为0.13%，2018年提升至1.1%，应对债务、汇率风险的能力增强。 安全风险上升。胡赛武装的袭击威胁以及IS的扩散，对沙特安全形势带来挑战。 政策风险上升。拟将推出增值税法，鼓励企业雇佣更多的本国员工，政策风险上升

重点关注

美国对伊朗制裁及其影响

美国单边制裁不会改变伊核协议的效力。10月14日，美国总统特朗普宣布拒绝承认伊朗遵守伊核协议，但表示暂不会退出，希望国会审查并修改伊核协议。分析认为，因与伊朗经贸关系密切，欧盟等国家不会追随美国，美国单边修改伊核协议的可能性比较小，或将以伊核协议以外的借口对伊朗单边实施制裁。

单边制裁不会使国际石油公司违约退出伊朗。针对道达尔有可能退出南帕斯11期项目的消息，伊朗方面表示，此规定的不可抗力是伊朗受联合国的制裁，美国单边制裁不能成为外国公司主动违约的借口。

单边制裁将加大外国公司投资伊朗的风险。美国对伊朗实施单边制裁虽不会随即对伊朗石油出口产生影响，但将影响与美国金融系统有联系的外国公司与伊朗进行交易，进而严重影响外国石油公司投资伊朗油气行业的信心。

（本节撰写人：王 莹 尚艳丽 李程远 任重远 审定人：徐建山）

第三节　非洲地区

2017年，非洲地区油气产量均有增长，上游项目招投标与资产交易活跃，但下游炼厂建设缓慢；资源国纷纷放宽油气上游政策，吸引更多的投资者；非洲地区经济出现好转迹象，但部分国家经济风险仍处高位。

一、油气工业概况

1. 2016年储量“油平气升”，2017年重大发现“气多油少”

2016年，非洲地区石油储量略有下降，为164亿吨，同比下降0.6%。天然气储量继续上升，达18万亿立方米，同比增长3.4%（表9-3-1）。

2017年，非洲石油储量稳中略降，天然气储量继续上升。油气发现气多于油，重要油气发现共5个，主要集中在北非和西非（图9-3-1）。西非塞内加尔海域获得三个重大天然气发现，其中，Yakaar气田为世界级天然气发现，储量高达4200亿立方米。新发现进一步证实了西非海上的资源潜力。

表9-3-1　2013—2016年非洲地区油气储量

年份	2013	2014	2015	2016
石油储量（亿吨）	164	163.2	164.4	164.3
天然气储量（万亿立方米）	14.6	17.6	17.5	18.1

2. 产量“油气双升”

2017年，非洲地区石油产量3.91亿吨，同比上升约2.8%（图9-3-2）；天然气产量2269亿立方米，同比增加4.9%（图9-3-3）。

尼日利亚和利比亚的石油产量恢复是非洲地区石油产量增加的主要原因。因尼日利亚和利比亚属于OPEC减产豁免国，不需要承担减产配额，国内原油生产强势复苏。尼日利亚石油产量由2016年的142.7万桶/日提高至2017年的180万桶/日；利比亚石油产量由2016年的39万桶/日提高至2017年的100万桶/日。2018年，尼日利亚和利比亚将加入OPEC减产计划，预计两国产量将受到影响。

埃及国内气田的投产和阿尔及利亚气田的增产促使非洲地区天然气产量快速增加。截至2017年10月，埃及Zhor气田开发项目完工率已达到90%，如果2017年12月顺利投产，埃及天然气产量将增至1400万立方米/日；阿尔及利亚为增加出口收入，天然气产量提高了1000万立方米/日。

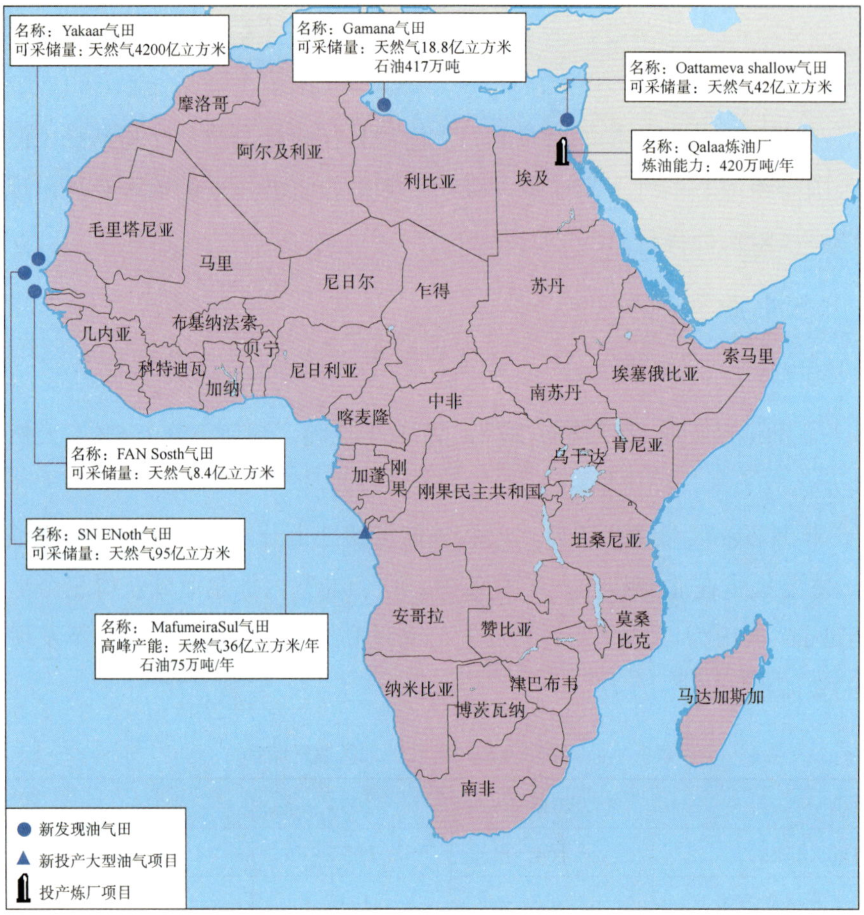

图9-3-1　2017年非洲地区油气工业重要进展

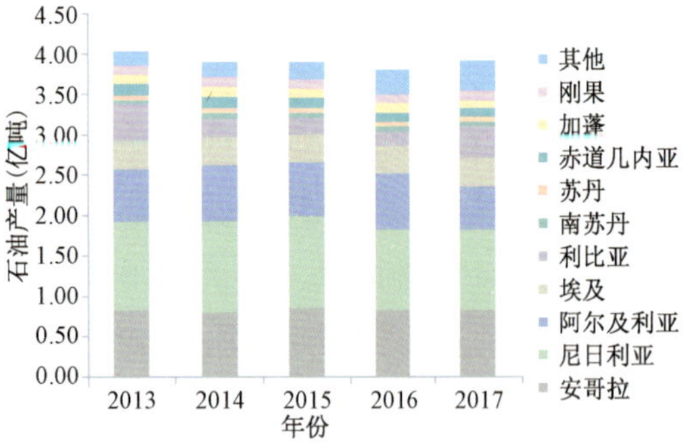

图9-3-2　2013—2017年非洲国家石油产量

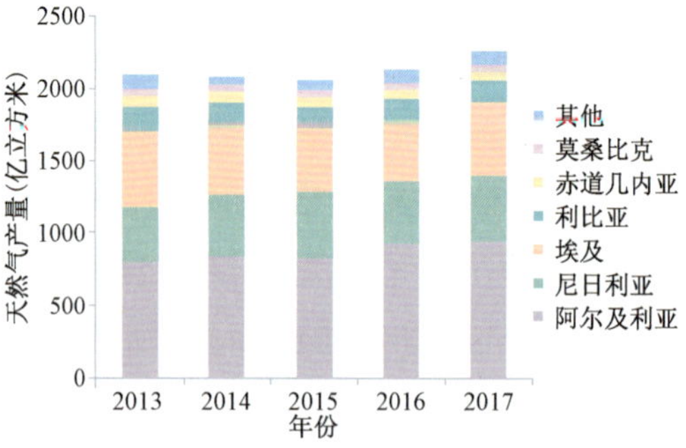

图9-3-3　2013—2017年非洲国家天然气产量

3. 炼厂建设“蜗行牛步”

国际油价的长期低迷重创油气资源国经济，非洲下游业务发展出现“设想多、落地少”现象。

多数资源国，如阿尔及利亚、安哥拉等，纷纷缩减本国下游投资，推迟或停建部分炼厂；仅有埃及、南非等少数国家积极吸引外资，加快本国炼厂建设（表 9-3-2）。

表9-3-2　非洲地区炼厂能力及扩能计划

国家	炼厂名称	投资方	建成后年加工能力（万吨）	新增年加工能力（万吨）	炼厂状态	项目类型	计划投产时间
阿尔及利亚	Tiaret炼油厂	Amec Foster Wheeler	500	500	建设	新建	2019年/2020年
	Algiers炼油厂	中石油工程建设公司	105	105	建设	新建	2018年
	Skikda炼油厂	Tecnicas Reunidas公司	550	120	计划	扩建	2019年
	Arzew炼油厂	Amec Foster Wheeler	375	20	计划	扩建	2018年
安哥拉	Namibe综合炼化厂	俄罗斯Rail标准服务公司和Fortland咨询公司	2000	2000	计划	新建	
	Soyo 炼油厂	中国天辰建设公司	500	500	停建	新建	
	Lobito炼油厂	南非PetroSA	1000	1000	停建	新建	
几内亚	Brahms炼油厂	SNC Lavalin公司	50	50	计划	新建	
乌干达	Hoima炼油厂	AGRC财团	300	300	计划	新建	2020年
埃及	Mostorod炼油厂	埃及炼油公司	420	420	竣工	扩建	2017年
	SRPC炼油厂	中国水电建设集团国际工程有限公司	775	775	计划	新建	2021年
尼日利亚	Dangote炼油厂	尼日利亚丹格特集团	325	325	建设	新建	2019年
乍得	多巴炼油厂	中成股份、西班牙工程公司TSK集团	100	100	计划	新建	

尼日利亚计划筹资12亿美元，扩建本国炼厂和新建模块化炼厂，以期2019年结束国内成品油进口局面。但受成品油价格低迷、投资缺乏以及反对武装破坏等因素影响，建设进度缓慢，投产日期屡屡延后。

二、油气对外合作动向

1. 招投标及资产交易

2017年，非洲地区招投标相对活跃，多国推出区块进行招标。其中，毛里塔尼亚、莫桑比克、科特迪瓦等新兴油气生产国主要推出新区勘探招标，而尼日利亚等国家则多为老区（边际油田）开发招标（图9-3-4）。

2017年，非洲地区资产交易数量共77笔，较去年增加75%，交易总额69.6亿美元。交易类型主要是油气资产，其中海上油气资产交易占比58%；交易地区集中在西非和北非，交易数量占非洲地区的70%。其中，埃克森美孚于3月以28亿美元完成收购莫桑比克海上4区块25%的股份，该笔交易是非洲地区2017年最大的一笔交易。

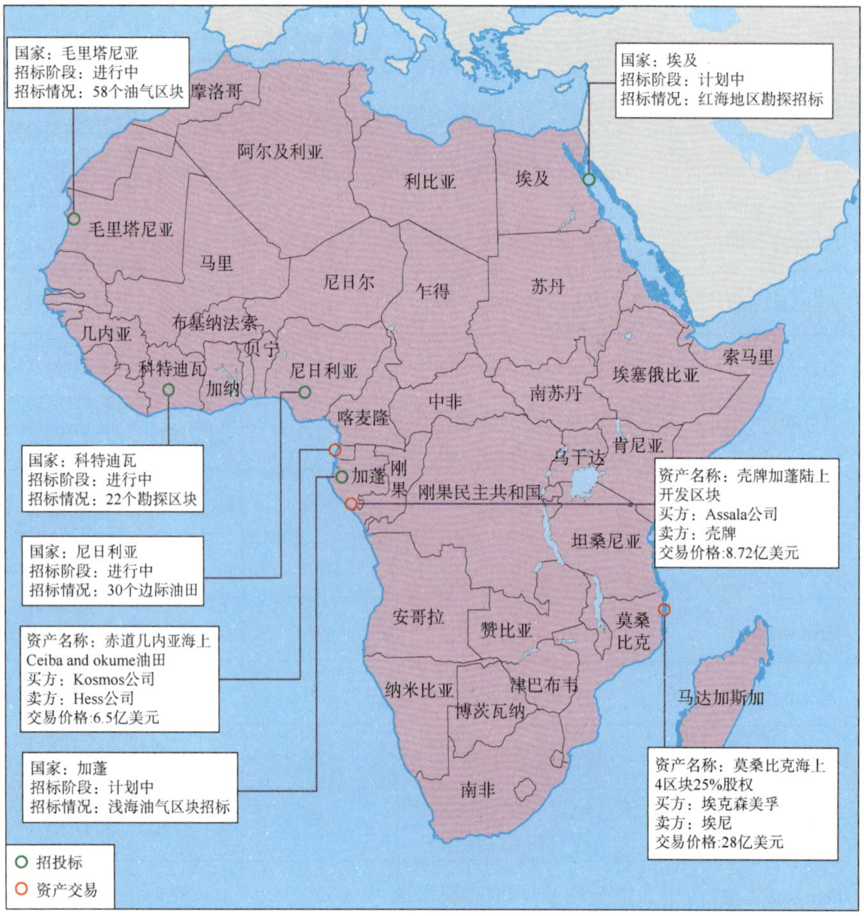

图9-3-4　2017年非洲地区招投标、资产交易分布图

重点关注

国际石油公司在非洲地区的投资趋向

非洲地区是国际石油公司投资最为关注的重点地区之一。受到油价低迷、市场萎缩、投资环境恶化等因素影响，国际石油公司对非洲的投资意向分化。

上游领域，国际石油公司更加侧重非洲新区勘探和上产类业务，对投资环境恶化的传统资源国投资意愿下降。西北非地区继续引领非洲油气活动，囊括非洲地区 5 大油气重大发现。道达尔、BP 等纷纷加强与西非新兴资源国的业务合作。东非地区热度不减。埃克森美孚以 28 亿美元收购莫桑比克海上 4 区 25%权益；中海油与道达尔拟加持乌干达油田权益；壳牌、挪威国油、埃克森美孚等大型石油公司积极参与坦桑尼亚 500 万吨 LNG 厂建设。而传统的油气生产国，如安哥拉、尼日利亚等，因国内腐败、税制失调、监管失位和安全环保等问题一直悬而未决，国际大石油公司相继退出部分已有业务。如壳牌退出尼日利亚石油业务、BP 和挪威国油退出安哥拉资产类业务、道达尔和壳牌相继出售加蓬资产等。

下游领域，国际大石油公司已经基本退出非洲业务。受非洲地缘政治和公司业务发展策略影响，国际大石油公司，如BP、雪佛龙、埃克森美孚和壳牌等，自2004年开始从非洲撤资，多数将下游资产出售给国家石油公司和石油贸易商。2017年3月，雪佛龙出于对清洁能源政策的担忧，将其75%的南非公司的股权及100%博茨瓦纳公司的股权卖给中国石化。截至目前，除道达尔外，仅BP、埃克森美孚和壳牌还保留少量下游资产。预计到2020年，道达尔之外的国际石油大公司将全部退出撒哈拉以南非洲地区。

2. 主要资源国调整油气政策

2017年，非洲资源国为应对国际油价低迷，纷纷修改油气领域法规，以吸引外资重振经济。西北非地区致力于规范天然气发展和税收减免政策；东非地区则注重规范和调整现有的油气法规。

表9-3-3　非洲资源国能源政策变动

地区	国家	主要变动
北非	埃及	批准天然气市场管理法。设立国家层面的天然气监管机构，放开天然气进出口和分销领域
	南苏丹	提高销售税。对本国生产和进口货物的企业，销售税统一提高至18%
	利比亚	特别税收优惠政策。免除包括能源行业在内的15个指定行业的企业关税
西非	尼日利亚	计划建造免税天然气工业园区。对符合条件的企业实行免税政策
		批准将天然气上游业务与中游业务分离，并引入市场主导的天然气价格
	加纳	废除石油产品的消费税；同时将特别石油税率从17.5%降低至15%
		新征0.2%进口税。宣布对从非洲联盟成员国以外的国家进口所有商品征收0.2%的进口税
	喀麦隆	征收石油产品特别税，标准：每升汽油120元中非法郎，每升柴油65元中非法郎
		采用新所得税率。降低非居民企业所得税率，由原来15%降低至5%～10%
东非	坦桑尼亚	7月通过法律，允许政府强制与能源公司重新协商合同条款
	莫桑比克	公布2016年产量分成合同：政府利润油分成比例更加灵活，从15%～60%不等；要求合同方在开始勘探期第二阶段时必须退还合同区50%的区域面积，在开始勘探第三阶段时必须退还剩余合同区25%的区域面积，退还区域面积不包括已投入开发和生产的区域或已有油气发现的区域。
		修订石油和矿业税制（2018年1月1日生效）。明确了税收稳定期的起始日期；取消了在本国开发石油产品适用的石油生产税减免50%的优惠政策
	乌干达	重新谈判税收协定，限制跨国公司的基础侵蚀和利润转移及协定滥用
		修正企业所得税。重新定义了“成本油”；扩大了“合同范围”的定义；修订了“石油开发支出”的定义；并允许在课税年度结转超过成本油的未扣除额

三、主要资源国投资风险

2017 年，非洲地区总体风险较高。北非资源国出台优惠政策，刺激经济发展，政策风险下降。撒哈拉以南非洲经济停滞已经缓解，经济风险有所降低（表 9-3-4）。

表9-3-4　2017—2018年非洲地区主要风险指标变化情况

国家	风险评估图	主要关注风险
苏丹	 	政治风险降低。美国解除苏丹制裁，有望改善苏丹巴希尔总统的国际影响。苏丹政权趋于稳定，总统国内政治地位稳固。 经济风险降低。美国制裁解除后，苏丹经济有望复苏。但外资持续流入，汇率升值压力大，生产成本可能上升
南苏丹	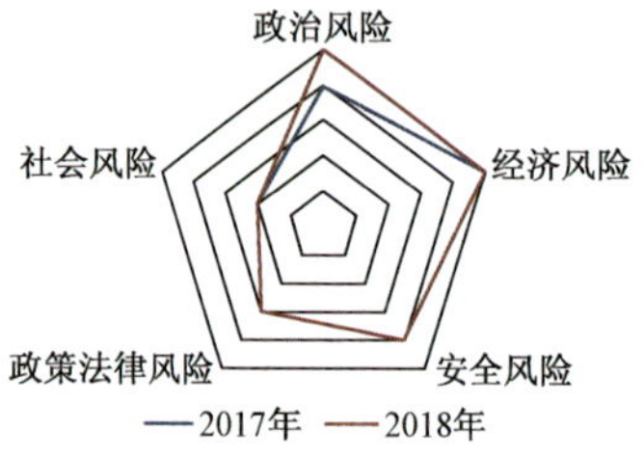 	政治风险上升。2018年南苏丹总统大选存在一定的不确定性；国内和平进程难以有效推进，国际制裁可能加剧。 经济风险极高。长期内战导致南苏丹经济处于崩溃的边缘。债务高企，政府接近破产，暂无好转趋势
尼日利亚	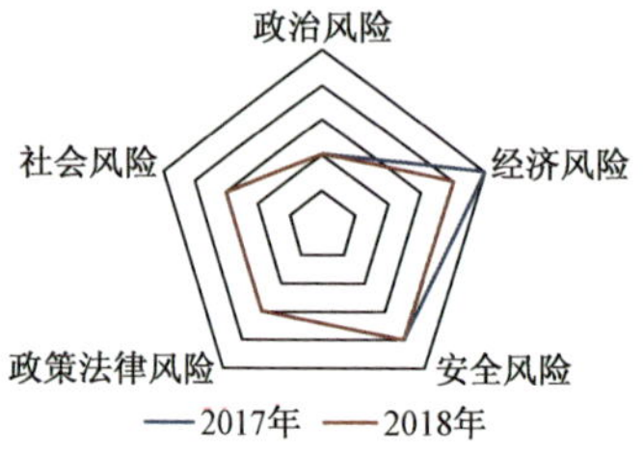 	经济风险仍处高位，略有降低。2017年石油生产逐步恢复、GDP增速由负转正，经常账户赤字缩减。随着国际油价回升企稳，预计2018年尼日利亚GDP增速将达到3%。但近年来，银行不良贷款大幅增长，汇率和债务风险上升。 安全风险维持高位。国内反对武装因环保和利益分配问题对尼日利亚现政府极为不满，将继续针对油气基础设施进行破坏，恐怖袭击和武装冲突风险依旧很高
莫桑比克	 	经济风险高。经济增速滞缓，通货膨胀率接近20%，债务总量逐年增高；因LNG项目推迟投产，政府偿债能力不足。 政策风险升高。政府财政赤字居高不下，可能调整税费政策以提高政府收益

（本节撰写人：魏新强　　审定人：徐建山）

第四节　拉 美 地 区

2017年，拉美地区总体政局好转，但经济复苏缓慢，油气生产仍然低迷。受国际投资关注和油气政策总体趋松的影响，拉美地区石油工业正恢复活力。

一、2017年油气工业概况

拉美地区油气工业复苏不明显，油气发现引人注目。

1. 勘探投资继续减少，油气储量基本稳定

拉美地区勘探支出继续下降，2016年降至53亿美元，同比降幅36%。油气储量基本保持稳定，石油剩余探明储量为523亿吨，同比上升0.2%，天然气储量为7.6万亿立方米，同比下降0.6%（表9-4-1）。

表9-4-1　2013—2016年拉美地区油气储量

年份	2013	2014	2015	2016
石油储量（亿吨）	526	529	521	523
天然气储量（万亿立方米）	7.70	7.69	7.64	7.60

2017年，拉美地区油气勘探活动明显回升，大型发现不断涌现。据不完全统计，全年有40个油气发现，估计2P储量3.7亿吨，其中石油储量1.8亿吨，天然气储量2380亿立方米。油气发现陆上多于海上，但大型发现全部来自海上，主要是哥伦比亚、圭亚那和墨西哥海上（图9-4-1）。墨西哥油气改革初见成效，首次由私人公司获得巨型发现；圭亚那接连获得大型发现，跻身地区重要新资源国行列。

2. 油气产量继续下降

2017年，拉美地区油气产量继续双双下降，石油产量为4.95亿吨，天然气产量为1900亿立方米，同比分别下降8.1%和4.5%（图9-4-2、图9-4-3）。委内瑞拉国内经济形势继续恶化，油气投资严重不足，PDVSA融资困难和拖欠服务商费用问题愈加严重，石油产量大幅下降。估计2017年石油产量仅为1.2亿吨，降幅达到22%，是地区产量大幅下降的重要推手。墨西哥石油产量已经连续13年下降，2017年降幅达8.1%，由于能源改革效果尚未在油气生产领域显现，天然气产量下降幅度在地区中最大，达到12.4%。得益于大型天然气项目Juniper投产，特立尼达和多巴哥天然气产量下降幅度明显减小。巴西在地区内一枝独秀，油气产量均保持上升，但上升幅度不大，仍难挽地区油气产量跌势。

3. 炼化产业停滞不前

2017年，拉美地区没有炼厂项目在建和建成投产，炼油能力保持在5亿吨/年水平，部分国家还将炼厂新建计划推迟。石化产业的发展也不容乐观，化工原材料供应不足是主要原

因。墨西哥因为国内油气产量持续下降，化工原材料严重不足，本地化工公司开始扩大海外投资；巴西则因高昂的原材料价格制约了化工产业发展。

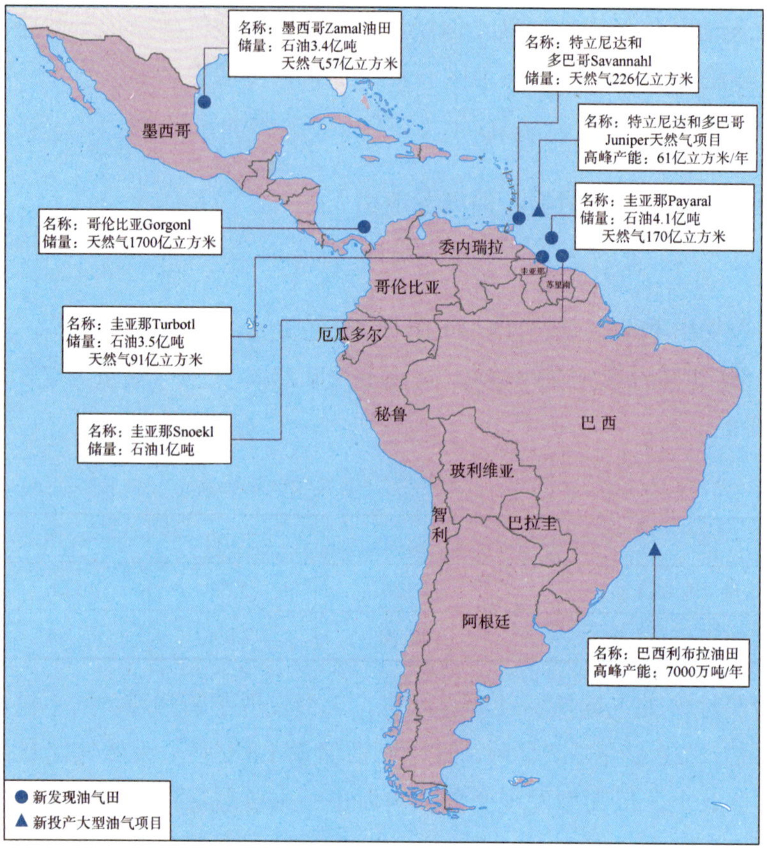

图9-4-1　2017年拉美地区石油工业重要进展

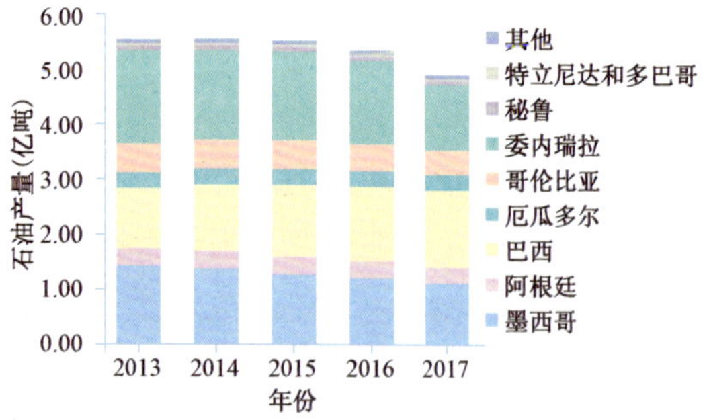

图9-4-2　2013—2017年拉美地区石油产量

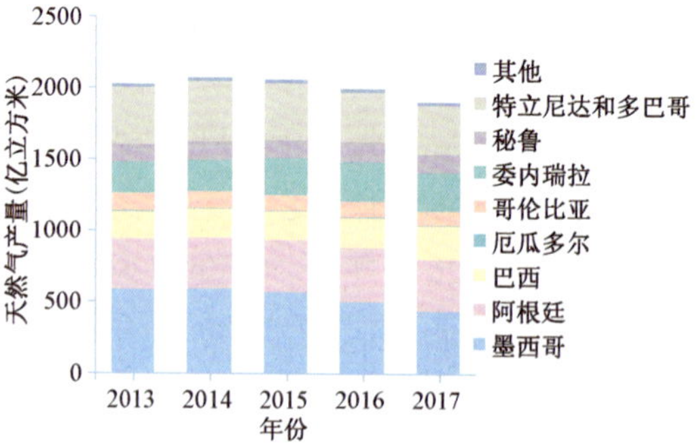

图9-4-3　2013—2017年拉美地区天然气产量

二、油气对外合作动向

2017 年，拉美地区招投标活跃，资产交易冷淡。地区总体政策稳定，部分资源国正计划出台优惠政策以改善投资环境。

1. 竞相推出招标，巴西盐下备受关注

2017 年，拉美地区主要资源国纷纷推出招标以吸引投资，提供的区块主要位于海上，也引起众多石油公司关注，尤其是巴西盐下（图 9-4-4）。巴西已经完成许可证第 14 轮和盐下第 2 轮和第 3 轮招标，第 14 轮招标中埃克森美孚是最大赢家，两轮盐下招标更是吸引众多大型国际石油公司和国家石油公司。中国三大石油公司也积极参与，分别联合国际大石油公司成功中标，获得了桑托斯盆地 Peroba、Entorno de Sapinhoá和 Alto de Cabo Frio Oeste 区块。墨西哥继续推进能源改革，举行了第 2 轮共 3 期招标，提供数十个区块。哥伦比亚、阿根廷等国家也举行或计划举行招标。

图9-4-4　2017年拉美地区招投标和资产交易

重点关注

国际石油公司在拉美地区的投资趋向

国际石油公司对拉美地区的投资重点在深水勘探开发。2017 年，随着拉美地区海上大型油田的不断发现，国际石油公司参与拉美地区油气合作的热情高涨。巴西盐下深水招标吸引了众多国际大石油公司、国家石油公司和大型独立石油公司，包括埃克森美孚、壳牌、BP、中国三大石油公司、挪威国家石油公司和雷普索尔等；埃克森美孚在圭亚那接连取得重大发

现后，众多国际石油公司跃跃欲试，包括阿纳达科、阿帕奇、雪佛龙、中海油、马来西亚国家石油公司、道达尔和图洛等十几家公司，圭亚那成为拉美地区油气资源新贵。此外，对非常规油气资源丰富的国家，国际石油公司也予以关注。其中，阿根廷页岩气技术可采储量达 21.9 万亿立方米，成为国际石油公司投资的重点，埃克森美孚、BP、壳牌和道达尔均与阿根廷政府达成开发巴卡穆埃尔塔（Vaca Muerta）地区页岩气的协议。

2. 资产交易不活跃

2017 年，拉美地区资产交易很少，其中上游交易 11 起，交易额 28 亿美元，比 2016 年分别下降了 50%和 30%。下游交易仅有 3 起，交易额 4 亿美元。上游交易集中在巴西和阿根廷。阿根廷交易的资产主要是陆上常规资产，巴西的主要交易是挪威国家石油公司将其部分深水资产权益出售给埃克森美孚公司。拉美地区下游产业并不发达，资产交易也很少，最大的一笔交易是壳牌出售其在巴西天然气分销部门的股权。

3. 政策法律环境改善趋势明显

2017 年，拉美地区各国油气政策变化不多，哥伦比亚实施税收改革和碳税条例，公司税负将有所增加，墨西哥和巴西则针对上游勘探开发推出优惠政策（表 9-4-2）。但是，多国正在计划提供更多优惠政策以改善本国投资环境，哥伦比亚、厄瓜多尔和圭亚那等国都计划在税收、合同条款等多方面提供优惠，未来拉美地区政策法律环境将更加友好。

表9-4-2　2017年拉美地区多国能源政策松动

国家	政　策
哥伦比亚	税收改革法案生效，增值税将从16%上升至19%，对燃料和其他石油衍生能源产品征收“绿色”税
墨西哥	颁布从事碳氢化合物勘探开采活动纳税人的税收优惠法令，对成本、费用和投资的扣除限额给予新的税收优惠
巴西	出台税收优惠临时措施，永久用于巴西境内油气勘探开发的进口货物在2018年1月1日到2022年7月31日期间，免除联邦进口税
	巴西放松本地化政策：对于陆上油气项目，勘探开发的本地化率为50%；对于深水项目，勘探期的本地化率由原来的37%降至18%，FPSO和钻井建造本地化率为25%，储油卸油系统为40%（原来开发期为55%～59%）；所有合同金额（设备和人工）本地化率由以前的50%～70%降为50%

三、主要资源国投资风险

2017 年，拉美地区总体政治风险降低，委内瑞拉和巴西政府控制力增强。经济风险居高不下，委内瑞拉经济严重衰退，债务违约风险上升。政策风险有所下降，多国释放了提供优惠政策的积极信号（表 9-4-3）。

表9-4-3　2017—2018年拉美地区主要国家风险指标变化情况

国家	风险评估图	主要关注风险
委内瑞拉	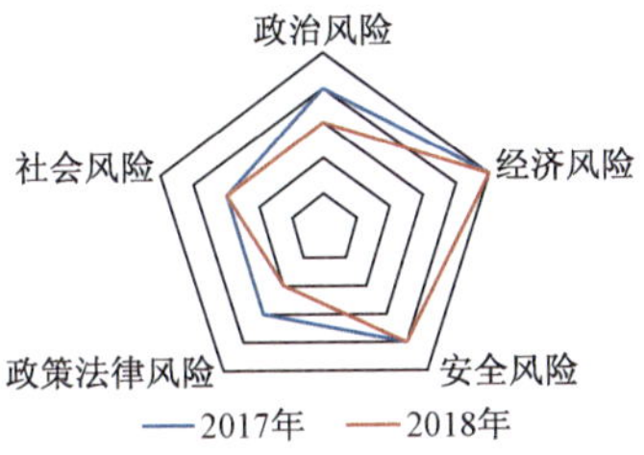	政治风险降低。制宪大会成立后，马杜罗总统对局势控制力增强，反对派的影响力减弱。美欧等国将继续实施制裁，但制裁范围和影响有限。 经济风险极高。委内瑞拉经济造血能力不足，中短期内仍将处于衰退期，通货膨胀加剧，标普信用评级下降，债务和汇率风险突出。 安全风险较高。2018年总统选举可能导致政治博弈加剧，引发社会对立和动荡的短暂升级。 合作政策有望放宽。制宪大会之后，马杜罗政府推行改革的阻力下降，油气对外合作政策将进一步放宽
巴西	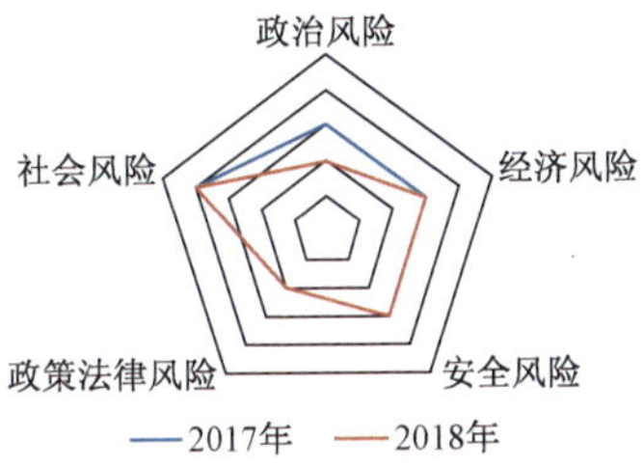	政治风险降低。特梅尔政府逐步走出贪腐传闻的影响，政局控制力增强。 经济风险维持中等水平。短期内巴西经济仍处于走出衰退后的调整期；汇率短期趋稳，中期有升值压力；债务风险依然突出，标普信用评级仅为BB级。 政策风险总体较低。政府为吸引外资进入，油气对外合作政策总体放宽，出台降低进口税和本地化规定等优惠政策；但为提高就业率，可能会调整劳工政策，提高工资和福利水平，增加企业负担
厄瓜多尔	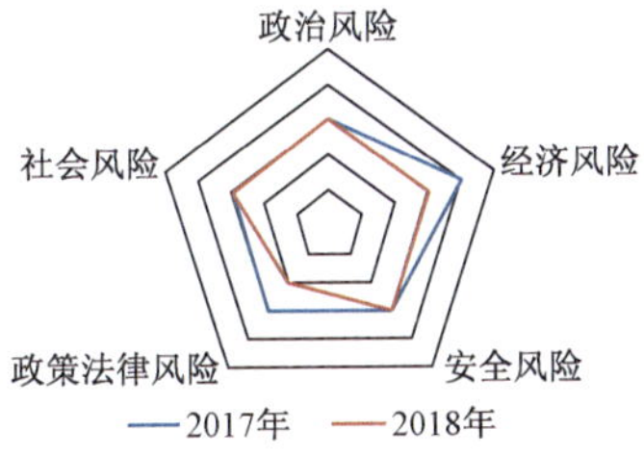	经济风险呈降低态势。国际债券陆续到期，债务压力依然存在。但随着油价的回升，政府偿债能力增强。 政策法律风险下降。周边国家推出的宽松政策给厄瓜多尔造成较大压力，在油价回升之际政府重新采用产品分成合同模式，提高吸引外资能力

重点关注

委内瑞拉经济风险高企，短期内债务违约风险难以改善

持续低油价使高度依赖石油的委内瑞拉经济陷入全面危机，石油产业投资严重不足，原油产量和出口收入连年大幅下降，货币持续大幅贬值，通货膨胀率高达1000%以上，民众所需的食品和药品等必需品严重短缺。

委内瑞拉经济几乎完全依赖石油收入，低油价环境下，偿债能力极其有限，加上国际经济制裁，债务延期付款也变得更加困难。2017 年，委内瑞拉央行的外汇储备已经降至 15 年来的最低点（96 亿美元）。因没有在宽限期内支付 2.8 亿美元的到期债务，标准普尔宣布委内瑞拉正式违约，并下调其信用评级，进一步加剧委内瑞拉的危机。

委内瑞拉正在与债权者重新进行债务重组谈判，希望能够对至少600亿美元的债务进行重组。目前，委内瑞拉已与俄罗斯达成政府间协议，将委内瑞拉对俄罗斯31.5亿美元即将到期贷款宽延10年期限，其中前6年的还款金额为最低额度。此次债务重组只是使委内瑞拉延缓了债务负担，并没有从沉重的债务负担中走出来，随着大量债务陆续到期，在造血功能不足情况下，只能借新债还旧债，难以摆脱债务违约风险。

（本节撰写人：金焕东　钟文新　孙依敏　郭　瑶　审定人：徐建山）

第五节　亚太地区

一、油气工业概况

2017年，亚太地区整体政局较为稳定，但个别国家安全形势不容乐观；受油价回暖带动，区内油气上游投资回升；油气招标活动减少，但资产交易活跃；部分国家放宽油气对外合作政策。

1. 石油储量略减，天然气储量微增

2016年，亚太地区石油储量60.7亿吨，同比略减0.1%（表9-5-1）。主要受储量上报制度调整的影响，中国的石油储量比上年减少3300万吨。2016年，亚太地区天然气储量17.84万亿立方米，同比微增0.4%，增量主要来自中国和巴布亚新几内亚，分别增长了1300亿立方米和300亿立方米。由于没有重大油气发现，预计2017年油气储量与上年相比基本不变。

表9-5-1　2013—2016年亚太地区油气储量

年份	2013	2014	2015	2016
石油储量（亿吨）	60.5	60.2	60.8	60.7
天然气储量（万亿立方米）	17.30	17.64	17.77	17.84

2. 新发现数量少、规模小，油多气少

据不完全统计，截至2017年10月，亚太地区共获得61个油气发现。发现储量1.16亿吨油当量，同比下降32%。其中，石油新增探明储量6300万吨，同比增长43%；天然气新增探明储量660亿立方米，同比下降58%。亚太地区油气发现规模较小，超过1亿桶油当量的发现只有2个，包括印度尼西亚的Parang-1石油发现（3000万吨）和缅甸的PyiThit-1天然气发现（230亿立方米）。发现数量陆上多于海上，发现储量油多气少（图9-5-1）。

3. 石油产量减少，天然气产量增加

石油产量继续下降。受老油田递减和新投产项目较少的影响，2017年石油产量估计为3.62亿吨，同比减少2.8%（图9-5-2）。其中，中国的石油产量减少最多（近600万吨），越

南和澳大利亚下滑幅度最大（近 10%）。

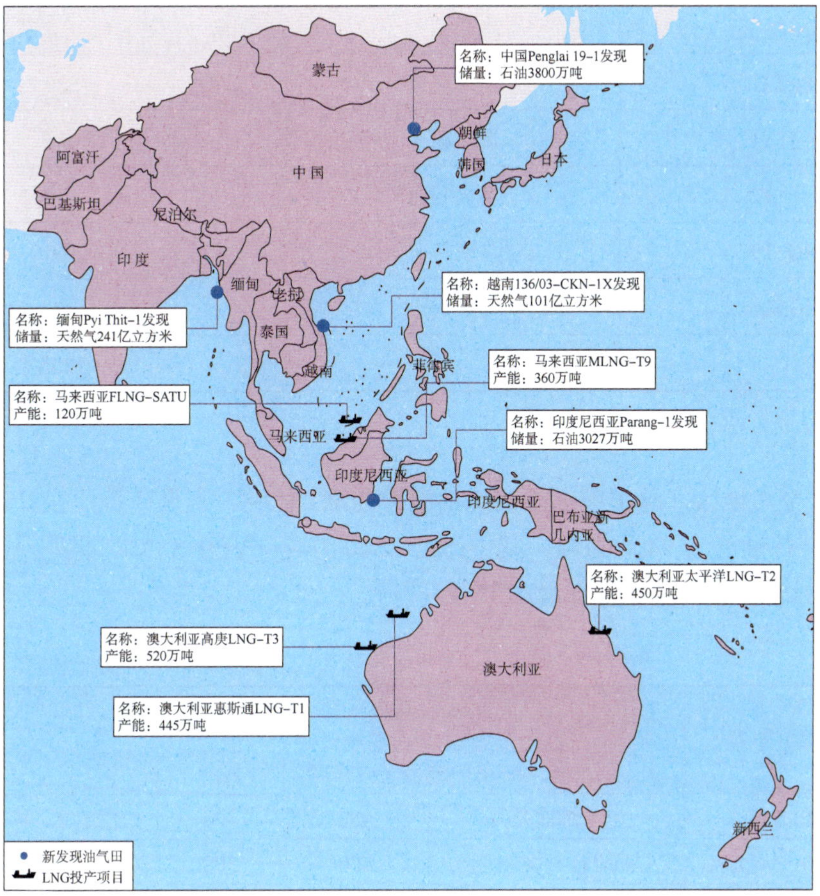

图9-5-1　2017年亚太地区石油工业重要进展

天然气产量出现较大幅度增长。2017 年，亚太地区天然气产量达到 6000 亿立方米，同比增长 6.7%（图 9-5-3）。其中，增幅较大的国家有澳大利亚、中国和马来西亚，分别增长 242 亿立方米、132 亿立方米和 48 亿立方米，增幅分别为 29%、10%和 7%。全区共有 5 个 LNG 项目建成投产，新增产能 1900 万吨，是亚太地区天然气产量增长的主要因素（表 9-5-2）。

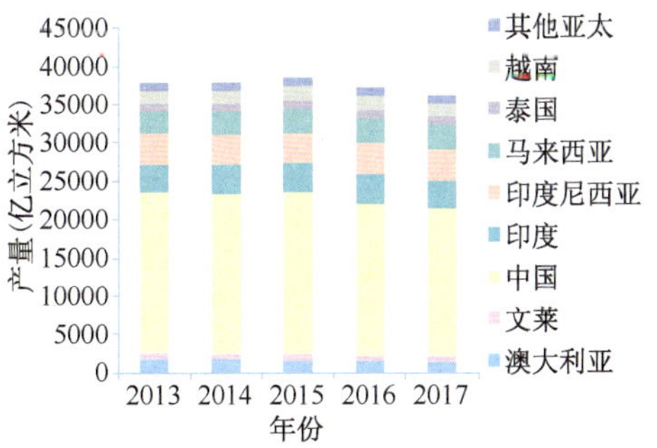

图9-5-2　2013—2017年亚太地区石油产量

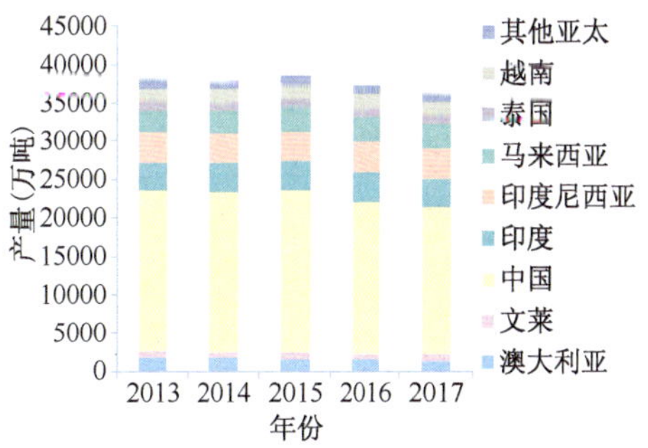

图9-5-3　2013—2017年亚太地区天然气产量

表9-5-2 2017年亚太地区新投产LNG项目

项目名称	国家	产能（万吨）
高更-T3	澳大利亚	520
惠斯通-T1	澳大利亚	445
太平洋-T2	澳大利亚	450
MLNG-T9	马来西亚	360
PFLNG Satu	马来西亚	120
合计		1895

4. 炼油能力将继续快速增长

2017年，亚太地区（除中国以外）炼油能力为9.1亿吨，未见新炼厂投产。在建炼油项目14个，合计炼油能力9400万吨，其中印度3500万吨（表9-5-3）。此外，全区还有超过1亿吨的炼厂建设计划，主要在印度和印度尼西亚。

表9-5-3 2017年亚太地区新建在扩建炼厂

国家	炼厂名称	投资方	建成后年加工能力（万吨）	新增年加工能力（万吨）	炼厂状态	项目类型	计划投产年份
孟加拉	东方炼厂	东方炼油公司	450	300	在建中	扩建	2020
柬埔寨	西哈努克炼厂	柬埔寨石化公司	500	500	在建中	新建	2020以后
印度尼西亚	巴厘巴板炼厂	印尼国家天然气公司	2800	1580	在建中	扩建	2020
印度尼西亚	芝拉扎炼厂	印尼国家天然气公司	2000	180	在建中	扩建	2020
马来西亚	边加兰炼厂	马来西亚国家石油公司	1500	1500	在建中	新建	2019
巴基斯坦	开伯尔—普赫图赫瓦炼厂	Falcon Oil 公司	500	500	在建中	新建	2020以后
新加坡	裕廊炼厂	新加坡炼油公司	1580	130	在建中	扩建	2019
越南	宜山炼厂	日本出光兴产、三井化学	1000	1000	在建中	新建	2018
越南	榕桔炼厂	越南国家石油公司	850	200	在建中	升级扩建	2021
印度	维沙帕特南炼厂	印度斯坦石油公司	2000	1200	在建中	升级扩建	2022
印度	巴拉乌尼炼厂	印度石油公司	1100	500	在建中	扩建	2021
印度	孟买炼厂	印度巴拉特石油公司	350	350	在建中	新建	2019
印度	Koyali炼厂	印度石油公司	2200	850	在建中	升级扩建	2020
印度	科钦炼厂	印度巴拉特石油公司	950	600	在建中	新建	2021以后

5. 区内多国计划发展石化产业，未来需要大量投资

乙烯产能继续增加。2017年，全区乙烯产能5874万吨，占全球33.7%的份额，同比增

长 4.8%。主要分布于中国、日本和韩国。

多国制定石化发展规划，需要大量投资。未来 5 年，全区计划新增石化产能 2300 万吨，主要集中在马来西亚、印度、韩国和越南（表 9-5-4）。其中，马来西亚在建和计划的石化产能近 1000 万吨，需要 360 亿美元的资金支持。

表9-5-4 2017年亚太地区石化扩能计划

国家	未来5年新增产能计划（万吨/年）	未来5年主要投资计划
印度	580	印度石油公司安得拉邦乙烯项目，Opal公司古吉拉特邦聚合物联合装置项目
马来西亚	980	马来西亚国家石油公司RAPID项目，沙捞越甲醇项目，福陆公司柔佛州石化联合体项目
韩国	320	大山石化和KPIC扩建项目
新加坡	16	丁苯橡胶装置和聚醚胺厂扩建
泰国	44	PTTGC公司聚乙烯项目
越南	245	SCG公司石化项目
印度尼西亚	100	钱德拉阿斯里公司乙烯装置

6. 油气进口量持续攀升

石油进口增幅缩小。2017 年，亚太地区原油进口量为 11.56 亿吨，同比增长 4.0%，增速低于 2016 年，进口增量主要来自中国、韩国和越南。越南由于新建炼厂即将投产，原油进口量大幅增长，成为原油净进口国。

天然气进口增幅扩大。2017 年，亚太地区天然气进口量为 3421 亿立方米，同比增长 11.7%，进口增量主要来自中国、韩国、巴基斯坦和日本。其中，LNG 进口量 2.17 亿吨，同比增长 12.0%，增速高于上年。

资源国 LNG 出口能力大幅增加。澳大利亚高更、惠斯通 LNG 项目，马来西亚浮式 LNG 项目和 MLNG-9 扩建项目相继投产，亚太地区 LNG 出口量增加 13.5%，达到 1.17 亿吨，依然以区内贸易为主。

二、国际合作

1. 招标活动减少，并购交易活跃

2017 年，亚太地区推出 6 轮招标，合计 156 个区块，比上年少了 2 轮（图 9-5-4）。总体上，受油价持续低位影响，上游缺乏投资吸引力，招标效果不理想，招标延期成为普遍现象。

油气资产交易金额和交易数量均有大幅上升。2017 年，亚太地区共发生 44 宗资产交易，同比增长近 1 倍，交易总额达 110 亿美元，同比增长 3 倍以上。其中，上游交易 17 项，交

易额 55 亿美元，多为海上常规资产；中下游交易 25 项，交易额 54 亿美元。交易主要集中在澳大利亚、新西兰、马来西亚、印度尼西亚和印度等国。澳大利亚的交易最为活跃，共有 19 宗，交易金额 26.84 亿美元。

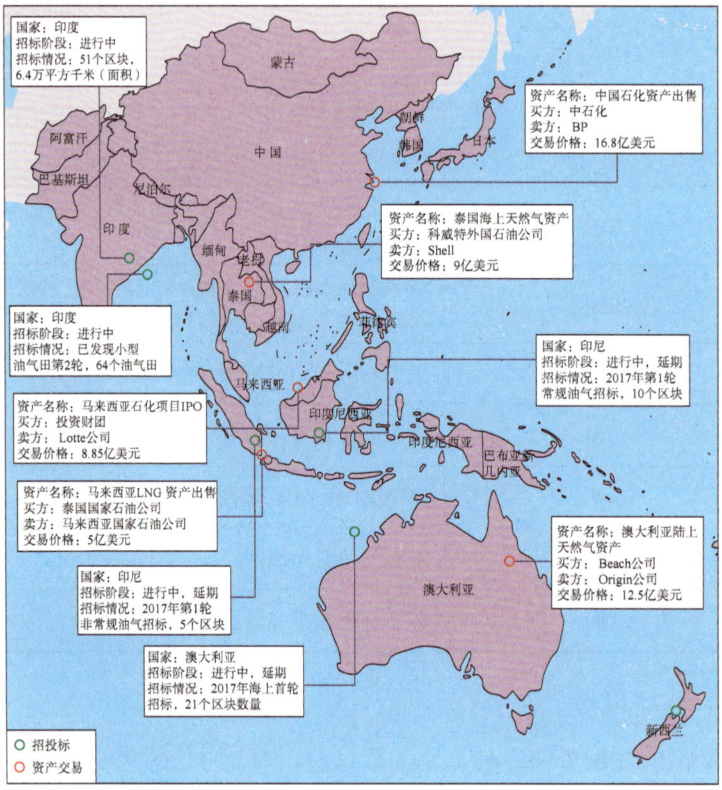

图9-5-4　2017年亚太地区主要招标与并购活动

中国企业在澳大利亚油气领域并购活跃。2017 年，中国企业在澳大利亚进行了多宗并购交易，主要包括山东奥德收购 AGL 天然气资产，国家电网以 3.92 亿澳元收购昆州天然气管道；弘毅投资增持澳大利亚天然气能源巨头 Santos 股份，持股比例达到 15.1%。

2. 对外合作政策更加宽松

多数油气对外依存度较高的国家调整了油气对外合作政策，以吸引外国投资（表 9-5-5）。印度油气作业许可证授予范围扩大至中小型私营企业；印尼推出新的合同模式，采用灵活的分成比例；泰国批准油气上游合作可采用多种合同模式。

表9-5-5　2017年亚太地区国家能源政策变化

国家	能源政策变化
印度	LNG进口关税减半，从5%降到2.5%
柬埔寨	修改产量分成合同的财税条款，鼓励外资开发海上油田
印度	将部分作业许可证授予新的私营企业，以加快边际油气田开发，提高国内产量

续表

国家	能源政策变化
印度尼西亚	招标中采用新的合同模式，分成比例由过去的固定比例调整为与油气田开发程度相关的滑动比例 停止征收油气勘探税
泰国	增加油气探勘开发合同模式，在过去单一的租让制基础上，增加产量分成合同和服务合同
澳大利亚	西澳大利亚州、维多利亚州、北领地、新南威尔士州和塔斯马尼亚州禁止陆上水力压裂作业；昆州政府要求煤层气新区产量只能供应国内市场

澳大利亚继续收紧环保政策，增加限制性条款。昆州政府增加新区煤层气的国内供应义务，多数州禁止陆上水力压裂作业。

重点关注

国际石油公司在亚太地区的投资趋向

国际石油公司继续优化资产结构，重点关注市场和天然气。

受合同即将到期、项目经济性差等因素的影响，国际石油公司继续剥离亚太上游资产。壳牌和 BP 出售澳大利亚海上和陆上区块权益，壳牌出售新西兰陆上天然气田和泰国海上天然气田的权益，埃克森美孚出售巴布亚新几内亚陆上区块权益。与此同时，国际石油公司看好孟加拉湾等新区资源前景，参与了东南亚地区新气田开发和深水油气项目。

出于优化资产结构、减轻债务负担的目的，国际石油公司开始出售亚太地区的下游资产。BP 出售新西兰炼厂资产和上海赛科石化公司股权，壳牌出售马来西亚的炼厂权益。

国际石油公司在亚太地区的投资重点是油气贸易和 LNG。虽然 2017 年没有启动新的大型项目，但众多在建项目正在推进，如澳大利亚的惠斯通 LNG、Prelude FLNG 和 Ichthys LNG 项目，印度尼西亚的 Sengkang-T1 和 Tangguh-T3 LNG 项目，以及马来西亚的 PFLNG-2 LNG 项目。

三、主要资源国投资风险

亚太地区资源国投资风险保持较低水平，只有缅甸等个别国家的安全风险和社会风险较高（表 9-5-6）。

表9-5-6　2017—2018年亚太地区主要风险指标变化情况

国家	风险评估图	主要关注风险
澳大利亚		经济风险维持中等。经济总体回暖，汇率稳定，但债务总额持续攀升，偿还压力增大。 政策风险维持中等。州环保政策进一步趋严，未来这一趋势仍将延续。若出现突发环保事件，预计将出台更为严格的环保政策。 社会风险上升。澳大利亚经济复苏，但工资福利水平未能同步提高，已出现一定的积怨，且澳大利亚存在罢工传统，预计2018年罢工风险较高

续表

国家	风险评估图	主要关注风险
印度尼西亚		经济风险维持中等水平。印尼连续两年GDP增长率超过7%，通货膨胀率和失业率稳中有降，经济总体向好；但债务总额逐年攀升，信用评级低，存在一定的债务风险。 政策法律风险维持中等水平。印尼始终有收紧合作政策的意愿。但在低油价及石油产量递减的情况下，政府又不得不推出停止征收油气勘探税、推出新的产量分成合同条款等优惠政策吸引投资。一旦迟迟未能出台的新石油法出台，印尼本国有能力开发的领域政策将收紧，而深水勘探开发等技术要求较高领域合作政策将进一步放松
缅甸	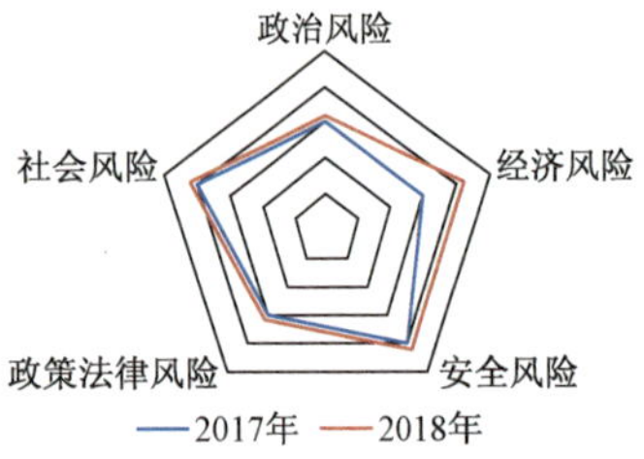	经济风险上升。受若开邦恐袭事件影响，缅甸国际声誉有所下降，影响外国直接投资，GDP增速可能放缓。 安全风险保持较高水平。缅北地区民族矛盾、宗教矛盾长期得不到解决，且各方势力都拥有武装，武装冲突难以避免。 社会风险较高。外国组织渗透缅甸各个领域，非政府组织活跃，受此蛊惑与煽动，社区民众反对国际合作的群体性事件仍将不断发生

重点关注

南海问题的缓解利好亚太地区油气合作

区域合作的增强，促进了南海问题的缓解。在域内各国，特别是中国的努力下，南海问题重回双边对话协商解决的轨道。

共识增强，形势发生巨大变化。从过去的剑拔弩张转为协商谈判，外部势力操纵影响明显减弱。经过一年多的努力，中国与东盟各国在南海问题上达成包括与当事国直接对话磋商、处理好低敏感问题、创造高敏感问题解决的良好环境、排除外部干扰等多项共识。中国、越南、马来西亚、菲律宾等国通过高层互访和参加多边会议，频繁沟通，促进了南海局势的缓和。

加强区域合作，实现互利共赢。域内相关国家更关注的是区域一体化合作。“一带一路”倡议的实施，使中国与东盟国家的利益联系更加紧密，一体化发展的意愿增强，中国与东盟国家在基础设施建设、海上互联互通、资源能源开发、科技人文交流等诸多领域的合作空间越来越大。

（本节撰写人：余功铭　王轶君　程熙琼　审定人：徐建山）

第十章 国际油气合作

中国石油企业海外油气权益产量大幅增长，中美油气合作取得突破性进展，民营企业的快速扩张促使海外投资主体格局出现发散态势。全球油气并购市场恢复活跃，石油公司积极利用交易价格仍处低位的重要窗口期调整公司资产结构。

第一节 中国石油企业海外合作状况

2017 年，中国石油企业海外投资继续取得长足进展，油气权益产量继续大幅增长。“一带一路”区域合作全面发展，中美油气合作取得突破性进展。三大石油公司稳健经营，民营企业大步扩张，多元投资主体格局正在形成。

一、中国企业海外油气合作现状和进展

1. 海外原油权益产量突破 1.5 亿吨

2017 年，油气行业整体形势向好，中国石油企业海外存续项目实现稳健经营，权益油气产量维持稳定。新项目权益产量支撑海外油气权益产量大幅增长。估计 2017 年海外油气权益产量达到 1.9 亿吨，较 2016 年增长 8.9%，其中原油权益产量 1.5 亿吨，天然气权益产量 450 亿立方米（图 10-1-1）。中国石油和华信能源成功收购阿布扎比石油公司陆上项目 12%权益，增加近 1000 万吨权益产量；北京燃气收购俄罗斯上乔公司 20%权益，获得 200 万吨权益产量。

随着中国石油参股的卡沙甘油田继续增产、亚马尔 LNG 项目投产，以及中国石油和中国海油共同参与的巴西利布拉油田投产，未来两年海外油气权益产量将继续增长。若华信能源收购俄油股份的交易成功，中国石油企业海外权益油气产量将会有跨越式增长。

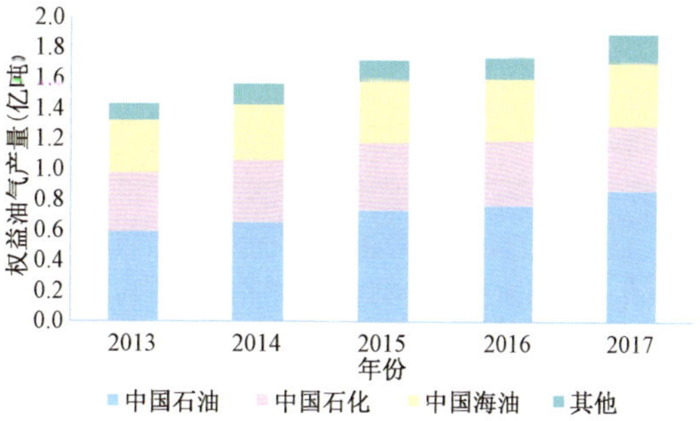

图10-1-1 2013—2017年中国石油企业海外权益产量

2. “一带一路”油气合作继续全面推进

2017 年，借“一带一路”国际合作高峰论坛召开的机会，“一带一路”油气合作圆桌会议成功举行，为扩大“一带一路”油气合作搭建了良好的平台，建立了定期交流机制。

上游领域，中国企业投标和并购双管齐下，获得伊朗、阿布扎比和哈萨克斯坦的勘探开发项目，以及俄罗斯上乔公司的股份；亚马尔 LNG 项目顺利投产。管道领域，中缅原油管道全面建成投产，中俄原油管道二线工程全线贯通。贸易方面，分别与俄罗斯、阿联酋和哈萨克斯坦签署油气供应协议（表 10-1-1）。

表10-1-1　2017年中国石油企业在“一带一路”油气合作的重要进展

国家	合作进展
俄罗斯	中俄原油管道二线工程全线贯通，计划于2018年1月1日投产
	北京燃气收购俄罗斯上乔公司20%股份交易成功交割
	华信能源以91亿美元购买俄油14.16%股份（尚未交割） 华信能源与俄油签署为期5年累计6080万吨的原油供应协议，与俄油签署战略合作协议，涵盖从油气勘探开发、炼油化工、原油及油品贸易到油品零售业务以及金融服务等众多领域
	中国石油和丝路基金共同参与的亚马尔LNG项目顺利投产
伊朗	中国石油与伊朗正式签署开发南帕斯11区的合作协议，项目顺利推进
阿联酋	中国石油和华信能源分别收购阿布扎比陆上石油公司8%和4%权益 中国石油与阿布扎比石油公司签署战略合作协议
哈萨克斯坦	中国石油与哈萨克斯坦天然气运输公司达成天然气供应协议，年供应量50亿立方米 中国石油成功中标杰列斯肯（Терескен）Ⅰ和杰列斯肯Ⅱ两个勘探区块
缅甸	中缅原油管道建成投产，输送能力2200万吨/年，中缅油气通道全面建成

3. 中美油气合作取得突破性进展

中美两国大规模油气投资和贸易的合作即将开始。中国与美国签署 5 个合作协议或意向，合作规模可达到 2000 亿美元，单个项目和总投资规模均创历史最大，还首次参与了美国 LNG 项目的建设（表 10-1-2）。

表10-1-2　2017年中美油气合作进展

序号	合作进展
1	中国石化、中投公司与中国银行以及阿拉斯加州政府、阿拉斯加州天然气开发公司（AGDC）签署《阿拉斯加液化天然气联合开发协议》，总投资约多430亿美元
2	国家能源投资集团和美国西弗吉尼亚州签署《页岩气全产业链开发示范项目战略合作框架协议》，将向西弗吉尼亚州的页岩气、电力和化工生产项目投资837亿美元

续表

序号	合 作 进 展
3	中国燃气集团与美国的Delfin公司就进口LNG项目签订合作备忘录，预计将在2021—2022年项目投运营之后15年内，每年向中国燃气集团出售300万吨LNG
4	中国石油与美国的切尼尔能源公司签署《LNG长约购销合作谅解备忘录》
5	南山集团与美国的乙烷公司AEC签署乙烷购销协议，AEC公司将得克萨斯州终端向南山集团乙烯厂供应乙烷气，合同价值260亿美元

二、国际油气合作出现新特点

1. 三大石油公司海外发展进入新阶段

2017 年，三大石油公司转变高油价时期重规模、求扩张的发展方式，突出战略发展，注重降本、提质、增效，海外发展进入新的阶段。在现有项目上，注重稳健发展、提质增效和改革创新；在新项目获取上，更注重战略资产的获得，积极参与资源富集区大型项目的合作。中国石油斥资 18 亿美元收购阿布扎比陆上石油公司 8%权益，与伊朗国家石油公司签署南帕斯 11 期天然气开发合同。三大石油公司分别与国际石油公司组成财团，在巴西盐下招标中成功中标，获得桑托斯盆地 Peroba、Entorno de Sapinhoá和 Alto de Cabo Frio Oeste 区块 20%、25%和 20%的权益。

2. 民营企业海外投资速增，多元主体投资格局基本形成

以华信能源为代表的民营企业和地方国企加速扩大海外投资。2017 年，民营企业继续积极参与海外并购，如果华信能源收购俄油股权的交易交割完成，则全年收购金额可达到 112 亿美元，是 2016 年的 2.5 倍（图 10-1-2）。

多元投资主体格局基本形成。随着海外投资的增长，三大石油公司以外的其他企业权益油气产量快速增长，在中国企业海外权益油气产量中的占比已经达到 10%，并将继续增长（图 10-1-3）。

民营企业海外经营具有更加灵活的特点。民营企业更多在资本层面开展合作，很少参与实际项目运营，并以资本合作为基础，在更广和更多领域拓展与资源国或石油公司的合作。另外，在合作领域上不局限于上游，在整个产业链寻找合作机会；在合作方式上，多以并购方式获得公司或资产股权。

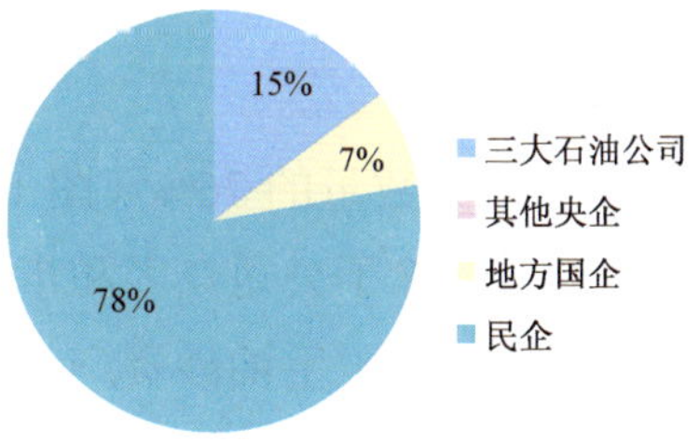

图10-1-2 2017年中国企业海外收购金额

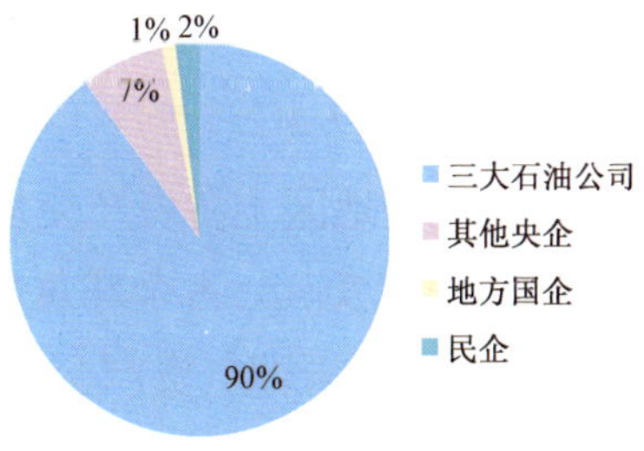

图10-1-3 2017年中国企业海外权益油气产量

重点关注

油气大项目合作推动产业走出去

亚马尔LNG项目(详见第九章第一节)的成功运作，显示大型油气项目对工程技术服务、装备制造和贸易有极大的推动作用。中国石油和丝路基金参与投资亚马尔LNG项目，为俄罗斯解决了资金问题，提供了技术和装备支持，规避了制裁的限制，加快了项目的进程。

投资的杠杆效应明显。亚马尔LNG项目中，中国企业和基金出资55亿美元，带动了154亿美元的出口，共有45家中国厂商为项目提供百余种产品，促进了国内装备制造企业走出去，以及钢铁、电缆等众多产业技术创新和转型升级。

投资带动了国内产能走出去。中国公司承揽了亚马尔项目全部模块建造的85%，6艘运输船的建造、15艘LNG运输船中14艘船的运营等，大大带动了模块建造和造船等产业升级。

亚马尔LNG项目是“一带一路”油气合作的成功范例，充分体现了大型油气项目在促进国内相关产业创新、升级、走出去方面的巨大牵引作用。

第二节 国际油气并购市场分析

2017年，全球油气并购市场明显回暖，交易数量、金额和价格均有所上升，国际石油公司退出加拿大油砂行业和页岩油气资产交易的持续活跃引起关注。

一、2017年油气并购市场基本情况

1. 油气资本市场仍然处于一个重要的窗口期

油气上游并购市场出现回暖。经历了前两年的低谷期，2017年全年完成交易360起，完成交易额近1700亿美元，较上一年分别增长21%和13%，涉及交易1P储量165亿桶、2P储量100亿桶（图10-2-1）。

储量交易价格有所回升。2P储量交易价格5.28美元/桶，较2016年上升42%，但仍处于低位（图10-2-2）。

2. 北美仍然是资产交易最活跃的地区，欧洲交易增多

2017年，北美地区上游资产交易数量273起，占全球总交易数量的76%（图10-2-3）；交易金额近1100亿美元，占全球总交易额的64%（图10-2-4）。除了公司众多和市场成熟开放等传统因素外，页岩油气资产交易持续活跃和国际石油公司急于脱手油砂资产是不可忽视的重要推动力。

欧洲地区的上游资产交易明显增多，交易数量25起，交易额243亿美元，分别占全球

交易总量的 7%和 14%，远高于 2016 年水平（4%和 3%），是今年北美以外最活跃的地区，主要原因是北海资产重新被关注。

图10-2-1 2008—2017年上游油气并购数量和金额

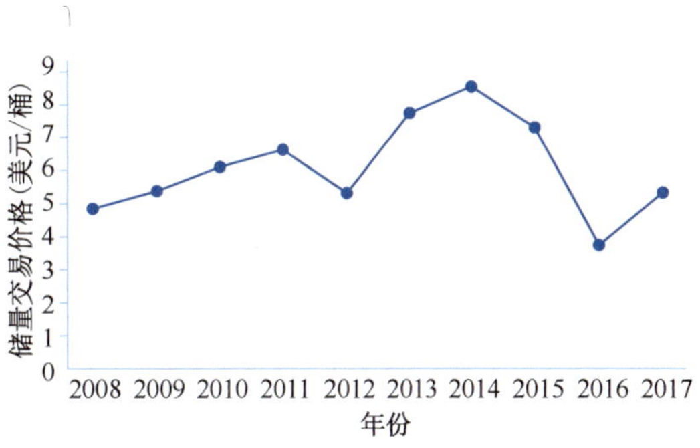

图10-2-2 2008—2017年2P储量交易价格

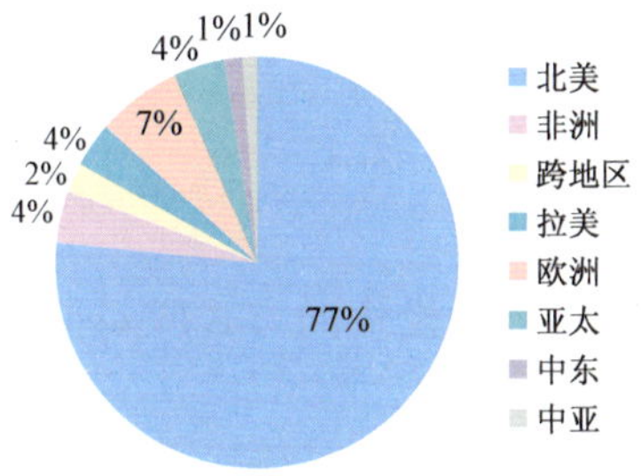

图10-2-3 2017年油气上游资产交易数量地区分布

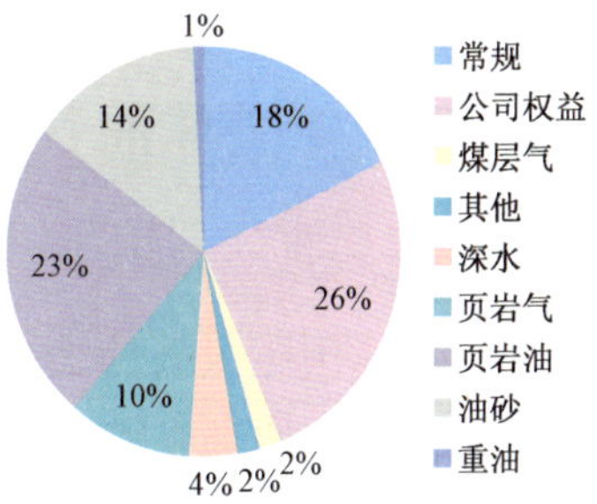

图10-2-4 2017年油气上游交易资产类型（金额）

3. 交易模式创新多元

近两年，油气并购市场中的买卖双方在博弈中积极探索创新交易方式，现金、换股等多种支付方式越来越多地应用在资产交易中。针对过去几年买卖双方对市场形势的不确定性的顾虑影响决策的情况，双方在资产交易协议中增加风险防控条款，降低交易风险。例如，在壳牌出售北海资产的交易中，设置了一段时期的油价波动区间，若国际油价低于设定下限，卖方需退还一部分资金，反之则买方补偿部分差价。另外，由于出售的资产处于生产后期，弃置成本较高，卖方额外承担部分油田弃置费。

4. 下游交易数量上升，交易额明显下降

2017 年，全球下游资产完成 95 起交易，较上一年略有上升，但交易金额 490 亿美元，较 2016 年下降 31%。主要是大型交易数量减少，仅有 2 起交易金额在 50 亿美元以上。

下游并购市场交易结构发生改变，存储终端交易额达到 130 亿美元，占总交易额比例从

2016 年的 6%增加到 25%，成为最主要交易资产。天然气分销、成品油零售和炼油资产交易额比例则明显下降（图 10-2-5）。

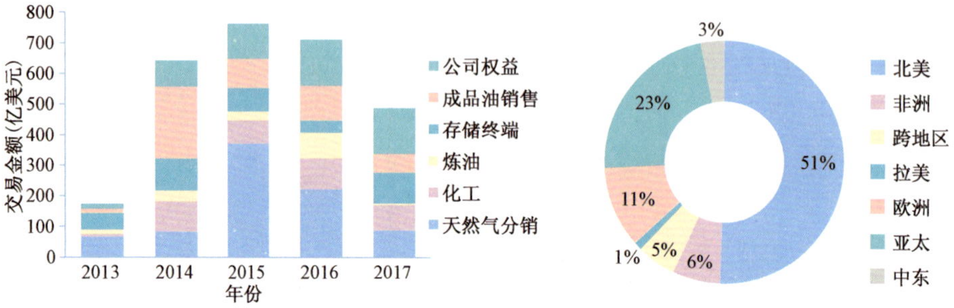

图10-2-5　2013—2017年油气下游并购统计

下游资产交易仍然集中在欧美地区，其中美国的下游资产交易最活跃，交易数量达到 40 起，占全球下游总交易量的 43%，完成交易额 280 亿美元，占总交易额的 57%。除欧美以外，亚太地区下游交易较为活跃，完成交易数量 21 起，完成交易额 47 亿美元，分别占总量的 23% 和 9%，主要发生在中国、印度和东南亚地区。

二、2017 年全球油气并购市场特点

1. 国际大石油公司在资本市场上参与度提高

过去两三年，国际大石油公司主要采用降低成本、减少投资的方式应对低油价，除壳牌收购 BG 外，在国际油气并购市场中参与度较低。

2017 年，国际油价缓慢回升，国际大石油公司在并购市场中的参与度开始提高，通过资本运作调整资产结构。全年完成交易数量 31 起，交易额达到 350 亿美元。其中，收购交易 9 起，收购额 175 亿美元；出售交易 22 起，交易额 174 亿美元（图 10-2-6）。

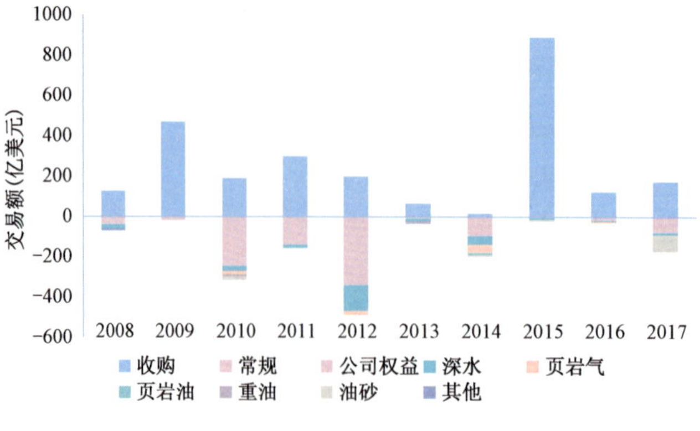

图10-2-6　2008—2017年国际大石油公司油气并购

在收购方面，表现最为活跃的是埃克森美孚和道达尔，收购的资产均为与公司战略发展相符的类型，埃克森美孚收购的重点集中在美国页岩油、巴西盐下深水领域，以及莫桑比克4区块的权益，继续充实天然气业务。道达尔则重点针对北海资产开展收购，加强公司在欧洲本土的业务。

发展潜力不大的上游成熟常规资产和下游资产，成本高、收益低的油砂资产等成为国际大石油公司的主要出售对象。

2. 国际石油公司退出加拿大油砂行业

油价缓慢回升，但尚不足以使油砂项目盈利，国际石油公司对该类资产长远发展不看好，及时处置资产回收资金成为共同选择。

自2016年底，国际石油公司开始纷纷退出加拿大油砂行业，2017年更是达到高峰，全年完成油砂资产交易额246亿美元。2017年3月，壳牌宣布出售价值约83亿美元的油砂资产；马拉松石油公司将其在阿萨巴斯卡油砂项目（AOSP）中持有的全部20%的权益以25亿美元的价格出售，完全退出加拿大油砂行业；康菲宣布出售133亿美元的加拿大资产，主要是油砂资产。

加拿大油砂专业公司成为这些油砂资产的主要接盘手。他们掌握油砂开发的成熟技术，掌控本地基础设施，可形成协同效应，降低成本。另外，由于国际原油价格尚处低位，国际公司又普遍不看好油砂发展前景，油砂资产交易价值较低也是这些公司愿意接手的重要原因（图10-2-7）。

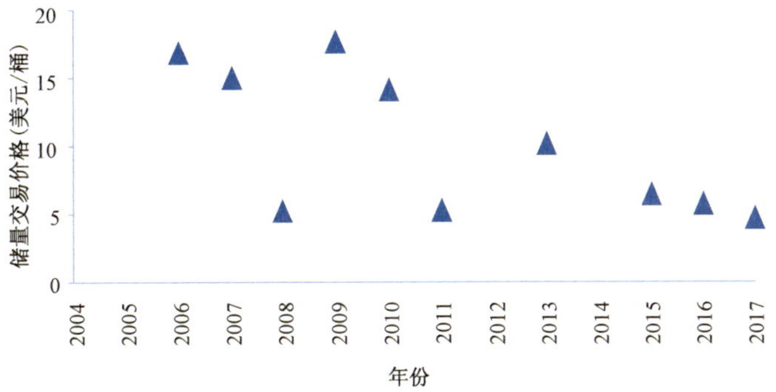

图10-2-7　2004—2017年储量交易价格

3. 页岩油气资产交易保持热度

2017年，页岩油气资产交易数量160起，交易金额达600亿美元，双双上升，仍是上游并购市场中最主要的交易资产类型（图10-2-8、图10-2-9）。

当前油价已经超越北美页岩油气资产盈亏平衡点，大中型石油公司出于资产协同和结构调整的考虑，积极参与页岩油气资产的投资。小型企业出于就高套现的考虑，在价格满意时，出售资产换取现金。2017年，金融资本认为页岩油气资产仍有升值空间，期望获得未来交易增值差价，在页岩油气资产交易中买多卖少，继续扮演多头角色。

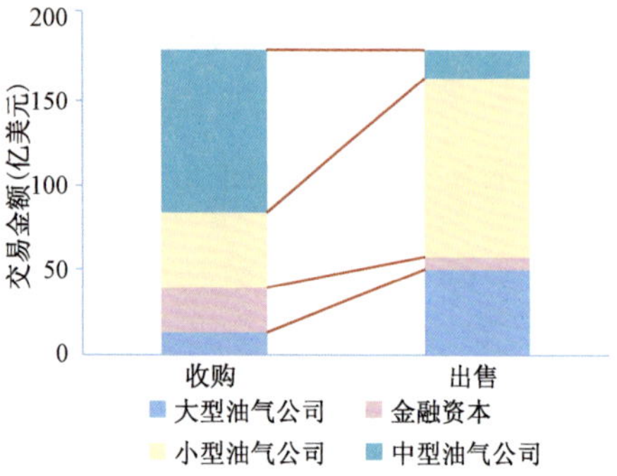

图10-2-8　2017年页岩气资产交易主体

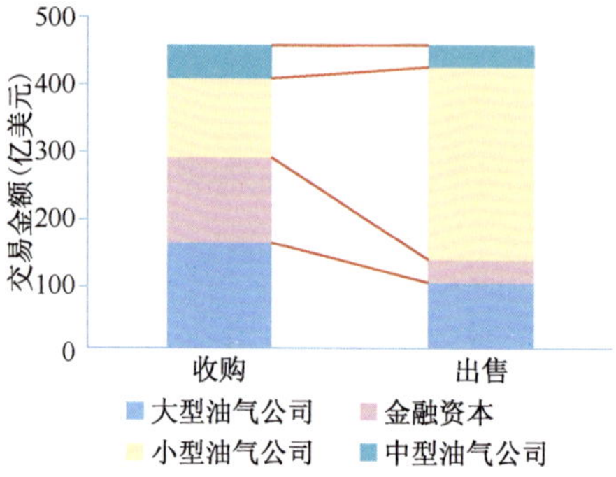

图10-2-9　2017年页岩油资产交易主体

（本章撰写人：金焕东　李程远　审定人：徐建山）

第十一章　国外石油公司经营状况与发展动向

2017 年，国外石油公司[1]经营业绩普遍回升。收入和净利润普遍增长、自由现金流有所好转，负债率降低。国外石油公司已全面适应低油价。国外石油公司悲观情绪消除，对未来预期向好，降本增效成果显著，现金流达到新的平衡，调整投资方向，打造上下游优势领域，退出高成本项目，由选择布局新能源向综合性能源公司转型。

第一节　国外石油公司经营状况

2017 年是进入低油价的第四年，油价虽有所回暖，但仍处于低位，国外石油公司对低油价的适应能力显著增强。2017 年前 9 个月，国外石油公司油气产量平稳增长，经营业绩显著回升，运营效率不断提升，投资降幅收窄，对未来预期普遍向好。

一、油气生产稳中有增

油稳气升。2017 年前 9 个月，国外石油公司油气产量总体增长，不同类型公司情况不一（图 11-1-1、表 11-1-1）；本章所研究的 27 家国外石油公司油气产量较 2016 年同期增长 2.95%，原油产量基本稳定，天然气产量增长 5.6%（图 11-1-2、图 11-1-3）。资源国国家石油公司受欧佩克限产协定影响，原油产量有所下降；独立石油公司加大了对非核心资产的剥离力度，产量随之下降，但计划将回笼的资金用于投资二叠纪盆地等优质资产，预测多家公司 2018 年产量将增长。

大部分国外石油公司更加注重天然气的增长。自 2010 年以来，国际大石油公司天然气产量增长率持续高于原油，正逐步从“油气”公司向“气油”公司转变（图 11-1-4）。2017 年前 9 月，国际大石油公司天然气产量整体增长 4%，天然气大型项目对产量增长贡献显著：

---

[1] **本章所研究的公司包括**国际大石油公司（IOC）[埃克森美孚公司（ExxonMobil）、英国石油公司（BP）、壳牌公司（Shell）、雪佛龙公司（Chevron）、道达尔公司（Total）；新兴市场国家石油公司：俄罗斯石油公司(Rosneft)、俄罗斯天然气工业公司（Gazprom）、巴西国家石油公司（Petrobras）、马来西亚国家石油公司(Petronas)、挪威国家石油公司(Statoil)、埃尼公司(ENI)]、资源国国家石油公司(NOC)[沙特阿美 (SA)、伊朗国家石油公司(NIOC)、委内瑞拉国家石油公司(PDVSA)、科威特国家石油公司（KPC)、墨西哥国家石油公司(PEMEX)、卡塔尔国家石油公司(QP)、伊拉克国家石油公司（INOC）、尼日利亚国家石油公司（NNPC）、印度石油天然气有限公司（ONGC）、阿布扎比国家石油公司（ADNOC）、阿尔及利亚国家石油公司（SONATRACH）、埃及石油公司（EGPC）]、独立石油公司[桑科公司（Suncor）、马拉松石油公司（Marathon Oil）、阿纳达科公司（Anadarko）、西方石油（Occidental）、康菲公司（ConocoPhillips）、戴文能源（Devon）、阿帕奇公司（Apache）、EOG 公司、Chesapeak 公司]。

雪佛龙澳大利亚高更 LNG 项目和安哥拉 LNG 出口项目的投产助推其天然气产量增长 16%；BP 2017 年投产的 7 个项目中有 6 个是天然气项目。国家石油公司天然气产量同比增长 11%。其中，俄罗斯天然气公司天然气产量较 2016 年同期增长 20%，挪威国家石油公司天然气产量增长 15%。独立石油公司 2017 年出售了一些利润下滑的天然气资产，导致其天然气产量大幅下降。

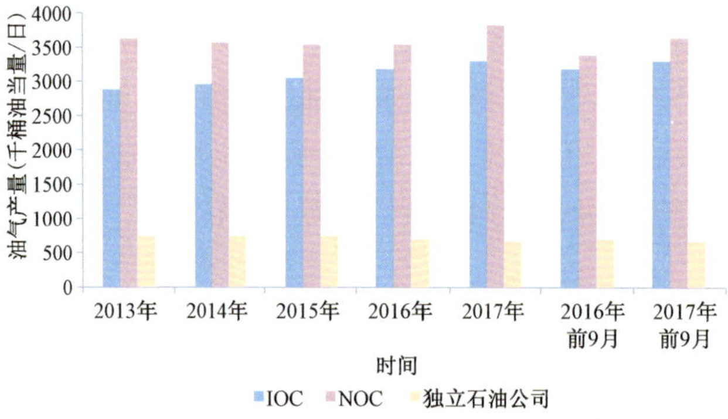

图11-1-1　2013—2017年前9月国外石油公司油气产量情况

数据来源：公司年报、OPEC公报

表11-1-1　2016年、2017年前9月油气产量情况　　单位：%

公司	油气产量增长	原油产量增长	天然气产量增长
国际大石油公司（IOC）	3.6	3.1	4.1
Rosneft、Gazprom、Petrobras、Petronas、Statoil、ENI	4.03	3.8	11.4
SA、NIOC、PDVSA、KPC、PEMEX、QP、INOC		-3.8	
Suncor、Marathon Oil、Anadarko、Occidental、ConocoPhillips、Devon、Apache、EOG、Chesapeak	-7.9	-0.8	-18

数据来源：公司年报。

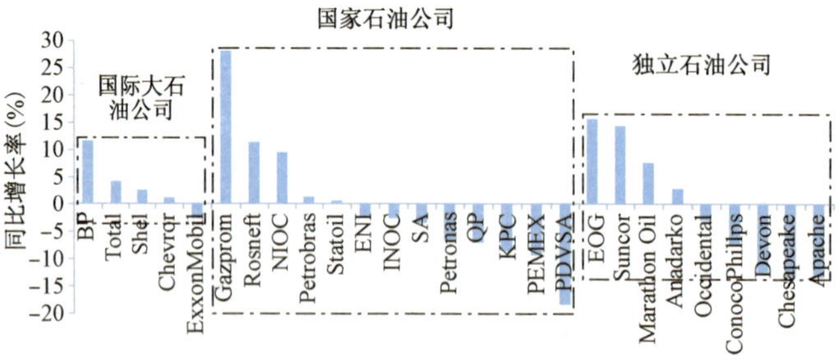

图11-1-2　2017年前9月国外石油公司原油产量同比增长率

数据来源：公司年报、OPEC公报

国际大石油公司炼厂效率稳步提高。2017 年前 9 个月，国际大石油公司原油加工量同比小幅下降 1.9%，油品销售量稳中有增（表 11-1-2）。近 10 年以来，国际大石油公司持续剥离效益差、效率低、所在地市场饱和的老旧炼厂，加快对存量炼厂的改造升级，使炼厂产能集中度和装置利用率大幅提升。2005—2017 年，五大公司合计剥离近四分之一炼油能力，而装置平均规模增加了 20%，炼厂开工率提高了近 5%。

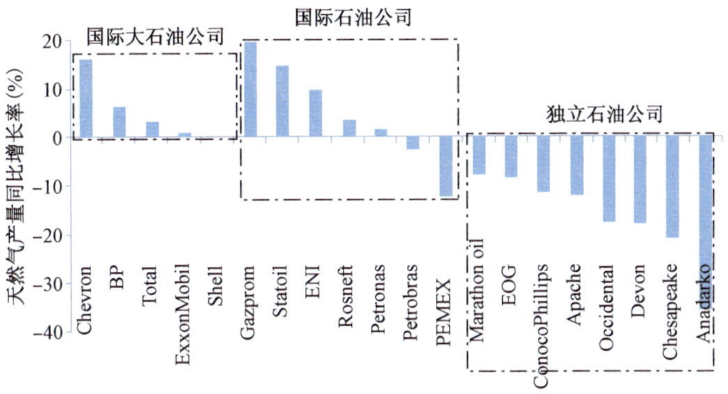

图11-1-3 2017年前9月国外石油公司天然气产量同比增长率

数据来源：公司年报

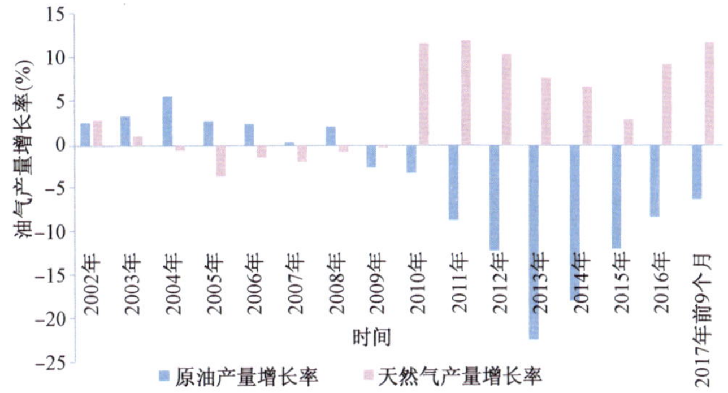

图11-1-4 2002—2017年国际大石油公司油气产量增长率（以2001年为基数）

数据来源：公司年报

表11-1-2 2016—2017年前9个月国际大石油公司原油加工量与油品销售量

公司	2016年前9月原油加工量（千桶/日）	2017年前9月原油加工量（千桶/日）	原油加工量同比增长（%）	2016年前9月油品销售量（千桶/日）	2017年前9月油品销售量（千桶/日）	油品销售量同比增长（%）
ExxonMobil	4235	4319	2	5473	5499	0.5
BP	1693	1697	0	5550	5790	4.3
Shell	2702	2566	−5	6490	6511	0.3
Chevron	1744	1684	−3	2690	2690	0.0
Total	1949	1821	−7	1788	1765	−1.3
合计	12323	12087	−2	21991	22255	1.2

数据来源：公司年报。

二、经营效率明显提升

经营业绩显著回升，国际大石油公司抗风险能力最强。2017 年前 9 月，国外石油公司合计营业收入同比增长 23%，主要得益于油气销售价格上涨、资产出售所得增加及经营效率提高（图 11-1-5）。在较低的油价下，国际大石油公司和国家石油公司通过有效的成本控制与资产优化均实现整体盈利，多数独立石油公司盈利，少数公司亏损。国际大石油公司抗风险能力明显强于国家石油公司和独立石油公司，在不同油价时期都整体保持盈利（图 11-1-6）。

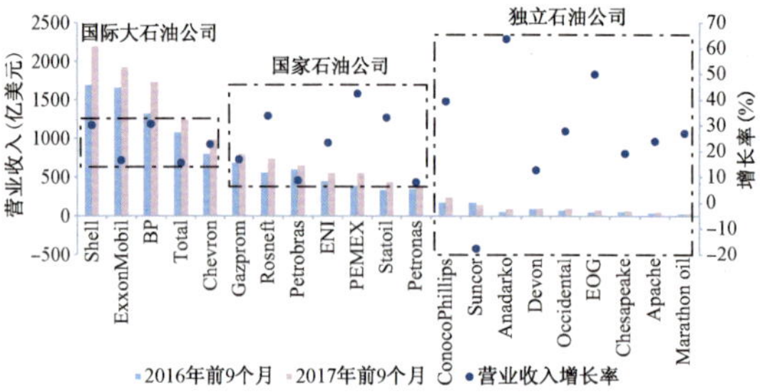

图11-1-5　2017年国外石油公司销售收入

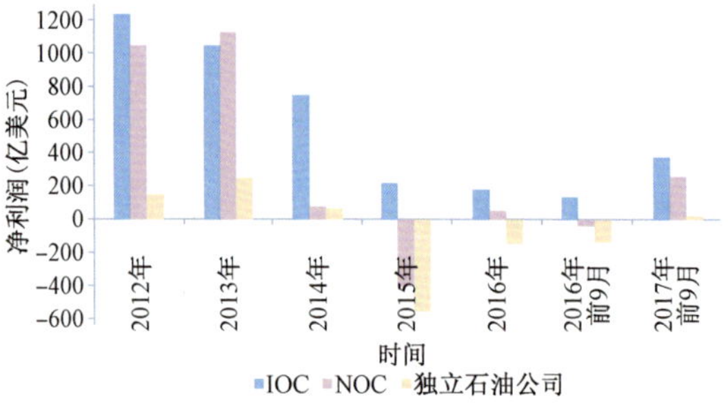

图11-1-6　2017年国外石油公司净利润

数据来源：公司年报

国际大石油公司上游盈利显著好转，下游盈利继续增长。2017 年前 9 月，在低油价环境下，下游仍是利润的主要贡献者，随着油价回暖，上游利润明显增长，5 家公司上游全部实现盈利。伴随结构调整，开工率提升，5 家公司原油加工桶油利润明显上升（图 11-1-7）。2017 年前 9 个月，5 家公司下游利润合计较 2016 年同期增长 16%，在总利润中的占比高达 59%。其中，壳牌、雪佛龙等公司受益于油品销售量及炼油毛利上升，下游利润继续保持大幅增长；只有道达尔受装置检修、原油加工量下降及销量减少等不利因素影响，下游利润微降 1.73%（表 11-1-3）。

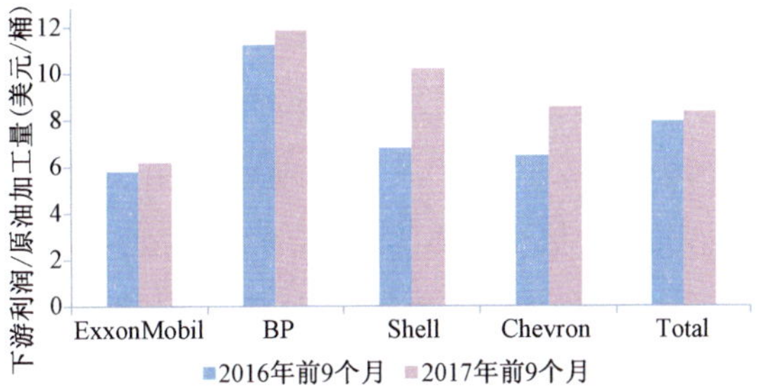

图11-1-7　2016年、2017年国际大石油公司桶油利润（下游利润/原油加工量）

数据来源：公司年报

表11-1-3　2016—2017年国外石油公司上下游经营利润变化

公司	上游			下游		
	2016年前9月经营利润（亿美元）	2017年前9月经营利润（亿美元）	同比增长（%）	2016年前9月经营利润（亿美元）	2017年前9月经营利润（亿美元）	同比增长（%）
ExxonMobil	8.38	50.03	497.02	67.03	72.81	8.62
BP	−0.77	33.01	—	51.89	54.87	5.74
Shell	-12.08	37.31	—	50.13	71.42	42.47
Chevron	-34.67	28.59	—	30.78	39.35	27.84
Total	25.02	44.33	77.18	42.17	41.44	-1.73

数据来源：公司年报。

国外石油公司资本支出持续减少，但降幅收窄，未来投资预期增长。随着油价形势趋好，多数石油公司悲观情绪开始消退。2017年前9月，国际大石油公司资本支出较2016年同期虽下降10%，但降幅较2016年的25%收窄（图11-1-8）；国家石油公司资本支出增长率比上年同期相比降幅明显收窄，但个体间差异很大，俄油由于开发了多个大型油气项目、积极进行炼厂升级、整合新购入巴什石油等资产，资本支出大幅增长44%（图11-1-9）。独立石油公司资本支出同比增加3.6%，率先显示乐观态度，2017年加大了对页岩油气的投资力度。

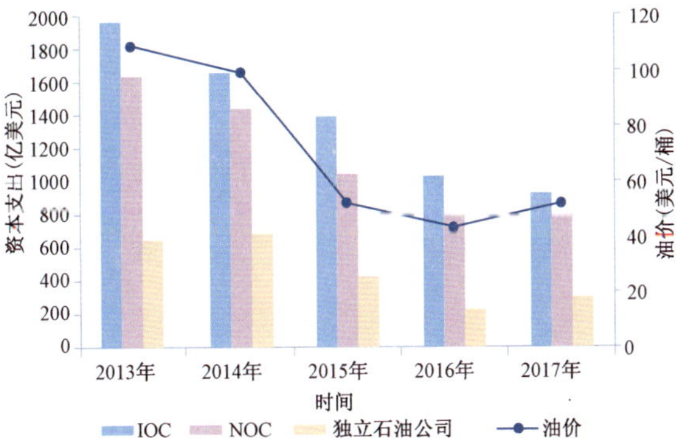

图11-1-8　五年来国外石油公司资本支出情况

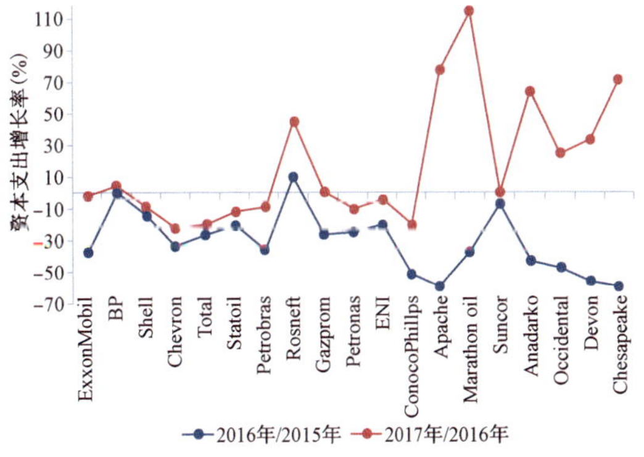

图11-1-9　2016—2017年国外石油公司资本支出增长情况

数据来源：公司年报

国外石油公司自由现金流显著改善。在低油价下，国外石油公司非常注重保障现金流与股东回报，国际大石油公司尤为突出。通过降本增效、资产出售、缩减投资等措施，国际大石油公司与国家石油公司 2017 年前 9 月自由现金流由负转正，壳牌表现最为出众，自由现金流从 2016 年前 9 月亏空 50 亿美元扭转为结余 134 亿美元（图 11-1-10）。但国际大石油公司负债率降多增少。2017 年，除少数国家石油公司和独立石油公司外，各公司资产负债率均下降（图 11-1-11）。国际大石油公司股价仍跑输大市。2017 年前 9 月股价同比增长 9.7%，市场信心显著增强，但 5 家公司股价涨幅均低于道琼斯指数涨幅和投资者预期（图 11-1-12）。

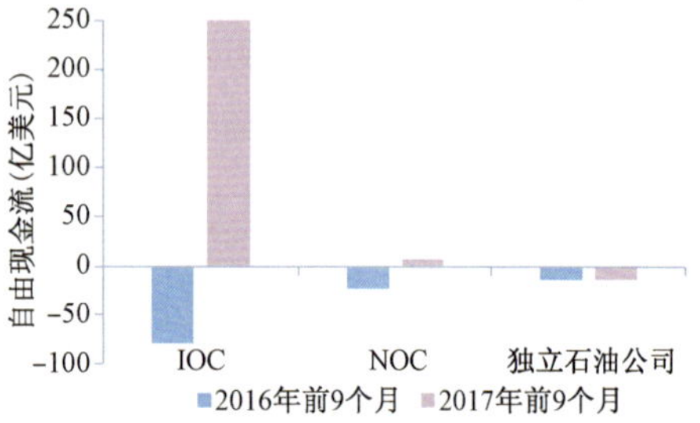

图11-1-10　2017年国外石油公司自由现金流图

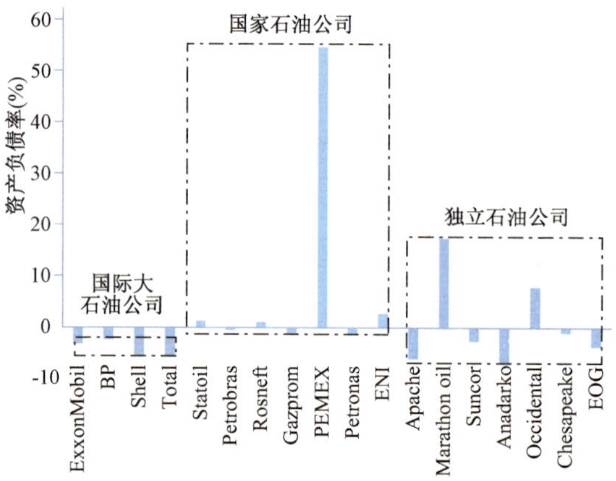

图11-1-11　2017年资产负债率增减情况

数据来源：公司年报

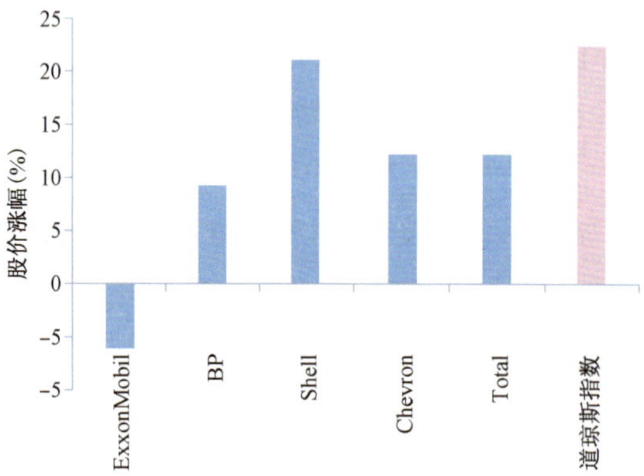

图11-1-12　2017年国际大石油公司股价涨幅

数据来源：公司年报

（本节撰写人：熊　靓　李春烁　审定人：张卫忠）

第二节　国外石油公司发展动向

2017 年，国外石油公司持续降本增效成果显著，普遍实现了国际油价 50 美元/桶条件下的盈利，达到新的平衡。国外石油公司持续优化资产结构，专注打造核心优势，并积极布局新能源领域，为未来能源市场竞争提前布局。

一、积极降本增效，对低油价适应能力有所提高

降本增效成果显著。全球前 50 名油气公司通过降本增效等措施，已基本适应低油价，并形成新的平衡。据伍德麦肯锡估计，石油公司现金流平衡点[1]已从 2014 年的 91 美元/桶下降到 2017 年的 52 美元/桶，降幅达 45%，预期收入将稳定回升。预计 2017—2019 年，国际大石油公司现金流平衡点区间将为 25～35 美元/桶，国家石油公司将为 35～50 美元/桶，独立石油公司将为 45～60 美元/桶（图 11-2-1）。

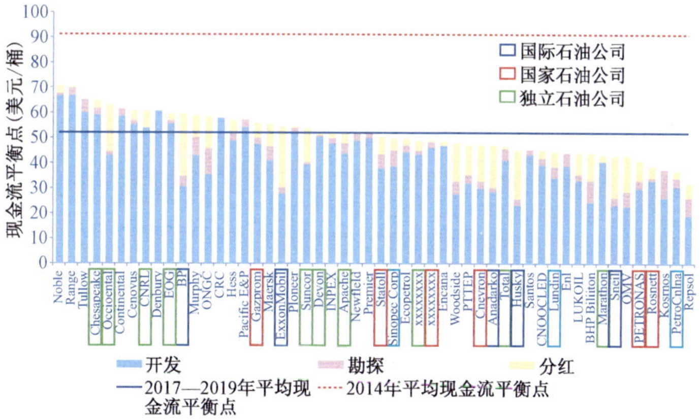

图11-2-1　2017—2019年国外石油公司现金流平衡点

资料来源：伍德麦肯兹

节支降本成效显著。自油价下跌以来，国外石油公司通过大力压减资本支出，降低承包商费用，压缩运营成本，取得显著效果。近 4 年国际大石油公司操作成本平均下降超过 30%，独立石油公司操作成本平均降幅达 23%（图 11-2-2）。

调整投资方向，调整资产结构。国外石油公司在大幅压减投资的同时有意识地调整投资方向，将有限的投资集中到短中期风险较低、盈利能力强的项目上，或长远发展前景优的项目上。国外石油公司利用资本市场优化资产结构，进入有发展前景和潜力的领域，为公司长远发展打造优质核心资产。

[1] 现金流平衡点指使公司现金流入与现金流出相等（不需要举债）的平均布伦特油价，现金流平衡点降低表明生产商降本增效已见成效。

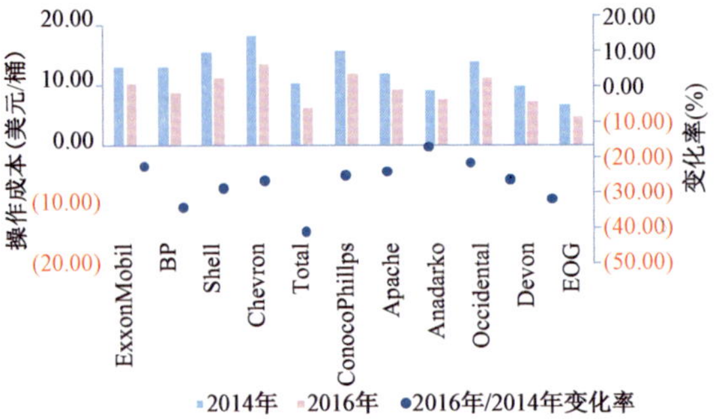

图11-2-2　2014年与2016年国外石油公司操作成本对比及变化率

数据来源：公司年报

二、专注打造优势领域，实现资产核心化

国际大石油公司专注打造优势领域。通过持续优化，资产集中到价值更高的领域，进一步强化核心优势。国际大石油公司上游业务更加集中在深水、天然气和非常规领域；5 家公司均参与巴西最新一轮盐下石油区块招标，BP 收购了埃及海洋天然气田 10%的权益。中下游业务更加集中在“两区”，即需求高增长区和原料优势区，北美、中东、亚太等地区。

国家石油公司根据各自情况，集中精力发展本国优势资源，同时，积极发展非常规资源。在下游领域更加专注建设炼化一体化大型项目，以提升炼化能力，完善产业链，增强公司盈利能力（表 11-2-1）。

表11-2-1　2017年以来国外石油公司重点发展项目分类情况

上游重点发展项目					下游重点发展项目			
非常规	LNG	深海	常规	天然气	新扩建炼厂	乙烯装置	化学品	烯烃装置
ExxonMobil Chevron BP Total Anadarko Occidental Devon SA	ExxonMobil Chevron Shell ENI Anadarko Total	ExxonMobil Shell BP Total Petrobras Statoil	Total ADNOC ENI SA	Rosneft Gazprom ADNOC BP	Chevron Total SONATRACH NNPC EGPC Petronas SA	ExxonMobil Shell Total Chevron BP	Chevron EGPC Petronas Shell SA	ExxonMobil Shell

国际石油公司加快剥离前景普遍不看好的油砂项目。自低油价以来，石油公司对成本相对较高的油砂的信心减弱，国际大石油公司基本全部将油砂项目卖给了加拿大的石油公司（表 11-2-2）。

三、向综合性能源公司转型，积极布局新能源

国外石油公司有选择地投资新能源。国外大石油公司充分认识到新能源业务可能成为公司未来的重要增长点，同时也认识到能源结构的转型具有渐变性，油气在未来较长一段时间

内仍将占据主要地位，在发展新能源方面，坚持发展油气业务不动摇，同时主动参与新能源，遵守“因企制宜、因地制宜”的原则，有选择地投资新能源项目，其做法是普遍关注，重点投资，把握节奏。在现阶段，普遍以介入小型示范性项目为主，为未来竞争提前布局（表11-2-3）。

表11-2-2　2015年以来国外石油公司剥离油砂资产情况

公司	剥离油砂业务
Shell	2017年3月以72.5亿美元出售其在加拿大的油砂资产权益，并表示在油价恢复前不参与新油砂项目
Total	2015年出售加拿大Fort Hill油砂项目10%的股份
ConocoPhillps	2017年3月以133亿美元出售加拿大油砂和天然气资产，进一步撤出加拿大，此举迅速将公司债务缩减至200亿美元，同时将其股票回购规模扩大一倍至60亿美元
Statoli	2017年把加拿大艾伯塔省的全部油砂业务出售给加拿大阿萨巴斯卡石油公司
Marathon Oil	以25亿美元出售其加拿大子公司给壳牌集团和加拿大自然资源公司，该子公司包括在阿萨巴斯卡油砂项目中持有的20%权益

资料来源：各公司网站、年报。

表11-2-3　国外石油公司对新能源的投资方向

公司	风电	光伏	燃料电池	智能电网	储能电池	生物燃料
埃克森美孚			√			√
BP	√					√
壳牌	√	√	√			√
道达尔	√	√	√	√	√	√
雪佛龙	√	√				√
挪威国家石油公司	√	√			√	

资料来源：各公司网站、年报。

国外石油公司对新能源的投资力度有限。虽然各大公司陆续宣布在新能源领域将有新的举措与投资计划，但前期投入量不大。2017年，五大石油公司合计年度投资1000亿美元，用于新能源的总投资仅占3%左右，大多是参与研发与示范性工程的投资（表11-2-4）。

表11-2-4　2017年国外石油公司对新能源的投资金额

公司	投资金额（亿美元）		研发投入（亿美元）	
	传统能源	新能源	传统能源	新能源
埃克森美孚	200～400	—	10	10
BP	200～350	2	4～6	—
壳牌	250～300	10～20	10	<2
道达尔	200～300	—	7	5

资料来源：各公司网站、年报。

普遍重视在新能源汽车领域的发展，但在环节技术方面各有侧重。截至 2017 年底，欧洲多国公布了各自的燃油车禁售时间表，国外各大油气公司开始介入新能源车领域发展，但侧重点各有不同：一是在新能源汽车相关技术研发方面各有侧重。埃克森美孚、壳牌选择了燃料电池技术，挪威国家石油公司选择了储能电池技术，道达尔则对储能电池和燃料电池都有投入。二是结合自身优势卡位新能源加注网络。国际大公司正在利用其加油站网络优势，按照“以油带电，油电结合”的模式，建设加油充电综合服务站，逐步形成集加油、充电、非油品等多项业务为一体的综合服务网络。此外，部分公司还利用自身氢气资源和加油站网络，提前储备加氢加油合建站的技术。如道达尔、壳牌等结成“清洁能源伙伴关系”，启动“氢气流动”项目，计划到 2023 年将德国加氢站增加到 400 座等。

（本节撰写人：余　岭　刘月洋　审定人：张卫忠）

第十二章　国内石油公司经营状况与发展动向

2017年，得益于国际油价回暖和提质增效等举措，国内石油公司业绩明显回升向好。各公司全面深化改革、推进转型升级、着力科技创新、拓展国际化经营取得明显成效。同时，地炼民企顺势崛起，成为行业新亮点。

第一节　国内石油公司经营状况

2017年，油价在震荡中缓慢回升，较低油价成为新常态。国内三大石油公司深化改革，优化提质，降本增效，取得良好的生产经营业绩。2017年1—9月，国内三大石油公司油气产量总体保持稳定，运营效率不断提升；经营业绩大幅好转，未来预期向好。

一、生产运行总体平稳，主要生产运营指标稳步增长

1. 油气产量总体保持增长，“气增油减”特点明显

2017年1—9月，国内三大石油公司生产运行总体平稳。原油产量同比有所下降，天然气产量大幅增长，“气增油减”特点十分突出（图12-1-1）。其中，中石油原油产量降幅较大，达5.24%，这主要是由于原油价格同比上升导致海外项目分成的原油净产量减少；中石化天然气产量大幅提升21%，也使其在原油产量下降的情况下油气当量产量仍保持了增长，其增长点主要为鄂尔多斯天然气及涪陵页岩气的产能建设。

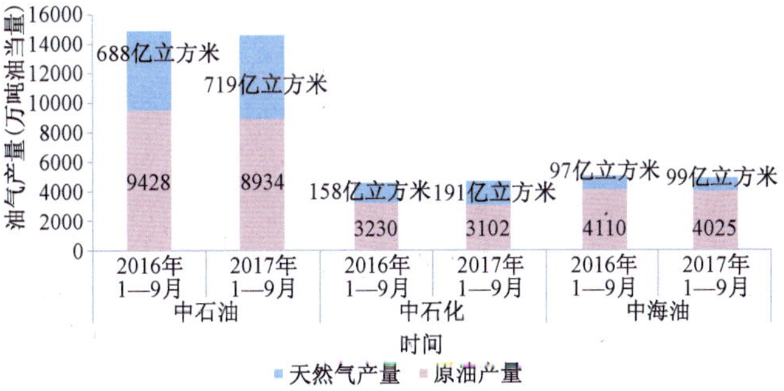

图12-1-1　国内三大石油公司油气产量

2. 炼化主要生产指标保持增长

中石油、中石化的原油加工量、成品油产销量保持平稳增长，乙烯产量增加（表12-1-1）。

表12-1-1　2017年1—9月国内三大石油公司生产经营状况

项目	2017年1—9月			2016年1—9月			同比变化（%）		
	中石油	中石化	中海油	中石油	中石化	中海油	中石油	中石化	中海油
原油产量（万吨）	8934	3102	4025	9428	3230	4110	−5.24	−3.99	-2.07
天然气产量（亿立方米）	719.0	190.9	99.4	687.8	157.8	97.2	4.54	21.00	2.27
油气产量（万吨）	14662	4685	4851	14907	4539	4921	−1.64	3.21	-1.42
原油加工量（万吨）	10076	17867	—	9580	17525	—	5.2	1.3	—
汽柴煤产量（万吨）	6759	11220	—	6367	11102	—	6.2	1.1	—
汽油（万吨）	2699.8	4273	—	2456.3	4209	—	9.9	1.52	—
柴油（万吨）	3530.9	4950	—	3463.1	5015	—	2.0	-1.3	—
煤油（万吨）	528.4	1997	—	447.5	1878	—	18.1	6.3	—
成品油销量（万吨）	12597	15023	—	11873	14572	—	6.1	3.1	—
乙烯产量（万吨）	428	853.4	—	414.7	811.5	—	3.2	5.2	—

二、前三季度三大石油公司经营业绩大幅增长

1.前三季度三大公司销售收入、净利润大幅增长

2017 年，受益于国际油价回升和国内经济回暖，国内三大石油公司销售收入、净利润同比大幅增长（图 12-1-2）。1—9 月，中石化销售收入及净利润均有较大增长；中石油净利润同比大幅增长；中海油上半年实现扭亏为盈。

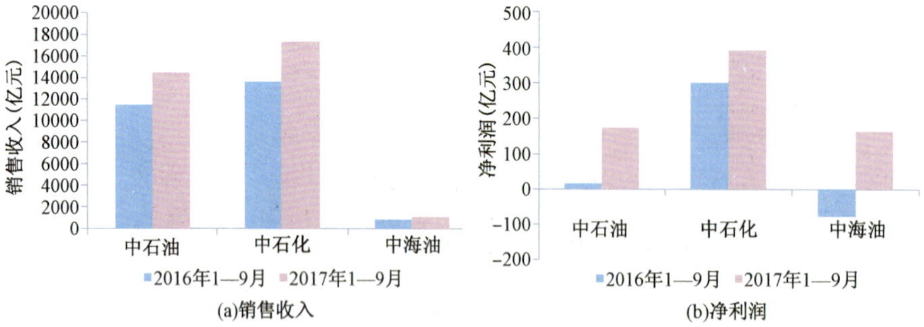

图12-1-2　2017年1—9月国内三大石油公司销售收入与净利润

（注：中海油净利润为2017年1—6月数据）

2.销售收入增长幅度逐季下降，实现利润随油价波动

分季度看，三大石油公司销售收入增速同比逐季下降。主要原因是上年随着油价从年初的最低点反弹，销售收入逐季增长且幅度较大，而 2017 年以来各季度销售收入趋

于平稳，使同比增速出现逐季下降的变化。估计第四季度业绩继续好转，全年销售收入有较大幅度增长。净利润方面，与国际油价呈现高度正相关。由于油价在二季度有所下滑，与2016年趋势正好相反，因此2017年二季度中石油、中石化净利润增幅均有所下滑。随着油价稳步回升，估计全年中石油、中海油净利润大幅增长，中石化保持利润的稳定增长。

3. 与国际大公司相比，经营业绩呈销售收入高、净利润低的特点

总体而言，2017年1—9月，中石油、中石化的销售收入高于国际大石油公司，但净利润总体低于国际大石油公司（图12-1-3、图12-1-4）。大而不强、盈利能力较弱的特点明显。

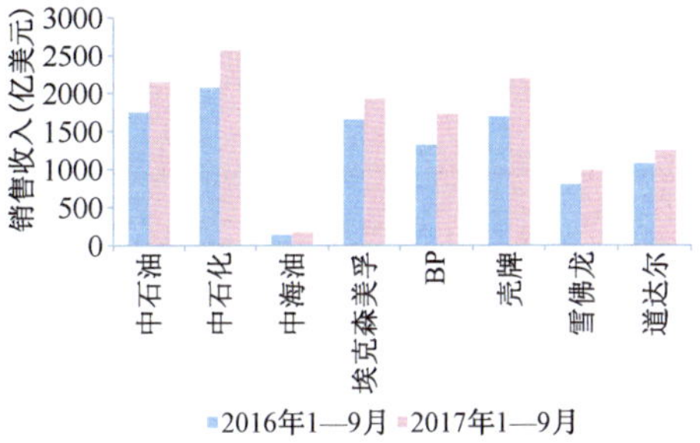

图12-1-3　八大石油公司销售收入比较

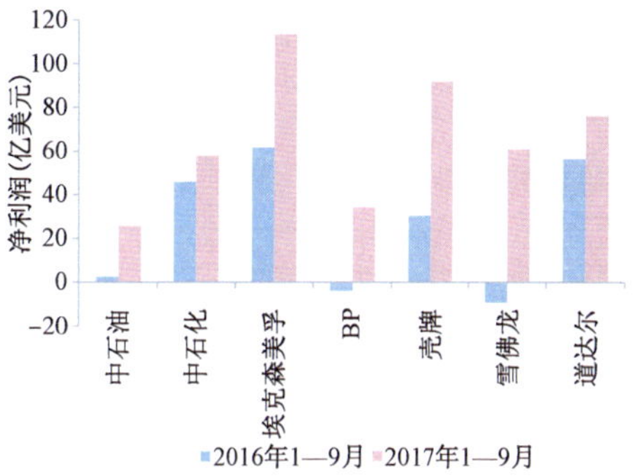

图12-1-4　中石油、中石化与国际大石油公司净利润比较

4. 其他经营指标逐步向好，不同公司各板块表现各异

2017年，中石油、中石化资本支出明显增长，中海油基本持平；三大公司资产负债率均有所下降；由于油气实现价格大幅上涨，中石油、中石化的经营利润同步增长，各板块表现各异（表12-1-2）。在上游勘探与生产板块，中石油实现扭亏为盈，中石化大幅减亏。在炼化业务板块，中石化有明显的经营优势。

表12-1-2　2017年1—9月国内三大石油公司经营业绩

指　标	中石油			中石化			中海油		
	2017年1—9月	2016年1—9月	同比变化（%）	2017年1—9月	2016年1—9月	同比变化（%）	2017年1—9月	2016年1—9月	同比变化（%）
销售收入（亿元）	14577.04	11504.37	26.71	17449.55	13639.45	27.93	1160.72	896.31	29.50
净利润（亿元）	173.62	17.31	903	394.04	301.07	30.88	—	—	—
经营利润（亿元）	533.60	455.15	17.24	575.40	514.3	11.88	—	—	—
勘探与生产（亿元）	109.83	-39.49	—	-265.23	-308.65	—	—	—	—
炼油（亿元）	167.95	257.16	-34.69	438.54	435.04	0.80	—	—	—
销售（亿元）	57.34	68.05	-15.74	234.82	258.39	-9.12	—	—	—

续表

指　标	中石油			中石化			中海油		
	2017年1—9月	2016年1—9月	同比变化（%）	2017年1—9月	2016年1—9月	同比变化（%）	2017年1—9月	2016年1—9月	同比变化（%）
化工（亿元）	109.37	85.95	27.25	167.27	191.35	-12.6	—	—	—
天然气与管道（亿元）	180.45	178.57	1.05	—	—	—	—	—	—
资本支出①（亿元）	623.39	508.67	22.55	291.01	249.69	16.55	331.85	336.44	-1.36
原油实现价格（美元/桶）	48.76	35.79	36.24	47.05	35.44	32.76	50.58	39.23	28.93
天然气实现价格（美元/10^3英尺^3）	5.07	4.67	8.57	5.32	5.48	-2.92	5.80	5.4	7.41
经营现金流（亿元）	2442.95	1909.17	27.96	1112	1317	-15.57	—	—	—
资产负债率②（%）	42.33	43.68	-1.35个百分点	43.14	43.56	-0.42个百分点	40.34	42.73	-2.39个百分点

① 中石油资本支出为1—6月数据。

② 资产负债率为1—6月数据。

（本节撰写人：刘　松　石洪宇　审定人：张卫忠）

第二节　国内石油公司投资和发展动向

2017年，国内石油公司延续低油价以来行之有效的做法并将之常态化、制度化。在降本增效、提质优化、深化改革、转型升级、创新驱动、拓展国际化经营等方面有较大进展。随着地炼民企的崛起，国内石油石化业经营主体多元化的竞争格局更趋明显。

一、降本增效、提质优化成为新常态

2017年，国内石油公司从低油价刚开始时的被动应对转为综合施策、长效应对，延续了前两年行之有效的措施（表12-2-1）。调整优化生产经营策略和投资结构，持续实施开源节流降本提质增效，确保安全平稳生产运行，贴近市场调整产品结构，发挥一体化优势优化配置资源实现整体效益最大化，开展精细化管理等应对措施已制度化、常态化，对低油价的适应性越来越强。三大石油公司单位油气操作成本总体实现了连年下降（表12-2-2）。

二、深化改革全面务实推进

2017年，在中共中央、国务院《关于深化石油天然气体制改革的若干意见》指引下，国内三大石油公司深化管理体制改革、推进专业化重组、优化管控模式和运行管理机制、积极稳妥推进混合所有制改革、矿区服务市场化社会化改革，呈现出全面发力、务实推进、多点

突破、蹄疾步稳的良好态势（表 12-2-3）。

表12-2-1　国内石油公司降本增效举措

举措	公司	典型实例
上游以经济效益为杠杆弹性安排油气生产	中国石油	长庆油田、大庆油田完成了一大批低产低效井治理、长停井复产、长停注水井复注，达到了增产增效的目的
	中国石化	结合油价回暖开展关停井复产工作，注重天然气开发
密切关注下游市场变化，优化产品结构，调整柴汽比，增产高附加值产品	中国石油	兰州石化着力在油品质量升级、炼油催化剂、合成橡胶、合成树脂、资源综合利用等重点领域提质增效，近5年在高端新产品开发上累计投入5亿元，创效逾16亿元
	中国石化	茂名石化以市场为导向，积极做好高科技含量、高附加值的新产品开发生产。2017年，其新产品和专用料占树脂产量比例已达约68.5%。 镇海炼化全力做大汽油、增产航煤、压产普柴，增加下游高附加值产品，高附加值产品占比已达60%以上，增效明显
积极治理困难企业，促进扭亏增盈	中国石油 中国石化	中石油积极推进“僵尸企业”及特困企业治理见效明显，前7个月中石油79户企业同比减亏31亿元

表12-2-2　国内三大石油公司单位油气操作成本

公司	单位油气操作成本（美元/桶）		
	2015年	2016年	2017年1-6月
中国石油	12.98	11.67	10.85
中国石化	17.64	15.41	15.19
中国海油	9.55	7.62	7.16

表12-2-3　国内三大石油公司全面发力深化改革

举措	公司	典型实例
专业化重组	中国石油	将管道公司和天然气销售公司分开运行，按照“天然气销售分公司—区域天然气销售分公司”两级管理架构，成立天然气销售南方分公司和北方分公司并投入运行。 重组成立中油工程和中油资本公司并分别借壳ST天利和ST济柴上市。 通过工程技术业务改革重组框架方案，将该板块组建独立法人公司并股份化改制
	中国海油	拟整合重组尼克森能源公司，促进其融入中海油，真正实现优势互补和提质增效。 计划将旗下所有炼化企业和研究单位进行专业化重组成立新炼化公司
混合所有制改革	中国石油	制定出台《集团公司混合所有制改革指导意见》，分类分层完成合资合作项目50个。 由中国石油、中国海油和海南控股分别持股的中国石油海南销售有限公司成立，成为中国石油首家完成股权多元化的销售公司。 向鞍钢无偿划转4.4亿A股股份，实现央企交叉持股
	中国石化	混改成立的中国石化销售有限公司将在整体变更为中国石化销售股份有限公司后于2018年分拆上市。 中国人寿、国投交通认购川气东送天然气管道有限公司股份，实现股权多元化

续表

举措	公司	典型实例
瘦身健体	中国石油	总部机关改革顺利落地，部门职能优化、内设机构和人员编制压减20%。 集团公司医院社会化改革取得突破，6家企业医院加入宝石花医疗集团，第二批医院社会化改革正式启动，预计2018年全部完成。 完成百余家下属宾馆酒店清理处置。截至7月，矿区“三供一业”分离移交已完成总量的40%以上
	中国石化	加强人事制度改革，采取转岗分流外派等各种措施努力瘦身健体，并将提高人均劳效列为内控指标。据2017年公布的世界500强数据，集团员工人数已降至71万。 全面实施年初出台的“四供一业”分离方案，至2018年基本完成
体制改革	中国石油	出台了集团公司全面深化改革实施意见和“十三五”改革专项规划。发布实施了多项重点领域专项改革方案和指导意见。集团层面改革基础框架基本搭建，公司治理结构和管控模式持续优化，统一决策、分级授权管理体制初步形成。 全面完成集团层面和下属企业的公司制改制工作。 西南油田与大庆油田达成“矿权内部流转协议”，西南油田两个区块交由大庆油田开发，开创了中石油矿权内部流转改革先例。青海油田与辽河油田也达成类似流转协议。 在6家油气田扩大经营自主权改革试点
	中国石化	集团印发《2017年改革管理工作要点》，进一步理顺完善公司体制机制。 按国资委要求，全面完成集团上下公司制改制工作。 江苏油田和西北油气田之间进行了新疆项目“矿权流转”合作的尝试。华北油气分公司和河南油田也达成矿权区块流转协议
	中国海油	2017年以深化体制机制改革为重点，预计到2020年完成向国有资本投资公司转型，形成与公司发展战略相匹配的管理体制和市场化经营机制

三、转型升级助推由大做强

2017 年，国内石油公司在优化能源生产结构、“两化”融合、供给侧结构性改革、拓展新业务领域等方面取得了新的进展。各公司加快转型升级步伐，促进可持续发展，正在由油气公司向气油公司、综合能源公司转变（表 12-2-4）。同时积极推动“两化”融合，信息化正在对油气行业的上中下游进行全方位的改造，传统的生产经营管理模式正向智能化、数字化、高效管理模式转变。

四、科技创新驱动出实招、取实效

2017 年国内石油公司继续将科技创新作为支撑公司可持续发展的核心战略之一，努力确保科技投入。上半年，中石油和中石化研发费用分别为 55 亿元和 27 亿元，占营业收入的比例分别为 0.56%和 0.23%。国内石油公司不断加快技术和新产品的研发与推广应用，促进降本增效，促进产品质量提高和产品结构的高端化，提升公司核心竞争力（表 12-2-5）。

表12-2-4 三大石油公司加快转型升级促进由大做强

举措	公司	典型实例
着力发展天然气业务，提高清洁能源比重	中国石油	不断取得页岩气技术突破和工艺优化，对于3500米以内的浅层页岩气资源已基本实现规模效益开发。到2020年，将在四川盆地及周边实现年产120亿立方米页岩气目标。2017年7月，四川长宁H10-3井成为中石油首口产气量超亿立方米页岩气井
	中国石化	涪陵页岩气田至2017年3月已累计供气突破100亿立方米。 加快鄂尔多斯盆地天然气勘探开发，启动鄂尔多斯千万吨级油气田建设
从园区基地建设、淘汰落后产能、开发高附加值产品等方面入手积极进行转型升级	中国石油	两年来相继关停9座小炼厂，淘汰落后产能1105万吨/年。 中石油联手中石化年内完成“2+26”城市区域内国Ⅵ油品升级置换投用工作。 大庆炼化对聚丙烯拳头产品进行高端升级，延长了聚丙烯产业链，实现效益稳步增长
	中国石化	“十三五”期间投资2000亿元，优化升级打造茂湛、镇海、上海和南京四大世界级炼化基地。全面实施茂湛基地、中科合资广东炼化一体化项目建设，高桥石化又收购了BP所持有的上海赛科50%股权，以加速打造上海炼化基地
拓展新业务领域	中国石油	正式组建中国石油集团电能有限公司，成为中石油首家售电公司，向综合性能源公司转型迈出了示范性的一步
	中国石化	持续扩张非油业务。与京东签订合作协议，联手改造旗下的2.5万家易捷便利店；与宝利德集团合资成立汽服合资公司，构建 “易捷澳托猫”汽服平台等。全年非油业务交易额突破500亿元。 成立央企首家共享服务公司，为客户提供财务、HR、IT一体化共享服务解决方案

举措	领域	典型实例
“两化”融合促进传统产业升级改造	上游	中石油西南油气田等实施数字化油气田建设，打造智慧气田引领管理转型。 中石化推进数字智能油田建设，“十三五”期间，着力打造胜利海洋、中原普光、江汉涪陵、西北三厂4个智能油气田示范区
	中游	中石油大力推进智慧管道建设。 中石化发布智能化管线管理系统2.0版，在51家企业全面上线，实现了管线管理的“标准化、数字化、可视化”
	下游	中石油四川石化打造数字化工厂提升核心竞争力。 中石化推进智能化炼厂建设。在完成4个智能化炼厂基础上，又将7个炼厂纳入试点范围，并计划将在建的中科大炼油项目建成智能化炼厂。 中石化与京东将联手把旗下的3万个加油站打造成智能加油站
	信息化平台	中石油建成超过两万个虚拟单位的能源行业最大企业云。 中石化推进“互联网+”供应链转型，建成中国最大工业品电子商务平台“易派客”。被列为金砖国家2017年8项核心成果之一

表12-2-5　科技创新促增效提质升级

公司		典型实例
中国石油	上游	作为牵头单位，2017年继续推进国家油气重大专项，承担了其中6个项目和5个示范工程。 作为主要作业者在南海成功开采“可燃冰”，实现从常规油气到可燃冰全新领域作业突破。 新一代油藏数值模拟软件3.0版研制成功，打破了国外长期垄断，填补了国内空白
	中下游	裂解汽油系列加氢催化剂已覆盖国内所有乙烯用户。 茂金属聚丙烯催化剂研发和茂金属聚烯烃新产品开发填补了国内空白。 首套2万吨/年1-己烯成套技术工业化试验项目通过验收，成为世界上掌握己烯三聚技术的3家企业之一
中国石化		为促进下游产业链向高附加值产品拓展延伸，首次组织了公司力量开展精细化工集中攻关。 茂名石化确立了“基础＋高端＋精细”的发展方向，加快推进精细化工项目研究和产业化。 中空专用料首次进入美企供应链，已有10个新产品进入了知名跨国公司全球供应链。 镇海炼化自主研发的生物航煤首次完成跨洋飞行。高透明聚丙烯产品M26ET首次出口日本。 巴陵石化建成投产国内首套年产2万吨热塑橡胶SEPS工业化装置，填补了我国空白
中国海油		自主投建的第6代深水半潜式钻井平台“海洋石油982”在大连成功下水，实现深水高端钻井装备的规模化，形成了深水全系列作业能力。 单点系泊系统设计技术获得中国船级社(CCS)认可，打破了国外技术垄断，填补了国内技术空白。 中国海油气电集团获2017年度世界LNG行业技术创新奖，成为首家获得该奖项的中国公司

五、以“一带一路”为重点的国际化经营成效明显

在“一带一路”倡议指引下，国内石油公司对外合作领域进一步拓展，合作规模不断扩大，合作主体呈现多元化特点。详见本书第十章第一节。

六、以地炼为代表的民营企业迅速崛起成为新亮点

近年来，在国家政策支持鼓励下，地炼迅速发展并取得长足进步，新奥集团、新疆广汇等民营企业也在 LNG 进口和储运等领域加快布局发展。2017 年，国家出台《关于深化石油天然气体制改革的若干意见》，加快石油天然气体制向全产业链市场化方向改革，鼓励民营资本进入油气领域。同时调整原油进口管理体制，加强市场监管，引导民营油企有序健康发展。在此形势下，地炼针对自身原油采购经验不足、储运设施不完善、企业规模偏小、科技创新能力不足等短板，采取了组建联盟、创立品牌、补齐短板、推进大型炼化一体化项目建设、加强科技创新和发展特色化业务等一系列措施。民营油企通过转型发展规模实力不断扩大，竞争力稳步提升。在 2017 中国企业 500 强中有 16 家参与石油石化业务的民企入列。在全国工商联公布的 2017 年民营企业 500 强中，有 32 家是民营油企，其中 13 家进入前 100 强；营业收入在 500 亿元以上的已达 12 家。

地炼多措并举促进竞争力提升。详见本书第八章第二节。

积极开展国际油气合作，寻找新的业务支点。详见本书第十章第一节。

民营企业积极布局发展 LNG 产业。近年来，随着国家逐渐降低 LNG 进口门槛以及天然气需求日益旺盛，国内有资质的民营企业纷纷把目光投到进口 LNG 大型接收站及其配套设施（表 12-2-6）的建设上来，加快对进口 LNG 市场的布局与发展。

表12-2-6　近期民营企业进口LNG接收站概况

企业名称	项目名称	项目情况
宝塔石化	蓬莱LNG接收站	总投资49亿元，拟建设2座16万立方米储罐及配套设施，建成后年接卸LNG能力可达260万吨。计划2018年开工，2020年投产
广汇能源	启东LNG分销转运站项目	正式投入试运营。工程包括2个5万立方米LNG储罐及配套工艺设施，LNG年周转量为60万吨
新奥集团	舟山LNG项目	接收站主体工程已完工，一期工程预计将在2018年建成投产

（本节撰写人：殷冬青　夏初阳　审定人：张卫忠）

免 责 声 明

本报告所载资料的来源及观点的出处皆被认为可靠，但中国石油集团经济技术研究院不对其准确性或完整性做出任何保证。报告内容仅供参考，报告中的信息或所表达观点不构成所涉证券买卖的出价或询价或者其他投资的决策依据。中国石油集团经济技术研究院不对因使用本报告的内容而引致的损失承担任何责任，除非法律法规另有明确规定。

读者不应以本报告取代其独立判断或仅根据本报告做出决策。中国石油集团经济技术研究院可发出其他与本报告所载信息不一致及有不同结论的报告。本报告反映研究人员的不同观点、见解及分析方法，并不代表中国石油集团经济技术研究院的立场。报告所载资料、意见及推测仅反映研究人员于发出本报告当日的判断，可随时更改且不予通告。未经中国石油集团经济技术研究院事先书面许可，任何机构或个人不得以任何形式翻版、复制、刊登、转载或者引用，否则由此造成的一切不良后果及法律责任由私自翻版、复制、刊登、转载或者引用者承担。